开滦集团
KAILUAN GROUP

A Transformation Sample of
China's Resources–based Enterprises

中国资源型企业转型的
"开滦样本"

王立新　支斌　唐沙砂◎主编

中国发展出版社
CHINA DEVELOPMENT PRESS

图书在版编目（CIP）数据

中国资源型企业转型的"开滦样本"/王立新，支斌，唐沙砂主编.
北京：中国发展出版社，2014.1

ISBN 978-7-5177-0051-7

Ⅰ.①中…　Ⅱ.①王…②支…③唐…　Ⅲ.①能源工业—工业企业—经济发展—研究—中国　Ⅳ.①F426.2

中国版本图书馆 CIP 数据核字（2013）第277603号

书　　　　名：中国资源型企业转型的"开滦样本"
主　　　编：王立新　支斌　唐沙砂
出 版 发 行：中国发展出版社
　　　　　　　（北京市西城区百万庄大街16号8层 100037）
标 准 书 号：ISBN 978-7-5177-0051-7
经 销 者：各地新华书店
印 刷 者：三河市东方印刷有限公司
开　　　本：710mm×1000mm　1/16
印　　　张：22　插页 32页
字　　　数：390千字
版　　　次：2014年1月第1版
印　　　次：2014年1月第1次印刷
定　　　价：58.00 元

联 系 电 话：（010）68990625　68990692
购 书 热 线：（010）68990682　68990686
网 络 订 购：http：//zgfzcbs.tmall.com/
网 购 电 话：（010）68990639　88333349
网　　　址：http：//www.develpress.com.cn
电 子 邮 件：fazhan010@126.com

本书编委会

主编

王立新　支　斌　唐沙砂

编委（按姓名音序排名）

白文刚　车海刚　蔡建忠　崔克亮　董义斌　董泽民
范思立　范　媛　郭顺姬　霍占良　李成刚　李慧莲
李晓辉　刘占轩　毛雅军　尚志新　苏　旺　王　南
王幸斌　王　彧　徐秀敏　向　言　张　剑　郑昌宏
周雪松　周玉君

序 一

开滦是中国近代工业的发祥地。自创办之日起,开滦就向世界工业革命的潮流看齐,在企业结构、经营管理、生产方式等方面,创造了中国工业的多个"第一"。开滦是中国机器采矿和铁路运输的先驱,是中国煤炭工业的源头和中国北方工业的摇篮,曾掀开中国民族工业的历史篇章,为新中国的建设和煤炭工业的发展作出了巨大贡献。走过130多年历程,一部开滦史,就是一部浓缩的中国企业史。

煤炭的初级产品特点和资源的不可再生性,决定了百年开滦很难永远领跑下去。也正是由于企业历史较长,进入新世纪之后,可持续发展遇到了前所未有的困难。比如,煤炭资源匮乏;产业结构单一,煤炭产业"一业独大",非煤产业发展缓慢;矿井开采条件复杂,自然灾害威胁严重;资源禀赋条件差;社会包袱沉重等。由于这些问题,2002年至2007年,开滦集团在全国企业500强的排名后移了30位。百年开滦能否基业长青面临严峻考验。

2008年,开滦重新调整企业发展战略,提出"开放融入、调整转型、科学发展、做大做强",决心走转型之路。尽管赶上金融危机爆发,但广大干部员工励精图治,奋发向上,通过结构调整、转变发展方式,加快转型升级,集团实现了逆势增长,企业发展步入快车道。2007年的营业收入只有157亿元,到2011年,营业收入已经增至1456亿元,进入世界500强;2012年达到1757亿元,在世界500强中的位次前移75位。不仅如此,非煤产业收入已占集团总收入七成以上,形成了以煤为基础、多产业竞相发展的格局。企业知名度、美誉度等软实力得到大幅度提升。至此,一个拥有130多年历史的煤炭企业,嬗变成为现代化的综合性能源集团。开滦实现成功转型,是国企再出发的好典型，是中国资源型企业转型的"好样本"。

作为一个较为典型的资源枯竭型煤炭企业，开滦成功转型的关键是企业发展战略的转变。战略是企业的灵魂，对企业发展具有决定作用。开滦转型的第一步是在全面、深刻、系统地认识转型的背景、意义、内容和路径的基础上，研究、制定和调整企业发展战略。以战略转型为导向，引导发展思路和发展模式的转型。

2008年，开滦对原有发展战略做出了重大调整，制定了《开滦集团2008～2010年及"十二五"发展战略规划》，将产业结构调整和经济转型全面体现到发展战略之中。其核心内容是以煤炭为基础型产业，以煤焦化、煤电热、现代物流为支柱型产业，以装备制造、建筑施工、文化旅游、建材化工为支持型产业，构建"134"产业格局。在此战略之下，提出了"双五""双一"等一系列具体目标。2009年，营业收入提前一年突破500亿元，营业收入和利润两项指标分别比2007年增长2.56倍和2.3倍。

2010年，开滦对发展战略作出进一步调整，开始构建"一基五线"产业格局，"一基"是指煤炭基础产业，"五线"是指煤化工产业、现代物流产业、装备制造产业、文化旅游和房地产业、节能环保产业。同时，确立了"六个转向"。

2012年初，开滦立足企业转型发展实际，再次对发展战略进行修订，提出"两主一新"产业格局，"两主"是指以能源化工产业、现代服务业为主业，包括煤炭、煤化工、物流、电子信息、金融、文化旅游等；"一新"是指新能源、新材料、高端装备制造等新兴产业。

企业的转型战略是否合理、转型能否取得成效，主要取决于是否依托企业自身的比较优势和产业基础，是否立足于国家的宏观经济和产业政策并融入区域经济发展大局等等。开滦转型发展战略调整的脉络，体现了企业构建现代产业体系的新思维，具有鲜明的产业结构调整和企业转型色彩。战略既充分顾及了多年来形成的产业、区位、资产、人才、品牌等优势，又敏锐地把握了中央的宏观调控、结构调整、节能减排等政策导向，还与河北省的"两环"发展、构建现代产业体系以及唐山市区域经济发展趋势密切结合。

开滦转型发展的突出特点是：既不轻易放弃煤炭，又不单纯倚赖煤炭；既未雨绸缪、超前谋划，又循序渐进、步步为营；既重视改造提升传统产业，淘汰落后产能，又加紧研发高附加值产业和培育战略性新兴产业。开滦集团不仅没有放松煤炭基础产业，相反，近几年通过"内挖外扩"，勇敢地走出去，树立开放式思维，实现了资源整合全球化。开滦集团把内外部资源整合作为促进转型发展的重要推动力，跳出企业求发展。短短几年，煤炭资源储备倍增，在国内外形成了五大煤炭基地。在中国煤炭业加速整合的大背景下，开滦这步棋使其站稳了脚跟，避免了被市场淘汰的命运，同时为发展延伸产业和替代产业赢得了空间。

开滦转型发展还体现在：实现了由支柱产业向产业基础转变；煤炭生产向煤化工产业转变；煤基工业向煤基服务业转变；工业遗产向文化旅游产业转变；配套装备向装备制造产业转变；废弃物利用向节能环保产业发展转变；传统产业向替代产业和战略性新兴产业转变。

纵观开滦转型之路，折射出企业决策者的非凡境界。煤炭产业是个容易产生短期行为的行业。同其他一些资源型企业相比，开滦的转型压力并非最紧迫，即使在面临萎缩的唐山老矿区，其煤炭资源也还能再支撑20年。但是，开滦的决策者们意识到，企业的可持续发展不仅关乎10多万职工及50万家属的生计，更关乎整座城市的长远未来。因此，未雨绸缪，是为了给企业职工和企业家属以及所在城市谋求一个更加美好的未来。

现代开滦，已经彻底改变了靠增加煤炭产量提高效益、局限于煤炭生产寻求发展、靠自我积累投资上项目的传统观念，走出了一条以煤为基础，产品深加工，延伸产业链，循环发展、集约发展、多元发展的新路子，为中国资源型企业甚至资源型城市转型发展，探索出了一条新路径：实现企业转型必须解放思想、超前应对，由被动转型转化为主动转型，由危机时转型转化为良性发展期转型，利用自身优势条件和投入基础，抓住转型发展的主动权；转型必须依托自身优势，把比较优势转化为竞争优势，把资源优势转化成优势资源；突出转变经济发展方式的主线，从资源开发转为绿色发展，从要素驱动为主向创新驱动转变；从封闭发展向区域协调和企业战略联盟发展转变，走开放型发展的道路。

和谐企业是和谐社会建设的重要支撑，和谐企业建设不但是企业实现转型的重要保证，也是国有企业肩负的巨大社会责任。"企业的发展最终要体现在职工生产生活条件的改善上，体现在对社会责任的担当上，一个没有社会担当的企业，发展的再快也毫无意义。"这是开滦集团对企业发展目的的定位。按照这个定位，开滦集团员工收入与五年前相比翻了一番；矿工在井下吃上了热饭、喝上了热水；建立了员工健康保障体系，定期免费为员工进行健康体检；累计投入27.8亿元，完成129.3万平方米棚户区改造，让棚户区的职工搬进了宽敞明亮的新楼房；制定了解决员工子女就业政策，解除了员工子女就业的后顾之忧；单独制定了针对困难员工家庭子女的就业政策，已经使500多个困难职工家庭的经济状得到明显改善，实现了"解决一个子女就业，幸福一个困难家庭"……开滦的实践证明，勇于担当社会责任，让职工共享企业转型发展成果，不仅不会成为企业发展的负担，还会增强企业的凝聚力和向心力，有力地支撑和推动企业的健康发展。

进入2013年，煤炭价格连续下跌，面对行业的不利形势，开滦人不等靠要、不怨天尤人，决策者在职工面前不隐瞒困难，带头付出努力，进一步打造转型"升级版"。从某种程度上说，开滦决策者的思想水平，企业家的眼光、胸怀、带领的班子，代表了中国的名片。

我为开滦的快速转型发展感到振奋。国企开滦，充满活力，正在实现经济结构的转型和升级。以煤为基础发展替代产业取得成效，现代煤化工、现代物流、金融服务业以及文化产业的快速发展，成为企业转型的重要支撑。现在的开滦集团不仅做大了规模，更提升了市场影响力和竞争力。

开滦正在中国企业史上重新确立自己的坐标。让我们共同祝愿，百年开滦站在历史的潮头，再造百年名企，再次谱写新的华章！

国务院发展研究中心宏观经济研究部部长

2013年12月28日

序 二

开滦集团是一个拥有135年历史，在中国工业发展历程中具有里程碑意义的国有特大型企业，其发展不仅记录了中国近代煤炭工业的演进历程，更见证了中国煤炭产业的兴起与辉煌。如何摆脱资源型企业"建设——繁荣——衰退"的生命周期，不单是开滦集团面临的问题，也是传统发展方式下资源型企业都需要面对和克服的难题。

2008年上半年，开滦集团基于自身比较优势，确立了新的发展战略，以产业结构调整和转变发展方式为主题，实现了六大转变。即从以煤为主的一元发展方式向以比较优势为基础的多元发展方式转变，从资源驱动型发展模式向科技创新驱动型发展模式转变，从封闭式整合资源的发展模式向"走出去"、资源整合全球化的发展模式转变，从单纯生产经营型发展模式向生产经营和资本运营并重的发展模式转变，从单区域发展模式向集聚资源、推进产业集群的发展方式转变，从粗放型管理方式向精细化管理模式转变。企业实现了跨越式发展。

开滦的转型发展受到了各级领导和社会各界人士的关心、支持和广泛关注。中央、省委省政府和省国资委的多位领导先后对开滦的转型发展给予指导。2011年上半年，中央政策研究室、国务院研究室、国务院发展研究中心等13个中央部委单位组成了"开滦转型发展调研组"，在调研后形成的报告中对开滦转型给予了充分肯定：

开滦集团创造了国有大型企业转变发展方式的新经验、资源型企业转型的新路子，也为资源型城市转型这一世界难题提供了鲜活案例，对我国新型工业化道路发展具有重要启示意义。研究总结开滦集团转型发展经验，对于加快企业转变发展方式，加速资源型企业转型发展具有重要指导意义。

　　资源型企业用短短的几年时间就转型成功是不可能的。开滦的转型发展，仅仅是迈出了第一步，转型发展的路仍然艰辛而漫长。我们将继续团结奋进，努力求索，力争走出一条具有鲜明特色的资源型企业转型发展之路。辑印此书就是为了从一个新的视角，审视和发现前进历程中的发展规律，借以指导今后的实践。

　　在此感谢《中国经济时报》多年来对开滦的关注与支持，同时恳请各界人士继续关心和帮助企业发展，支持开滦加快调结构、转方式、促升级的步伐，实现科学发展、绿色发展，共同打造美丽"中国梦"！

开滦集团董事长、党委书记

2013年12月31日

前 言

在2012年世界500强的队伍中，站起了一位"老人"；2013年，这位精神矍铄的"老人"，又以雄健的步伐向前跨进了75大步——这，就是具有135年沧桑历史的开滦集团。

说起中国煤矿，你一定会想到开滦，因为这里开创了中国煤炭工业的先河；

说起中国煤矿工人，你也一定会想到开滦，他们用沾满煤灰的双手拓出了真正意义上的近代中国煤炭工业，书写了中国工人"特别能战斗"的壮丽诗行；

说起中国早期工人运动，你同样会想到开滦，想到发生在1922年震惊中外的"开滦五矿同盟大罢工"——年轻的中国共产党领导的这次大罢工共持续了25天，其声势之大、影响之广、斗争之烈为北方工潮前所未有。毛泽东同志在其名篇《中国社会各阶级的分析》中，对以开滦工人为代表的、觉醒了的中国工人阶级进行了热情洋溢的赞颂：他们受压迫最深，革命性很强，因此"他们特别能战斗"。

新中国成立后，开滦集团继承并发扬"特别能战斗"的企业精神，弘扬开滦光荣传统，锻造了一代又一代的开滦传人。多年来，开滦工人以强烈的主人翁责任感，忘我工作，争创一流，一大批具有鲜明时代特征的劳动模范脱颖而出。他们是开滦工人阶级的杰出代表，是开滦生产建设中的骨干和中坚！也正是他们，创造了开滦"不倒的传奇"。

"他们特别能战斗"，是毛泽东同志90多年前对包括开滦矿工在内的全国200万产业工人革命斗争精神的高度赞扬。这一精辟概括所孕育的理念内涵，不仅仅是对当时煤矿工人罢工斗争中所表现出的那种英勇牺牲精神所作的历史结论，更重要的，它是我们党领导革命斗争、制定阶级路线的理论基础。它作为一种相对独立的先进意识形态，从根本上反映了广大矿工在半殖民地半封建社会中，深受压榨，渴求政治解放、经济翻身的迫切愿望。这正是"特别能战斗"精神得以产生、形成和发展的深刻社会历史根源。今天，开滦矿工身上，集中体现了奋发进取的时代风貌，他们传承的"特别能战斗"的精神，是企业宝贵的财富。

开滦之所以能够历经百年而不断发展进步，关键是因其在不同历史时期，始终拥有一支以振兴开滦为己任的过硬职工队伍。当前，开滦正全力打造现代化新型企业，以做大做强、雄踞于世界企业之林为目标，坚持多元化发展方向，积极探索转型之路，努力实现快发展、大发展、全面发展。企业经济实力进一步增强，在区域经济和同行业中的地位进一步提升，职工素质全面提高。开滦的领导班子正带领广大职工，专心致志地把改革发展的各项事业不断推向前进。

开滦"特别能战斗"的精神在90多年的发展过程中，每个阶段都有不同的特征和内涵，为企业实现党在不同时期的政治和经济任务，提供了巨大的精神动力，发挥了重要的保证作用。

在民主革命时期，开滦矿工靠着这种"特别能战斗"的精神，以高尚的民族气节谱写了壮丽诗篇，涌现出了以节振国为代表的抗日民族英雄群体，在党的领导下掀起了一次次罢工浪潮，为新中国的诞生作出了重大贡献。

在建国初期经济恢复和社会主义工商改造时期，开滦矿工凭着"特别能战斗"的精神，焕发出积极的民主改革热情，护厂护矿，恢复生产，治愈了帝国主义遗留给矿山的百孔千疮，为抗美援朝和"三反五反"斗争提供了物质支持，为保证我们党完成巩固新制度、建设新国家的根本政治经济任务作出了积极的贡献。

在全面进行社会主义建设时期，开滦矿工靠着"特别能战斗"精神炼就的铮铮铁骨，与党同心同德，顶住了国际上的种种压力，战胜了各种困难，以恢复国民经济为奋斗目标，涌现出了以李长振、胡长海等全国劳动模范为代表的先进群体。他们坚定信念，自力更生，奋发图强，勇夺高产，全心全意支援国家建设。

在十年"文革"期间，以全国著名劳模、矿山铁汉侯占友为代表的开滦矿工，坚守岗位，恪尽职守，昼夜奋战，生产比设计能力翻了一番，最高产量达到2520万吨，以多出煤、出好煤的实际行动，支撑了当时的国民经济，为国家建设"出了力，救了急，立了功"（周恩来语），成为当时全国工业战线上的一面红旗；开滦矿工靠着"特别能战斗"的精神，战胜了震惊中外的特大地震灾害，表现出了开滦人胸怀全局、不畏艰险、甘于奉献的时代特征。

改革开放的新时期，开滦矿工积极投身时代洪流，以坚定的党性原则和鲜明的政治立场，以爱岗敬业的模范行动，回击了拜金主义、极端利己主义的歪风，以顽强拼搏的精神，眼睛向内，挖内潜、练内功，锐意改革，搞活企业，为新时期"特别能战斗"精神注入了"顾全大局、锐意进取、百折不挠、勇攀高峰"的时代内涵。

实行社会主义市场经济体制以后，开滦这个带有深刻计划经济烙印的国有特大型企业，在搏击市场经济的大潮中，紧跟时代步伐，把握时代脉搏，发扬优良传统，沉着应对各种挑战，在严峻的市场竞争和复杂多变的经济环境面前，表现出了坚韧不拔、自强奋进的豪迈气概。正是有了党的正确领导，才有了顶天立地的开滦工人，也才有了开滦工人"特别能战斗"的冲天干劲！

50年代的拼搏，60年代的苦干，70年代的高产，80年代的创新，90年代的求索，跨入新世纪的豪情……在不同的历史时期，一代代开滦工人为"特别能战斗"精神不断注入着新的内容。

如果说，开滦创造过中国煤炭工业昨日的辉煌，那现在我们也可以说，开滦集团、开滦全体员工，又在书写着中国煤炭工业今天的传奇。因为，开滦矿工具备能够代表全国700万煤矿工人乃至2000万产业矿工的优秀品质，他们始终不辱使命担负着祖国建设的重任，不愧是煤炭战线的一面旗，不愧是煤炭战线的排头兵，无愧于开滦光辉的历史。

我们祝愿百年开滦基业长青，屹立于世界企业之林！

目录
contents

第一篇　转型·突围·蝶变

世事如棋，人间变换。当昔日引领煤企之先的开滦，陷入资源枯竭、竞争激烈、行业下行的困境之时，该如何杀出重围？在消隐还是重生的十字路口，开滦未雨绸缪，勇于亮剑，转型发展。短短五年间，一个以煤炭为基础，多元化产业共同发展的行业航母重装耀世，且蝶变之后更加令人瞩目。

第二篇 管理·创新·发展

　　管理离不开创新，创新的目的是为了发展，发展的基础则是管理。三者交织共存，协力拉动着开滦这架巨型马车，安全、高速、稳健地飞奔在世界500强的大道上。今时今日，大道万千，且看开滦如何谋篇布局，于动静间运筹帷幄，运用管理与创新，续写新时代传奇。

第三篇　视野·谋略·思想

　　思路决定出路，眼界决定境界。底蕴的厚度，决定了视野的高度。先谋后事者昌，先事后谋者亡。为将者，当高瞻远瞩，运筹帷幄，乘势而动，敢作敢为。决定公司命运的首要因素是企业决策层的能力。浴火重生的新开滦，正是在具有宏大格局、冲天气魄的领航人引导下，内外兼修，再铸辉煌，基业长青。

第四篇　人文·人本·环保

伟大企业和普通企业的最大不同，就在于它们有文化，有责任，有理念传承。它们以人为本，注重企业和员工的共赢；它们追求合理的利润，期待与社会、自然的和谐相处。它们不狭隘不自私不作茧自缚，看重的是事业的生生不息、长远发展。这样的企业，才是期待实现大国崛起梦想的中国的脊梁。

第一篇
转型·突围·蝶变

世事如棋，人间变换。当昔日引领煤企之先的开滦，陷入资源枯竭、竞争激烈、行业下行的困境之时，该如何杀出重围？在消隐还是重生的十字路口，开滦未雨绸缪，勇于亮剑，转型发展。短短五年间，一个以煤炭为基础，多元化产业共同发展的行业航母重装耀世，且蝶变之后更加令人瞩目。

2010年6月30日，开滦集团党委书记、董事长张文学（左一）参加中央创先争优活动座谈会，受到胡锦涛等中央领导的亲切接见

2011年8月，时任中央政治局委员、中央书记处书记、中宣部部长刘云山（右二）来开滦视察

2009年6月，时任中央政治局委员、全国人大副委员长、全国总工会主席王兆国（左二）来开滦视察

2012年4月，时任中央政治局委员、国务院副总理回良玉（右一）到开滦视察

2012年9月，时任中央政治局委员、中央政法委副书记王乐泉（左二）到开滦视察

2008年7月，全国人大原副委员长许嘉璐（右一）来开滦视察

2009年2月，时任全国政协副主席厉无畏（右二）来开滦视察

2013年4月,国务委员王勇(右二)到开
滦视察

2009年10月,时任河北省省长胡春华(右)
到开滦考察

2010年5月,时任河北省省长陈全国(右
二)到开滦视察

2011年11月,时任河北省省委书记张庆
黎(左三)到开滦井下调研

2013年3月，河北省省委书记周本顺（左二）到开滦唐山矿井下调研

2012年1月，河北省省委副书记、省长张庆伟（左三）到开滦调研考察文化产业情况

2011年3月，时任国家安全生产监督管理局局长骆琳（左一）到开滦下井考察

中央政策研究室、国务院研究室等10多个中央部委组成"开滦转型发展调研组"到开滦调研并发布调研报告《开滦集团转型发展的经验与启示》，对开滦转型给予了充分肯定

在开滦，一块煤能生产出40多种产品，并将随着产业链的延伸增加到90余种。开滦煤化工已经实现了由煤到煤焦化，再到新能源新材料的两次跨越

现代物流是开滦集团转型发展的主要产业之一，已经形成煤炭专业物流、仓储加工和逆向物流、运输服务物流、国际物流和汽车物流等多个业务板块，年营业收入超过1300亿元

开滦集团深度挖掘历史文化资源，大力发展文化产业。开滦博物馆大型主题展览《黑色长河》荣获全国博物馆十大精品陈列最佳综合效益奖，中国音乐城部分场馆已经投入运营，开滦国家矿山公园被列为全国首个"资源型城市重点旅游区"

坚持自主研发与联合开发相结合，高端装备制造产业已形成矿井提升、运输、支护、掘进、洗选五大产品体系

在推进转型发展的同时，开滦集团通过"内挖外扩"，做大做强煤炭产业，掌控资源量达232亿吨，成为了一个资源相对充裕的企业集团

燃烧·涅槃

一部开滦史，就是一部浓缩的中国企业史。

徜徉在开滦博物馆内，恍若可以听见穿越时光的足音，听见历史与现实的对话声。

这里是近代中国工业化的重要发祥地，一百三十多年前诞生了中国最早的机器采矿业和铁路运输业。

这里是孕育唐山和秦皇岛两座现代城市的母体，没有开滦，就没有今日渤海湾畔的高楼林立、千舟竞渡。

这里也是中国工人运动的摇篮，1922年的"开滦五矿同盟大罢工"，曾被毛泽东写进《中国社会各阶级的分析》——"他们特别能战斗"。

新中国成立后，作为煤炭工业的"长子"，开滦长期担负着为国家建设和社会发展输送能源的重任，用她的血液滋养了共和国的成长。

进入改革开放新时期，开滦与其他老牌国有企业一样，经历过迷茫、徘徊与阵痛，在打破旧体制、旧机制的艰辛中，收获了生产力再度飞升的喜悦。

经过与开滦人短暂而粗浅的接触，《中国经济时报》采访组的记者们发现，这是一个有着独特个性的群体，混合了理想主义与现实主义的双重气质。踏实与创新、稳妥与进取、苦干与巧干、内敛与张扬……在他们身上得到完美的交融。

下面撷取的开滦百年历史中的几个片段，或许可以帮助读者建立关于开滦的立体印象——

自创办之日起，开滦就向世界工业革命的潮流看齐，在企业结构、经营管理、生产方式等方面，创造了中国工业的多个"第一"；

建国初期，开滦的"全面生产技术改革"，被誉为"给予新中国煤炭工

业的一次经典示范";

即便"文革"期间最为混乱动荡的年月，开滦的矿工们仍坚守岗位，使之成为工交系统与大庆齐名的两面旗帜之一；

1976年唐山大地震发生后，死里逃生的开滦工人李玉林连夜驱车奔赴北京，在第一时间将灾情传递进中南海；

上世纪90年代，由于持续高强度开采和计划经济束缚而连年亏损的开滦，通过一系列改革举措，迅速摆脱困境、扭亏为盈，在大型国企深化改革中再次扮演了"样板"角色；

……

开滦人正像他们开采的煤，外表朴实无华，却在炽烈的燃烧中释放出热力与光亮。

然而，一切荣耀都属于过去。煤炭的初级产品特点和资源的不可再生性，决定了开滦这个百年煤企很难永远领跑下去；从行业老大到第15名的落差，使开滦人感受到了切实的压力。

怎样实现企业转型，确保基业长青？开滦人为此思考、探索了十余年。

终于，在2008年交出了一份凝聚着新一代开滦人胆略与智慧的答卷："开放融入、调整转型、科学发展、做大做强"，形成由基础产业——煤炭，支柱型产业——煤焦化、煤电热、现代物流，支持型产业——装备制造、房地产、文化旅游、建材化工构成的"134"产业格局。

围绕着这一战略构想，"双五""双一""五大区域""七大基地""物流12345工程"等等若干目标被明确地提出，一幅宏大的转型路线图渐次铺开并付诸行动。2008年，特别是金融危机对这个百年企业的转型之路进行了全面体检：企业营业收入、利润总额、职工收入，分别比上年增长了112.5%、136.7%和36%。2009年上半年，这三项指标又比去年同期分别增长了61%、40%和4.8%，开滦集团经受住了考验。

资源型企业转型是个普遍的难题。在这个前所未有的过程中，开滦还是一个刚上路的"新手"，必定会遭遇各种意想得到或者意想不到的困难乃至挫折，转型的成效如何尚需实践来验证。

但是，不管怎样，开滦值得我们投去期待和祝福的目光，为她的居安思危、未雨绸缪，为她的知耻而后勇、革故鼎新。

愿开滦的未来，也如她的过往和当下一样，配得上那句镌刻在集团大门前的伟人名言：特别能战斗。

愿百年开滦再造一个不凡的百年。

（本文刊登于2009年8月24日）

开滦发力，百年老店重树江湖地位

这里是中国煤炭工业的源头，中国的近代采矿业由此发轫……然而，随着时间的流逝，曾被业内视为"老大哥"的开滦集团却渐渐从中国煤炭工业的第一集团滑落，已然早非"老大"的身价了。

2007年，开滦集团在全国五百强企业中排名第291位，在煤炭行业中排名第15位，处在煤炭行业第二集团的层次。"如果我们不在短时间内做大做强，就很可能被时代所淘汰。"开滦集团董事长张文学接受《中国经济时报》记者专访时，这种危机意识溢于言表。

基于此，张文学2008年上任伊始，就适应国家建设煤炭大基地、培育大集团的发展战略，为开滦确定了"开放融入、调整转型、科学发展、做大做强"的指导思想。今年初，开滦集团将企业歌曲《开滦之歌》歌词中的"做精又做强"改成了"做大又做强"，小小的变动折射出开滦重树江湖地位的雄心与急切之情。

资源扩张：做大

张文学表示："历史上，开滦对国家煤炭行业的技术、政策等都曾发挥过重要影响。今天，我们要保持开滦的品牌和地位，就必须进入大基地、大集团行列。"

据他透露，"未来开滦将在内蒙古鄂尔多斯建立年产5000万吨的煤炭生产基地，另在呼伦贝尔建设年产不低于3000万吨的煤炭生产基地。如果加上唐山、承德、张家口区域，估计到2015年左右，开滦年生产能力将超过1亿吨，那将进入中国亿吨煤炭企业行列，而这还没算上山西和新疆区域。"

其实，留给开滦的时间已非常紧迫。2005年6月，国务院制定下发了《关于促进煤炭工作健康发展的若干意见》，明确提出以建设大型煤炭基地、培育大型煤炭企业集团为主线，构建与社会主义市场经济相适应的新型煤炭工业体系。依据此意见，国家相关部委提出到2010年全国建成5个亿吨级以上煤炭企业，10个5000万吨到1亿吨级的煤炭企业。

"未来的这些大基地、大集团，不但能够享受到国家的一系列政策支持，而且在制定产业政策、参与市场竞争、整合煤炭资源、获取发展资金、走出国门开发等方面，都会拥有更多的话语权。"张文学认为，"形势要求开滦必须加快发展步伐，实现企业整体实力的跨越式发展和提升。"

为此，开滦集团确定了"双五"目标：到"十一五"末，煤炭产能达到5000万吨，总收入达到500亿元。

根据2008年7月22日出台的《开滦集团2008年~2010年及"十二五"发展战略规划》，到"十一五"末，开滦集团将形成河北、内蒙古、山西、新疆四大区域，形成唐山矿区焦精煤生产、煤焦化、煤电热、现代物流基地，蔚州矿区动力煤生产基地，内蒙古鄂尔多斯动力煤生产基地等战略基地。

他们将采取一系列措施，包括对唐山区域矿井进行技术改造、延长开采年限，加大外部资源储备，加快地方煤矿整合等，使唐山区域原煤产量稳定在2400万~2450万吨，蔚州矿区达到1000万吨，内蒙古区域1000万~1500万吨，新疆区域500万吨，山西区域300万吨。

开滦煤炭基地的扩张正紧锣密鼓地进行。张文学介绍，开滦成功整合重组了张家口蔚州矿业公司、老虎头煤矿和唐山汇达公司毕各庄煤矿，增加煤炭资源6.8亿吨。把内蒙古和新疆资源开发作为发展战略重点，出资6.87亿元收购了内蒙古准格尔旗宏丰煤炭公司60%的股权，获得了6.9亿吨煤炭资源的支配权；在新疆伊犁和准东地区，通过独立开发和取得控股权等方式，获得了66亿吨煤炭资源储量。开滦还走出国门，前往加拿大、澳大利亚等国展开合作。目前，开滦已在加拿大合作开发5亿多吨的焦煤资源。

"到'十一五'末，开滦可获得煤炭资源量165.2亿吨。"张文学说，当储量问题和煤炭产能问题得到根本扭转之后，开滦就有了做大做强的基础。

结构调整：做强

在张文学看来，推进企业发展战略规划的落实，实现"双五"目标，必须加快产业结构调整。

他强调，开滦必须发挥自身优势，以科学发展观为指导，延伸煤炭产业价值链。

在开滦集团提供给记者的各种资料里，对于集团今后产业定位的描述是着墨最多的部分，这是一个金字塔型的产业格局，即：以煤炭为基础产业，以煤化工、煤电热、现代物流为支柱产业，以装备制造、建筑施工（房地产）、建材化工、文化旅游为支持产业。

其中，煤化工和物流是开滦人最为看重的产业。张文学说，开滦要大力发展煤化工产业，发挥资源和区位优势，重点发展精细化工，使煤化工产业综合规模在河北全省巩固第一，打造国内最大的独立煤化工企业；要更加重视发展现代物流产业，抓住国家振兴现代物流产业的机遇，发挥人才、区位、市场、存量资产等优势，保证今年物流收入达到200亿元以上，打造全国煤炭行业领军企业；挖掘百年开滦优秀的传统文化，加快发展文化创意产业和工业文化旅游业，打造中国的"鲁尔"。

张文学表示，围绕着上述目标和定位，开滦将加快规划布局、完善规划措施，推进资源开发、资本运营、人才、文化战略，大煤炭大精煤、大化工、大煤电热以及大现代物流工程，多措并举，推进"双五"战略实施进程。

资本运作：提速

阻碍开滦实现"双五"目标的最大障碍是资金瓶颈，张文学告诉记者："开滦过去的融资渠道窄，手段单一。发展主要靠自有资金和银行融资，而国有企业自有资金搞可持续发展难度很大，只能维持简单再生产。靠银行融资，财务费用成本太高。所以要大力度实施资本运营战略，搭建融资平台，拓宽融资渠道。"

鉴于此，他提出，一是要搞好内部融资，加强成本控制，增加潜在利润；盘活存量，降低存货，加速资金周转；合理运作企业内部资本，加速折旧融资等。二是要搞好外部融资。充分运用财务融资、股权融资、债权融资、银行融资等金融手段，获得项目资金。还要进行投融资体制改革，并且探讨物流产业金融体系改革。

随着企业经营全球化进一步加强，中国企业的发展仅靠过去那种内生资源积累的发展模式显然是不够的，必须通过外部资源整合实现跨越式发展。资本运作这一课题，将成为衡量中国企业未来经营成绩的关键。张文学和他的开滦团队清醒地意识到了这一点。2007年，开滦集团引入战略合作伙伴——全球最大的煤焦油加工产品供应商美国考伯斯公司，启动焦油深加工项目；2008年，开滦集团开始与京唐钢铁公司、美国考伯斯公司合作，在曹妃甸进行焦油深加工……

"在精细化工领域，通过资本纽带全力实施战略合作，这无疑是一步好棋。"张文学对记者坦承，"从技术、营销渠道和管理的角度看，开滦集团在煤焦化产品深加工上毫无优势可言。但开滦创新运营方式，与考伯斯公司实现合作后，通过优势互补，获取了精细化工领域的品牌、市场营销渠道、顾客管理等诸多能力，这些构筑了开滦集团市场竞争能力的稀缺资源。如果开滦硬是凭借煤焦化的资源优势，靠自己的积累去构筑这些稀缺资源，其成功率显然较低。即使能够涉险闯关，其过程也会相当漫长，投入将非常巨大。"

"这些成功的战略选择，使开滦集团扩张了品牌、延伸了网络资源，扩大了企业的运作规模，企业品牌的核心竞争地位得以强化。"张文学说。

2008年11月20日，开滦能源化工公司利用上市平台，公开增发5612万股A股股票，募集资金总额6亿多元，主要投资于200万吨/年焦化一期工程干熄焦节能改造、200万吨/年焦化二期工程、20万吨/年焦炉煤气制甲醇二期工程、10万吨/年粗苯加氢精制项目、30万吨/年煤焦油加工项目和采掘设备技术升级改造等项目。这些大手笔，为开滦煤焦化工业园区向纵深发展提供了有力支撑。

此后，开滦集团战略推进更是"好戏连台"：2009年4月初，在香港举行的河北省（香港）投资贸易洽谈会上，开滦集团与香港冠都集团就合作开发房地产项目签署协议；与美国景顺集团就开发内蒙古区域煤炭资源达成共识；与印尼Baramulti集团就煤炭进出口贸易和煤炭资源合作开发达成了合作意向；2009年5月18日，在河北廊坊举行的河北省投资贸易洽谈会上，开滦集团就煤电热项目，与国电投签署合作协议；2009年8月8日，开滦集团中润公司与北京燃气实业佳华公司签署整合重组协议。

除此以外，开滦集团积极谋划整体上市。"为了更好利用和发挥集团的资源、管理优势，提高企业整体盈利水平；同时也为了减少关联交易和同业竞争，并能使一些隐性的利润显现出来，开滦集团近年来一直筹划整体上市。"开滦集团业务总监、资本运营部主任张国才在接受本报记者采访时说。

分析人士认为，以资本运作为手段，从多渠道、多角度引进战略投资者，开滦集团可谓用意深远，不但体现在以资本为纽带实现以小搏大、扩大运营规模，而且，在多元化扩张中，凭借合作伙伴的各自核心能力，规避了陌生领域的风险，再造了企业的竞争优势。

（本文刊登于2009年8月24日）

开滦：从"以煤为主"到"以煤为基础"

站在新中国成立60年、开滦创建131年的历史节点上，开滦——这个百年名企、中国煤炭工业的"长子"，在沉淀辉煌与荣耀的同时，无可回避地遭遇了矿井衰老、资源枯竭的瓶颈制约；而此刻，随着国家鼓励基础产业联合重组政策的出台，煤炭企业大集团、大基地建设正在提速。

为适应新一轮结构调整的角逐，2008年下半年，开滦集团调整了企业发展战略，提出至"十一五"末和"十二五"末，煤炭产量在现有3286万吨的基础上，分别增加到5000万吨、1亿吨，资源储备从目前的52亿吨分别增加到165亿吨、233亿吨。

从3000多万吨到1亿吨，是什么支撑着一个资源枯竭的百年企业生发出这样的梦想？近7000万吨增量的背后，是怎样的战略路线图？

3000万吨的尴尬

"开滦作为资源型企业，经过130多年的发展，遇到的问题不仅多，而且非常突出。"接受《中国经济时报》专访时，开滦集团董事长张文学直接切入其煤炭主业的软肋，"开滦在全国500强中名列291名，在煤炭行业100强中居15位，竞争力不强，与开滦的名气和地位不相符。当前煤炭行业大基地、大集团建设的速度加快，兼并重组风起云涌，开滦站在5000万吨产量的门外，依赖本部资源保守发展，必将被时代所淘汰。"

"无论是从国家产业政策来看，还是从企业自身发展要求来说，开滦必须及时调整企业发展战略。"张文学说。

2008年7月，重新修订的《开滦集团2008年~2010年及"十二五"发展战略规划》出台，将"调整转型，做精做强"改为"开放融入，调整转型，科学发展，做大做强"，将"以煤为主导"调整为以煤为基础，以资源型企业转型为突破口，做大企业规模，进而做精做强。在具体指标上，开滦将2007年确定的"十一五"末煤炭产量达到5000万吨、营业收入达到300亿元的目标，调整为"十一五"末煤炭产量达到5000万吨、营业收入达到500亿元，到"十二五"末煤炭产量达到1亿吨、营业收入达到1000亿元，简称为"双五"和"双一"目标。

5000万吨的疑问

战略的执行要有一定的条件和基础，就开滦现有的资源储量和产能而言，在两年内增产约2000万吨的大煤炭战略是否现实？依靠现有洗煤能力和技术条件，能否有效地推进大精煤工程？业内有人对开滦的"双五"目标提出了质疑，而这个质疑不无道理。

首先，唐山矿区进入了一个资源储量的衰减期，呆滞储量多，发展后劲不足。尽管开滦在唐山本部有37亿吨的地质储量，但"三下（建筑物下、铁路下、水体下）压煤"占比高达81.6%，可采储量只有14.5亿吨。显然，唐山区2500万吨的产能不能支持企业快速发展。同时，唐山区9个矿井中已有3个矿井储量不足5000万吨，有的甚至仅存几十万吨，即将闭井。

二是开滦的精煤回收率比全国平均值低19个百分点，而且精煤产能低，精煤市场的话语权越来越少；原煤灰分达到40%左右，严重制约经济效益提高。

三是开采深度不断加大，成本逐年增高。开滦的平均井深超过854米，堪称全国之最，最深的矿井采到了负1157米，开采条件复杂，运输环节增加，生产成本高，同时，水、火、瓦斯、煤尘、顶板、矿压等自然灾害严重，安全管理难度加大。

四是社会包袱沉重，安全欠账多，资金压力大。开滦现有离退休人员7.6万人，165个住宅小区，社会职能年净支出达7.5亿元。

另外，受全球金融危机影响，市场不稳定因素增多，宏观经济走势引起微观经济基础出现诸多变化。

"十一五"末产量达到5000万吨，的确压力不小。

大煤炭战略路线图

不过，开滦人坚信："双五""双一"目标是建立在实际调研和科学论证基础之上的。5000万吨、1亿吨的背后是一张清晰的资源扩张路线图。

开滦集团战略发展部部长曹立国在接受本报记者采访时表示，开滦实现大煤炭战略的途径就是"内挖外扩"。

"开滦集团作为我国特大型煤炭企业，具有煤炭行业一流的管理水平和技术水平，具有国内先进的采煤工艺和自主创新能力，这是我们对外扩张的坚实基点。"曹立国说，"席卷全球的金融危机，不仅是危机，更有机遇，开滦将充分利用经济低迷期原材料成本低的机遇，加快唐山老区矿井技术改造，实现稳产，同时加快低成本扩张速度。"

根据规划，开滦在内蒙古鄂尔多斯年产500万吨的红树梁矿今年底前将竣工，串草圪旦矿通过技改，达到年产300万吨能力。在新疆区域，加快准东地区30亿吨煤田开发，加快伊犁地区、库东地区的资源整合。在山西区域，抓好技术改造和产能提升，增强集团公司煤炭发展的后劲。

开滦到"十二五"末将新增7000万吨煤炭产能的具体设想是：内蒙古鄂尔多斯3000万吨，新疆准东、伊犁3000万吨，山西介休500万吨，张家口蔚县200万吨，加拿大300万吨。

可望提前跨入第一集团军

2009年上半年，开滦集团原煤同比增加170万吨，精煤同比增加174万吨，营业收入211亿元，同比增长幅度达60.9%。

同时，外埠资源拓展工作也在顺利进行：2009年4月2日，加拿大盖森煤田正式开钻。

2009年4月29日，开滦集团与新疆自治区政府在乌鲁木齐签署战略合作框架协议，未来将重点在新疆地区建设煤炭、煤化工和电力产业，力争用5~7年再造一个开滦。

2009年5月22日，面积为100多平方公里的开滦集团准噶尔盆地东部将军庙煤电化工业园区正式奠基开工，其中煤炭产业一期建设年产300万吨煤矿，2012年达到1000万吨，2015年达到3000万吨，总投资100亿元；另外，开滦还将进一步加快伊犁地区的资源勘探和地方煤矿整合。

2009年5月25日，开滦集团与内蒙古呼伦贝尔市、额尔古纳市、北京横山百年投资有限公司、广东博澳鸿基投资集团联合签订了"海—拉—黑铁路·得尔布煤电化基地"合作框架协议。其中得尔布煤田一期建设年产2000万吨标准煤的矿井，二期建设年产3000万吨标准煤的矿井。力争用5~7年的时间，将得尔布煤田建设成为年产5000万吨标准煤的大型煤炭开采基地。

山西介休的主焦煤基地正在改造扩能，预计今年年底达产。

目前，开滦集团已经初步形成河北、内蒙古、山西、新疆和加拿大盖森等主要煤炭基地，资源扩张初见成效。

"开滦集团通过内挖外扩，资源储量不断扩张，由一个资源枯竭型的矿区，变成了资源相对充足的企业集团，增强了企业的发展后劲。"张文学说。

（本文刊登于2009年8月26日）

煤业巨擘打造物流航母

失之桑榆，收之东隅。

虽经历了130多年的历史，资源不断萎缩，但是开滦集团缘何能气定神闲？

数据显示，开滦集团三大支柱产业之一的现代物流业异军突起，2008年销售收入达到103亿元，同比增长217%，领跑河北物流业；2009年上半年销售收入达到103亿元，与2008年全年持平，稳居全国煤炭物流业榜首；年底有望达到220亿元。

下一步，到"十一五"末，物流产业收入预计达到300亿元以上，2012年达到500亿元，"十二五"末力争达到1000亿元。

开滦还将积极争取跻身于河北省国资委设定的千亿元级物流集团，成为环渤海大物流系统中的一个重要节点和国际性煤炭转运储配的中枢，打造国际化物流领军企业。

非煤产业发展迅猛，现代物流业独占鳌头

"金融危机导致煤炭市场疲软，开滦也毫不例外地受到了严重影响。面对困难，我们提出'抓机遇、增总量、调结构、降成本、惠民生、防风险'的18字方针积极应对。其中结构调整、发展非煤产业，是开滦实现逆势增长的根本原因。"开滦集团董事长张文学向《中国经济时报》记者介绍说。

据了解，开滦在2008年7月重新修订发展战略，提出"开放融入，调整转型，科学发展，做大做强"的发展思路，以资源型企业转型为突破口，以做大企业规模为基础，进而把企业做精做强。确定了"134"产业格局，即以煤炭为基础产业，以现代物流、煤焦化、煤电热为支柱型产业，以装备制

造、房地产、化工建材、文化旅游为支持型产业。

如今，这一新战略已成效初显：今年上半年，开滦集团煤炭产业完成营业收入64亿元，同比增加了5.4亿元，增长了9.3%，煤业占集团总营业收入的30%；物流产业实现103亿元，增加了77.6亿元，占集团总营业收入的49%。

开滦调整发展战略一年来，非煤产业快速发展，成为新的经济增长点。其中，物流产业贡献最大，成为开滦结构调整、转型发展的最大引擎。

信息化支撑，传统物流向现代物流升级

"开滦不仅堪称中国近代煤炭工业的源头，也是我国煤炭物流的源头。"

开滦集团总经理助理、开滦国际物流有限责任公司总经理傅同君在接受本报记者采访时说："物流产业作为'第三利润源'、绿色环保产业，是开滦转型发展，调整产业结构，延伸煤基产业链，跨行业、跨区域发展，为其他产业提供支撑的必然选择。开滦作为中国民族工业的摇篮，中国最早铺就的准轨铁路、最早使用的蒸汽机车、最早的通商码头，都诞生在开滦。这些百年前因开滦采煤而生的物流设施，是开滦发展物流的感悟和积淀。可以说，中国的煤炭物流始于开滦。"

目前，开滦自营铁路线路达423公里，内燃机车43台，年运输能力5000万吨以上；物资仓储规模达18万平方米，并有5万平方米库房及配套设施；专业运输车队、国家二级质检化验机构、配煤加工场地及设施，形成了原料煤的采购、储存、筛分、混配等综合性工艺流程；参股肖厝港和远东船务。

张文学认为："现代物流是社会进步的标志，也是企业现代化程度的标志。"

为把传统物流转型为现代物流，开滦集团全面整合物流资源、构建物流网络；优化内部物流，拓宽外部物流；建设信息平台，加强物流管理；完善区域铁路网，加强多式联运；加快体制改革，健全管理体系。

从2002年开始，开滦集团对由各生产经营单位自行管理的企业销售物流、供应物流，在体制、资产、资源、业务上实施整合，实现了传统物流与采掘生产的剥离，物流资源与业务统一由物流公司行业管理，港口、铁路公

路运输、仓储配送、流通加工等物流业务独立运作，企业物流资源配置和物流链进一步优化，物流管理向规范和专业化方向迈进。

现代物流倡导的是信息化支撑和供应链管理。开滦在原有基础上，根据企业生产、管理等方面的需求，开发和实施了综合信息发布与查询、办公自动化、ERP、生产调度、企业外网、物流管理等信息系统，物资供应、产品销售、铁路运输以及港口储运等核心业务已经纳入了信息化管理系统。2008年，集团投入1800多万元，对现有物流管理信息系统进行软件升级改造，按照标准化、整体化、客户服务的原则，建立物流业务办公平台、管理决策平台、营销服务平台，逐步形成基于互联网，联结物流相关企业、政府管理机构、行业协会、口岸，以及相关服务机构，具有数据交换、电子商务安全认证、金融结算功能的，高效便捷、国内领先、与国际接轨的现代物流信息系统，实现了物流、商流、信息流的合一，提高了整体运营效率。

正是依靠先进的物流理念，按照物流一体化、信息化、集成化、社会化的要求，开滦物流从小到大，由弱变强，形成了"煤路港航一体化，供应链管理，工贸结合、物商互动"独具特色的综合服务型物流新模式，初步实现了传统物流向现代物流的转型。

重塑内部物供体制，现代化的企业物流成形

打铁先须自身硬。先进的企业内部物流是现代物流的一个重要内涵，也是拓展外部物流的必需前提。

为了挖掘第三利润源，实现效益最大化，开滦集团从降成本开始加快了内部物供体制改革，完善物资超市管理，实行代储代销，推广市场化精细管理模式。实施集中采购、集中储备、集中配送、集中结算的"四集中"物资供应物流管理模式；对煤炭销售物流实施统一收购、统一定价、统一销售、统一结算、统一回款的"五统一"新流程，完善对内生产服务型物流保障体系。

目前，开滦从集团物流中心到集团旗下各个经营分公司都建立了"区域超市"，各个矿业公司也建立了各自的"井口超市"。

在位于唐山古冶区的开滦物流中心业务大厅，记者看到，传统的物资储备模式已经被物资超市的新型管理模式代替。通过招标，全国20个省份、

600多个厂家、3万多个品种的物资进入物流超市大厅，每一件物品都标有厂址、价格、质量说明，分门别类陈列在超市的货架上供各生产单位选择。

开滦集团物流中心主任刘铁印告诉记者，这种规模采购、减少储备资金、业务流程环节优化、高效精练的物供体系，使企业内部物供工作不仅高效、节约，而且透明。

在新中国第一矿开滦股份范各庄矿，这种超市链的管理模式得到复制。范各庄矿党委书记王树春对记者介绍，通过筹建公司物流中心，实施基层库房整合，推行网上材料计划审批，与供应厂商建立战略合作伙伴关系，实行物资设备代储代销，有效提高了物资利用率和资金周转率，大幅度降低了物资储备成本。2009年1~5月份，仅配件类材料成本投入就同比减少了187.3万元，降低幅度高达11.32%。

实施"大物流工程"，从企业物流向物流企业转型

在完善对内生产服务型物流保障体系的同时，开滦集团加快了向物流企业的转型。2008年，开滦调整企业发展战略，把现代物流作为企业转型发展的支柱产业之一，明确实施"大物流工程"。按照科学布局、资源整合、优势互补、融入区域、持续发展的要求，制定了开滦集团物流产业发展规划纲要。

2009年4月，开滦（集团）国际物流有限责任公司组建，为集团公司所属全资子公司，承担开滦物流贸易发展职责，负责铁路运输、仓储配送、煤炭集港转运、煤炭及物资贸易等工作。下设铁路运输、港口储运、进出口、香港、华南、宁波等分（子）公司，并在北京、上海、天津、深圳、东北等地设有驻外机构，为开滦物流向社会化、国际化迈进奠定了基础。

2009年7月，开滦集团牵手华夏董氏集团、沙钢集团成立开滦通达物流有限公司、开滦沙钢物流有限责任公司，实现制造业与物流业跨区域、跨行业、跨所有制联动发展。

开滦还通过了ISO9001：2000质量管理体系认证，先后被授予煤炭行业首家"国家5A级综合服务型物流企业""中国物流实验基地""全国物流行业首届劳模单位"和"河北省现代物流领军企业"。

根据企业做大做强的战略规划，开滦物流将随集团资源扩张和产业链延

伸，加快对六个煤炭生产基地的物流系统建设，做到六大区域物流网络节点的有机链接，协调联动，全面实现"源头采购集中化，中间配送扁平化，终端销售超市化，过程控制信息化"。

傅同君告诉记者，打造以服务区域经济为基础，以工贸物流为特征，以信息技术为标志的跨区域、跨行业、跨国界的现代大型物流企业集团，开滦已经找准了支撑点，即全力建设好唐山古冶物流中心、京唐港煤化工的物流配送中心、曹妃甸国家煤炭储备及加工配煤基地三大物流园区。

傅同君说，以此为基础的开滦物流将不仅是唐山的核心物流中心之一，也将成为冀中地区煤炭转运配储的中枢和京津冀大物流系统中的一个重要节点。

国务院发展研究中心产业经济部研究室主任钱平凡对开滦重点发展物流业的思路给予肯定。他在接受本报记者采访时说："开滦转型做煤炭供应链的管理是方向性的，由生产向服务转变、由挖煤转向供应链管理的发展思路，给国家资源型企业转型做出了引导。"

（本文刊登于2009年8月26日）

煤化工提速，开滦谋求更大话语权

已经有131年历史的开滦，如今已不再是一个单纯的煤炭企业。

开滦集团董事长张文学告诉《中国经济时报》记者："今年上半年，开滦建成投产的煤化工项目共5个，形成了550万吨焦炭、20万吨甲醇、10万吨苯加氢、30万吨煤焦油加工的生产能力，成为河北省目前综合规模最大、循环产业链最长、节能减排措施最优的绿色煤化工园区。"显然，开滦正在转型为一个现代化能源化工巨头。

契合区域经济发展

近年来，河北省提出了构建现代化产业体系，建设沿海经济强省的奋斗目标。与此同时，唐山市也明确提出了以建设科学发展示范区为主导，建设蓝色新唐山的战略思路。这一切，再一次将发展的战略机遇摆到了开滦人面前。

为此，开滦集团将产业延伸的战略目标定位为河北省煤化工产业的"领头羊"，全力打造符合循环、节能、先进、科学发展要求的绿色生态工业。而要成为河北煤化工龙头企业，则必须高起点规划、高标准建设和高效益投产。

总体而言，河北省及唐山市焦化行业普遍存在产能分散、产业集中度比较低的问题，部分焦化企业规模偏小、装备落后、技术水平低、产品结构不合理、难以适应大型高炉炼铁对焦炭质量的要求。

开滦集团的产业延伸之路从一开始就以产业政策为导向，顺应产业和区域发展的趋势，成为开滦煤化工产业迅速发展的重要内因。

高起点谋划产业延伸

按循环经济的发展模式，靠园区化集约发展，强化节能环保机制和采用可持续发展体制，是开滦集团为自己选择的产业延伸准则。

张文学介绍，开滦集团煤化工产业的规划确立了两条路径，重点延伸煤基产业链，即以煤焦化为龙头，以焦油加工、焦炉煤气制甲醇、粗苯精制为代表的化工产品加工产业链；以煤气化为龙头，以煤基甲醇及其衍生物为代表的化工产品加工产业链。

以煤焦化为突破口，开滦集团开始了向煤化工产业的分步延伸。短短几年间，一系列煤化工项目的建设和启动，勾勒出了开滦产业延伸的战略前景和产业布局。

从对煤焦化产业延伸的战略规划，到对具体项目的分解定位；从对园区"减量化、再利用、资源化"循环经济模式的选择，到结合产业前景对产品衍生的研判，开滦集团以高起点的规划，迅速完成了向煤化工产业高端的平滑延伸。

据了解，开滦集团突破传统意义上的产业模式，在煤焦化产业的建设中，狠抓两个支点：一个是环保水平，一个是生产工艺。

已经开工和部分在建的唐山海港开发区煤化工园区，不仅在生产工艺选择、园区布局、基础设施建设和配套功能上，全面采用高新技术，而且全部采用先进的生产管理、环境管理标准。

立足副产品的回收利用、能量和水资源梯级利用、各类资源的共享，唐山海港开发区煤化工园区着力推动不同项目的产业链条延伸，形成了不胜枚举的物质生态网络和循环利用产业链：粗焦油和粗苯作为精加工项目的原料，焦油加工产品洗油用作焦炉气洗苯；焦炉气用作制甲醇原料，甲醇项目施放气制氢用于苯加氢精制；干熄焦回收焦炭显热，用于制蒸汽和发电自给于园区，同时减少湿熄焦带来的环境污染。

据统计，仅干熄焦回收的热能，就可解决园区1/4的蒸汽供应，同时可解决园区3/4的用电，每年可减排二氧化碳17万吨，可节约标煤8万吨。

加快融入"大曹妃甸"战略

据开滦集团介绍，当前其煤化工产业的重点是全面加快项目建设。

同时，进一步整合焦油、粗苯资源，大力推进煤焦精细化工和煤基醇醚燃料及烯烃产业链延伸，加快向化工领域的发展转型，促进产业不断升级。

在重点推进唐山海港开发区煤化工园区建设的同时，开滦集团又将目光瞄准了曹妃甸工业开发区。在开滦集团"十一五"和中期规划中，这里将是开滦集团产业延伸的另一个重要平台。

为此，开滦集团立足于与曹妃甸工业区核心产业相衔接配套，根据拟建煤化工项目的需求实际，做好与地方政府协商，及早进入嘴东工业园区，赢得融入"大曹妃甸"发展建设的主动权。抓紧谋划与首钢、唐钢及国内外等大型企业合作，参股建设曹妃甸大焦化项目，获得其副产品资源，控股焦油及副产品的深加工项目。

科技先行铸造核心竞争力

近年来，开滦集团煤化工按照"行业示范、国内领先、世界先进"的发展目标，不断延长产业链，大力发展精细化工，产业规模不断扩大，经济总量稳步提升。

为进一步提升煤化工产业的发展速度和质量，尽快形成自主知识产权和核心技术，今年6月5日，开滦集团煤化工研究开发中心正式揭牌成立，北京化工大学化工学院党委书记、博士生导师屈一新被聘为技术顾问。

据悉，研发中心的职能定位及发展目标是：从事产品研究开发、技术引进吸收、管理及工艺改进、培养储备高层次研发人才、搭建信息桥梁，尽快取得一批研发成果，申报省级并建成煤化工领域国家级工程技术研究中心。

金融危机面前信心不减

2009年，开滦集团的目标是煤焦化产业销售收入力争达到100亿元，到"十一五"末达到160亿元。目前受国际金融危机影响，国内宏观形势不稳定，煤焦化市场波动加大，产品售价下滑。

开滦集团副董事长裴华表示："今年要增加30亿元销售收入，缺口不小。但是，我们有信心以项目建设为龙头，加快煤焦化发展速度，提升企业综合实力，完成既定目标。"

对于明年煤焦化产业的发展，裴华介绍说："2010年，是开滦集团实现'双五'目标的关键年，我们将继续在煤基产业链延伸方面下工夫，加快迁安中化100万吨焦化三期工程建设进度，积极谋划扩大唐山中润和迁安中化焦化产能。"

此外，开滦集团还将积极推进资本运作，实施强强联合、兼并重组，把规模进一步做大。2009年8月8日，开滦集团中润公司与北京燃气实业唐山佳华公司签订了整合重组的协议，整合重组完成后，开滦的煤焦化产业将达到年产焦炭940万吨，成为全国最大的独立煤化工企业。

（本文刊登于2009年8月26日）

开滦需要记忆，唐山需要记忆

在开滦唐山矿业公司A区，一幢形似1922年天津开滦矿务局大楼的建筑耸立在绿树丛中，这就是刚建成的开滦博物馆。这是开滦打造国家矿山公园的一大亮点。

"黑色长河……"进入博物馆，迎面就是该馆的主题。徜徉在博物馆里仿佛进入了时空隧道：从远古时煤层的形成，到1878年唐廷枢用西法开凿中国第一眼矿井；从中国铁路史上的两个第一——唐胥铁路与龙号机车，到官督商办体制下的经营管理；从开平矿权被骗失，到新中国开滦的大发展；从中西文化的碰撞、南北文化的交融，到开滦独有的"特别能战斗"……

在唐山这座因煤而兴的城市，留下了许多开滦的印迹，有物质的，也有非物质的。

开滦博物馆馆长李军向《中国经济时报》记者介绍，博物馆的设计灵感来自于有着130年历史的绞车房建筑。开滦的历史是开滦人的骄傲，也是开滦国家矿山公园最重要的亮点。有着中国煤矿最悠久历史的绞车房，已经成了开滦煤矿的标志性建筑。象征着开滦历史的红砖与浅土黄色交织的建筑外观以及3号绞车房留有大地震年号的三角山墙，无可争议地成了设计博物馆的造型基调。此外，建于1922年的天津开滦矿务局大楼稳重典雅，爱奥尼柱廊的历史感，都是开滦人永远牵绊在心底的念想，也是博物馆设计理念的构成元素。

开滦130多年的煤炭开采历史，不仅开创了我国煤炭工业的先河，而且积淀了深厚、丰富的矿业文化，积累了众多的典型性、稀有性和内容丰富的矿业遗迹。以国土资源部批准开滦国家矿山公园项目为契机，开滦探索资源型企业转型的新路子，把文化旅游产业作为重要的支持产业重点打造。

据介绍，按照"整体规划、分步实施"的方针，开滦国家矿山公园项目分三步进行建设：一期工程，开发建设"中国北方近代工业博览园"，景区分为"矿业文化博览区"和"矿业遗迹展示区"两大区域。二期工程，开发建设"老唐山风情小镇"，小镇由"西洋风韵""南土熏风""民俗风情"三个主题区域和"婚庆广场""露天剧场"两个功能区域组成。三期工程，开发国家矿山公园周边住宅及商业地产项目，带动唐山周边整体经济发展和环境优化。开滦集团将充分发掘自身典型、稀有的矿业文化资源，把"挖掘与展示""改造与再利用"结合起来，使历史文化价值转化成产业价值、市场价值，形成唐山城市工业旅游的中心链环，完成唐山矿区的成功转型。

"开滦把国家矿山公园建设作为开滦世纪转型的重要契机。通过发展工业遗产旅游，进行资源的再次整合利用，把历史文化价值转换为市场价值，从而提升唐山这座城市的文化品位。"开滦集团董事长张文学说。

张文学告诉记者，在文化产业建设上，国土资源部有意把开滦国家矿山公园列为世界级矿山公园，开滦要打好这张牌，把文章做足。将以开滦国家矿山公园一期工程为开端，进行二期、三期捆绑开发，包括唐山市风情小镇、商业旅游、井下工业旅游开发等，把周边房地产、文化旅游、酒店、餐饮资源进行整合，实现娱乐、旅游、购物、会展、居住为一体。"应该说，目前我们文化产业还面临许多困难，但是，我们将攻坚克难，按照集团公司'双五'目标，借势打造一个高质量、高品位的文化产业。"

据悉，唐山市委提出了创建新唐山"经济强城、文化名城、宜居靓城、海滨新城"的战略部署，开滦国家矿山公园的建设是落实这一战略部署的重要举措，她将承担着多重重任：

首先，传播历史文化，发扬民族传统。开滦本身代表了中国近代工业文化，开发开滦国家矿山公园项目是将唐山市在不同历史时期特有的"煤文化、安全文化、地震文化"有机融合，而煤文化和安全文化的典型代表就是开滦，开滦国家矿山公园项目蕴涵着巨大的文化旅游潜力。

开滦国家矿山公园本身即为文化与旅游相结合的项目，从总体规划来说，应该强调矿山风情与老唐山市井民俗的底色。100多年前的洋人技师、广东人为主体的工匠、大批破产的农民组成的矿工，构成了这座城市最早的开发者。

因此，开滦的矿山风情，体现着中西文化交汇、南北文化交汇、传统文化传承更新的鲜明特点。

其次，带动其他产业发展。随着"开滦国家矿山公园"项目的进一步完善和发展，其辐射和带动周围片区的经济效应将同步提升。构建以工业旅游产品为核心的商贸—餐饮—艺术—娱乐—服务为一体的文化产业链条，实现第三产业的快速发展，使唐山市旅游经济结构实现合理化。

再次，体现开滦的社会责任。开滦集团通过矿山公园建设把珍贵的中国近代工业遗迹保护起来，以文化形式传承下去；通过矿山公园建设改善矿山环境、城市环境、提升资源型城市文化品位和城市空间视觉品质；丰富市民的文化生活，这已远远不是一个企业的经济行为所能解释，这种自觉履行企业的社会责任的做法为其他企业做出了示范，将极大地提升开滦集团的企业形象。

另外，促进开滦集团自身可持续发展。建设"开滦国家矿山公园"有利于保护和抢救现存的重要矿业遗产，科学利用矿业遗产，弘扬开滦悠久的矿业历史和灿烂文化；也有利于加强矿山环境保护和恢复治理，不仅可改善目前开滦的生产环境的状况，还可以促进资源枯竭的"矿山经济"转型，推动矿山企业走可持续发展的道路。

最后，带动城市更新。建设"开滦国家矿山公园"的最终目的是：延续唐山城市的历史文脉，提升城市的文化品位。建设国家矿山公园能促进和发展唐山工业旅游，以采矿工业生产过程、矿山历史文化风貌、工人生活工作场景为主要吸引物，在度假、休闲、体验、考察、学习等领域能更好地满足不同人群、不同层次、不同取向的需求。实施国家矿山公园改造规划战略，还可以带动和促进城市空间的重构、城市功能的整合、历史遗产的保护、生态环境的建设以及城市文化的复兴和城市品牌的塑造营销等，实现传统城市的更新与复兴。

（本文刊登于2009年8月26日）

开滦集团以构建现代产业体系新思维
实现逆势转型

　　记者日前从河北省国企改革发展暨国资监管工作会议上获悉，2009年，河北省国有企业实现营业收入4656亿元，同比增长11％；但由于受国际金融危机影响，国有经济效益下滑比较严重：全省国有经济实现利润下降25％，上缴税金下降17％，部分企业亏损严重，深层次矛盾和问题更加凸显。

　　但是，开滦集团却在危机中逆势上扬：营业收入提前一年实现"十一五"战略目标，达到548.6亿元，同比增长64％，高于全国先进企业49个百分点；利润同比增长37.98％，高于全国先进企业30个百分点。2009年，开滦在中国企业500强的排名中跨越109位，跃居第182位；位列中国企业成长100强第七。今年，开滦计划营业收入突破600亿元，进入全国100强。不仅如此，开滦还克服了自身发展难题，在金融危机中成功转型，非煤产业迅速崛起，占到经济总量的72％，被河北省国资委认定为全省国资系统近两年发展模式最先进、经济增长最快的大型企业集团。

　　资源型企业转型被认为是世界性难题。开滦集团2008年7月调整企业发展战略以来，不到两年时间营业收入增长391亿元，非煤产业占七成。从一个传统煤炭企业快速嬗变为现代化能源集团，开滦成功转型的原因和经验是什么？提高经济发展质量和效益的支撑力有哪些？

　　开滦集团董事长、党委书记张文学在接受《中国经济时报》记者专访时透露："强化'六个转向'，推进'一基五线'建设，加大结构调整力度，加快发展方式转变，构建现代产业体系。通过改造提升传统产业，大力培育新兴产业，增强企业自主创新能力等一系列措施，提高经济发展的总体效益和质量，确保经济实现平稳较快发展。这是资源型企业转型发展的路径选择。"

博弈金融危机：转型发展实现逆势突围

2008年7月，开滦重新修订企业发展战略，确定了"开放融入、调整转型、科学发展、做大做强"的指导思想，在河北省业内率先提出"双五""双一"的发展目标：到"十一五"末，煤炭产量达到5000万吨、营业收入500亿元；到"十二五"末，煤炭产量达到1亿吨、营业收入1000亿元。

让国内企业始料未及的是，席卷全球的金融风暴导致各行业陷入增长僵局，煤炭行业遭遇近年来最困难时期：煤炭和焦炭的销售价格大幅下滑，货款回收困难，市场萎缩，库存量增加。2008年11月份，开滦煤厂库存量从25万吨猛增到50万吨，企业经济运行受到严重影响。

而此时，开滦的大煤炭战略才刚刚开启。

与非比寻常的外部困扰相比，企业内部也承受着巨大的发展难题——开滦作为一个具有131年开采历史的资源型企业，与轻装上阵、动辄拥有上百亿吨甚至几百亿吨可采储量和优越开采条件的新兴大型煤炭企业相比，发展空间的困缚与压力让百年老矿举步维艰。

开滦集团本部唐山矿区已经进入衰退期，剩余可采储量仅14.5亿吨，其中较难开采的"三下压煤"占比高达76.7%。

开采条件困难，开采成本不断增高。开滦平均井深超过850米，堪称全国平均深度最深的矿区，运输环节多、成本高，同时，水、火、瓦斯、煤尘、顶板五毒俱全。

随着开采深度的增加，自然灾害压力增大，安全、成本、难度同时增大。2007年开滦吨煤制造成本为176.77元，而神华集团吨煤综合成本仅为72.1元。

社会负担沉重。开滦集团现有离退休人员71625人，等退职工2348人，生活后勤人员16115人；有165个住宅小区，其供暖、供水、供电、供气等都由企业承担，年生活后勤补贴高达10亿。矿区危旧房改造任务繁重，震后危旧房还有159.4万平方米，需建设投资27亿多元。

煤质差，效益低。原煤灰分达到40%，精煤回收率仅有35%左右，低于全国平均水平近20个百分点。

据了解，2009年，因煤炭和焦炭价格下降，开滦合计减少收入48.4亿元。

此外，随着国家产业政策的出台，企业面临的同业竞争压力增大。

面对"内忧外扰"的苦与痛，"特别能战斗"的开滦人如何破解瓶颈？怎样实现逆势突围？

张文学说："开滦的困难，必须通过企业的快速发展来解决。再造资源型企业新辉煌必须冲破惯性思维，走转型发展之路。"

张文学分析，开滦历经百年发展，产业结构有一定基础，不仅有人才优势、煤种优势、区位优势，还有国家为帮助企业"过冬"而出台的政策机遇。要把这些优势、机遇与企业转型、建立现代产业体系思路相结合，对号入座，调整产业结构，转变发展方式，培育新兴产业，壮大优势产业，进而实现资源型企业转型发展。

"抓机遇、调结构、增总量、降成本、防风险、惠民生"，随着一系列创新举措的渐次铺开，开滦加速经济转型，在做大煤炭业的同时延伸产业链，非煤产业实现超常规发展。

在基础产业方面，开滦实施了资源"内挖外扩"战略。唐山老区和蔚州矿区通过技术改造稳定产能，对薄煤层开采、深部资源开发、呆滞煤量解放进行技术攻关，最大可能延长老区寿命。同时，利用经济低迷期进行低成本扩张，坚持"走出去"扩大资源储备，做大做强煤炭产业。目前，开滦的资源扩张路线图已延伸到内蒙古、新疆、山西和加拿大。这相当于利用不到5年的时间，在省外再建一个"新开滦"。2008年和2009年，开滦共获得煤炭储量160多亿吨，为企业转型发展筑牢了基础，增强了后劲。

开滦利用其优质、稳定的焦煤产业和得天独厚的区域优势，延伸煤化工产业链，发展循环经济。抓紧谋划与首钢、唐钢及国外大型企业的合作，参股建设曹妃甸大焦化项目，加快向化工领域转型发展，促进产业不断升级。2009年8月8日，开滦集团与北京北燃实业在合作意向书上正式签字：两家国内大型煤化工企业——开滦集团唐山中润公司与北燃实业唐山佳华公司进行整合。开滦将达到年产焦炭940万吨的规模，成为拥有千万吨级焦化规模的全国焦化旗舰企业。2009年，在全国焦化产业普遍亏损的情况下，开滦煤化工实现了盈利发展，营业收入77亿元，同比增长14%；利润突破1.5亿元，同比增长31%。

与此同时，开滦积极发展新兴产业，培育新的经济增长点。2009年国家和河北省相继出台物流产业振兴规划，开滦抓住有利时机，立足自身区位、人才、市场、存量资产等优势，把物流产业作为调整产业结构的重点工程，实现了从"企业物流"到"物流企业"的转变。2009年开滦物流产业收入达到275亿元，同比增长167%以上；实现利润1.36亿元，同比增长62%。现代物流业占到经济总量的半壁江山。在2009年中国物流企业百强评比中，开滦物流名列第9位，并荣获中国物流信息化案例奖和信息化先进企业奖。

开滦的装备制造业充分发挥装备制造技术、人才、资源等优势，抓住唐山钢铁产业迅猛发展和开滦煤炭扩张、煤化工发展的机遇，以开滦铁拓重型机械制造公司为核心，整合集团内部制造企业，实现产业集聚，联合中国煤科总院等研究机构，创集煤炭开采、装备研发、综合配套试验为一体的研试基地，形成煤矿、煤化工、钢铁装备三个主业板块，全面进入高端产品领域。2009年产值达到12亿元。

尤其值得一提的是，"节能减排产业"为开滦企业发展注入活力。2009年开滦投入节能减排资金4.2亿元，完成了9个方面节能项目共计134项，向省政府承诺的节能量、产品单耗、减排量、减排单耗等六项指标全部超额完成。

开滦不仅把节能减排作为责任指标来完成，而且是作为产业来发展。2009年实现收入20.3亿元，其中利用瓦斯发电，开滦年瓦斯抽放量2800万立方米，利用率60%，年创收800万元；对矿井水进行净化处理，变成生产和生活用水，开滦年矿井水排出量9671万吨，利用率64%，年创收8320万元。在范各庄矿和吕家坨矿应用水源热泵技术，用矿井水能量取代燃煤锅炉制冷、供热，年节约标准煤11000吨，节约资金500万元，年减少二氧化碳排放7343吨、二氧化硫218吨、粉尘108.9吨；利用煤矸石进行发电、建材综合利用，开滦煤矸石年产出量800万吨，利用率100%，制砖年创效益3024万元，年发电量16亿度，年供热量290万吉焦，年创收9.2亿元；矸石回填，搞土地塌陷整治，盘活土地资源。开滦治理塌陷土地19063亩，用作搬迁、养殖等。煤化工产业实现了污染物零排放。年产焦炉煤气131400万立方米，利用率100%，年创效益6.5亿元。采用干熄焦技术回收焦炭余热，用于生产蒸汽和发电，每年可回收能源折标煤20万余吨，利用余热产生蒸汽332.5万吨，发电6.25亿度，年创收3.25亿元。

最新统计显示，2009年，开滦集团营业收入完成548.6亿元，同比增长64.01%，高于全国先进企业49.01个百分点，提前一年完成"十一五"规划目标。通过调整结构，大力发展循环经济和相关产业，企业走上持续健康发展之路。2009年底，开滦煤化工、现代物流、装备制造、文化创意和房地产、节能减排等非煤产业综合营业收入占到经济总量的72%，煤炭产业收入降至28%，传统煤炭业在开滦经济总量中的核心位置，已被新兴产业所替代。

在与金融危机的博弈中，开滦成功实现了转型。国务院发展研究中心宏观经济研究部部长余斌说，开滦的实践深刻地说明，转变发展方式将为企业发展注入新的活力。

产业新思维："一基五线"开创"开滦模式"

开滦集团在结构调整、转型发展过程中，按照构建现代产业体系的新思维，推进"一基五线"建设，确定了"六个转向"。

"一基"是煤炭基础产业，"五线"是煤化工产业、现代物流产业、装备制造产业、文化创意和房地产业、节能减排产业。

"六个转向"是：从以煤为主的一元发展战略转向以比较优势为基础的多元发展战略；从以产量增长为导向的发展模式转向以循环经济为导向的科技创新发展模式；从着眼企业自身的发展模式转向融入区域经济的城企互动发展模式；从单区域挖潜型发展模式转向以总部经济为基础的多区域发展模式；从封闭式整合发展模式转向开放式横向战略合作发展模式；从传统粗放型管理方式转向以精细化、科学化为特征的现代企业管理体系。

经过金融危机的洗礼，开滦集团"一基五线"建设极大地增强了企业抗风险能力，助力企业开创了"开滦速度"：2007年底营业收入157亿元；2008年7月调整企业发展战略，2008年底实现营业收入334亿元，同比增长112.51%；2009年底突破500亿，达到548.6亿元，同比增长64.01%。提前一年完成"十一五"规划目。

在新的发展模式下，开滦发展的质量和效益显著提高。截至2009年底，利润同比增长37.98%,利润增长率高于全国先进企业29.98个百分点;万元增加值综合能耗完成1518.69千克标煤,同比下降1.78%。

因资源枯竭而退出历史被认为是资源型企业的宿命,而开滦则打破了惯例。

张文学告诉记者:"思路枯竭比资源枯竭更可怕。煤炭企业虽然是吃资源饭的,但是只要转变思路,建立多元发展战略,延长做强产业链,企业就可焕发活力和青春。"

河北省委常委、副省长杨崇勇到开滦调研后提出,作为百年企业,开滦在面对外部多种困难的情况下,以很强的创新意识科学决策,扎实推进,实现了跨越式发展,其进步和变化令人关注,其经验值得认真总结。

河北省副省长孙瑞彬认为,开滦集团的路子值得认真研究,它代表了河北国有企业调整优化经营结构的方向,各大集团要向开滦学习,认真学习开滦的思路和经验。

孙瑞彬说:"开滦集团2009年在金融危机中逆势而上、跨越式发展,在突出主业、做大市场的同时,以提高效益为核心,坚持一业为主、多业发展,紧紧围绕市场需求,积极调整经营策略,实现利润最大化。在保持既有产品优势和市场的同时,它把握市场发展趋势,提升产业附加值,延长产业链条,加快推进转型升级,走出了一条企业转型发展的成功之路。"

河北省国资委主任、党委书记周杰也表示,开滦集团适时调整完善了企业发展战略,为资源型企业转型发展开拓了一条新的路子。

河北省委研究室和唐山市委研究室在对开滦集团实现成功转型的经验进行调研后认为,在企业发展战略的指引下,凭着"特别能战斗"的精神,百年开滦以破釜沉舟的勇气和开拓进取的锐气,抢抓先机,创新举措,走上了资源型企业加速转型、快速发展的新路。

纵深求突破:新开滦进军全国百强

2010年是实施"十一五"规划的最后一年,张文学提出,开滦今年确保实现"双五"目标,煤炭产量达到5310万吨、营业收入600亿元以上,并完成集团公司整体上市,在全国500强排名中力争进入前100位。

据了解,去年四季度,全国煤炭产业利润总额为598.9亿元,同比下降

1.9%，较三季度回落7.6个百分点。从2009年煤炭产业的利润情况看，绝大多数煤炭企业仍处于微利经营状态。尽管2010年发展环境将好于去年，但是形势依然复杂严峻。

张文学认为，经过30多年的改革开放，我国产业发展进入了一个必须进行重大战略调整的新阶段。这次国际金融危机，对我国来说，表面上看是对经济增长速度的冲击，但实质是对经济结构和经济发展方式的冲击。过去那种粗放型、资源依赖型的发展方式已经不适应全球竞争的新形势，结构调整将是我国经济持续快速增长的重要动力，这包括对传统产业的改造升级和积极发展战略性新兴产业。

对此，当前开滦正全面、深入地推进结构调整和经济转型，着力在转变发展方式上取得新突破，重点提高经济发展质量和效益，更加有效地应对危机、化危为机、保持经济平稳较快增长，更加主动地推进自主创新，在新一轮竞争和发展中抢占先机，进而实现科学发展、可持续发展。

具体包括：加快重点项目建设，提升传统产业，进一步做大做强煤炭产业，巩固提高煤化工产业，提高选煤技术水平；立足自身优势，加快发展煤炭专业物流、第三方物流、逆向物流、电子商务等新兴产业；不断提高自身创新能力，专注循环经济，在确保完成节能减排目标的基础上，谋划壮大节能减排产业。

第一，加快自主创新，提升传统产业。

在河北省十一届人大三次会议上，河北省省长陈全国在《政府工作报告》中提出，重点延伸石油化工、煤化工和盐化工三大产业链条，推动一批项目建设，确保开滦能源化工等项目顺利实施。

"这意味着开滦转型已经成为河北省2010年加快改造提升传统产业的重要战略部署之一。"张文学说，作为一个要转型的煤炭企业，怎么转、向何处转曾是开滦面临的一个重要问题。如今，有了政府层面的首肯，开滦将坚定地走下去。

目前，开滦利用美国考伯斯公司技术在曹妃甸建设100万吨级世界最大的煤焦油加工基地，谋求以建设每小时生产10万立方米煤制氢气项目为切入点，与中石化合作建设22.5万吨丁辛醇等石化下游项目，并联手区域内的三友集团氯碱项目，实现煤化工、石油化工、盐化工的有机结合，统一协调，打造高层次的循环经济产业链。

今年，开滦将大力实施品牌化、集约化、规模化经营战略，着力推进煤化工产业的改造升级。按照规模化、集团化、洁净化、内涵式、可持续发展的原则，加快从传统煤炭企业向现代化能源集团转型，逐步向煤电路一体化、煤电热、煤化工和精细化工产业链进军。

第二，立足自身优势，壮大新兴产业。

目前，开滦成功实现了资源型企业的转型，现代物流业占到经济总量的半壁江山。

张文学介绍，开滦实现成功转型的关键之一就是充分发挥自身优势，抢抓机遇培育壮大新兴产业，这不仅增加了经济总量，而且优化了产业结构。今年开滦将以促进构建现代产业体系为突破口，着力培育壮大新的支柱产业，按照"再造、提升、加速"的思路，充分利用现有区位、人才、市场、存量资源和供应链的优势，倾力打造成为现代物流产业的领军企业。

第三，以大力实施节能减排为重要途径转变发展方式。

"在履行节能减排主体责任的同时，大力发展节能减排产业。开滦将按照'高标准、严要求、硬约束'的原则，加快构建和形成节约能源资源、保护生态环境的产业结构和增长方式。"张文学说。

（本文刊登于2010年2月4日）

开滦转型战略渐成体系

百年开滦，正在中国企业史上重新确立自己的坐标。

这个拥有132年历史的中国近代煤炭工业源头企业，最近几年正在悄然嬗变。自2007年至2009年，开滦集团的营业收入由157亿元增至559.3亿元，利润由3.2亿元增至10.5亿元，在全国500强和煤企100强中的排名持续提升。目前，非煤产业收入占开滦集团总收入的比重已达七成以上，一个现代化的综合性能源集团日益成型。

开滦是一个较为典型的资源枯竭型煤炭企业，金融风暴的冲击更使这个本已遭遇发展瓶颈的企业雪上加霜。2009年6月，《中国经济时报》采访组第一次深入开滦。彼时，开滦的新发展战略付诸实施还不到一年。

开滦企业发展战略的调整始于2008年7月，开滦集团董事长、党委书记张文学调任开滦之后不久。张文学告诉记者，开滦曾于2002年制定过一个企业发展战略，当时即提出转型发展的思路，但转型主题不够突出，经过2008年的调整，更加契合企业实际和国家政策。

2008年的开滦发展战略，其核心内容是构建"134"产业格局，即以煤炭为基础型产业，以煤焦化、煤电热、现代物流为支柱型产业，以装备制造、建筑施工、文化旅游、建材化工为支持型产业。在此战略之下，提出了"双五"（到"十一五"末煤炭产能达5000万吨、总收入达500亿元）、"双一"（到"十二五"末煤炭产能达1亿吨、总收入达1000亿元）等一系列具体目标。

实际的发展形势超出了上述目标：2009年，开滦的营业收入提前一年突破500亿元，营业收入和利润两项指标分别比2007年增长2.56倍和2.3倍。

2010年4月，《中国经济时报》采访组再赴开滦，了解到开滦的企业发展战略又在2008年基础上作了进一步调整和完善。新设定的产业格局被描述为"一基五线"——"一基"是指煤炭基础产业，"五线"是指煤化工产业、现代物流产业、装备制造产业、文化旅游和房地产产业、节能环保产业。同时，开滦确立了"六个转向"——从以煤为主的一元发展战略转向以比较优势为基础的多元发展战略；从以产量增长为导向的资源驱动型发展模式转向以循环经济为导向的科技创新驱动型发展模式；从着眼企业自身的发展模式转向融入区域经济的城企互动发展模式；从单区域挖潜型发展模式转向以总部经济为基础的多区域发展模式；从封闭式整合发展模式转向开放式横向战略合作发展模式；从传统粗放型管理方式转向以精细化、科学化为特征的现代企业管理体系。

"一基五线"及"六个转向"体现了构建现代产业体系的新思维，具有更加鲜明的产业结构调整和企业转型色彩。"煤炭企业不以煤炭为主了，显然是要转型了。"张文学说。

为何要在几年内连续修订发展战略？张文学认为，资源型企业转型发展的关键是企业战略的转型，一定要以战略转型为导向，引导发展思路和发展模式的转型，否则转型就是盲目的。而企业战略不只是一个简单的工作计划，必须全面、深刻、系统地体现转型的背景、意义、内容和路径。

在张文学看来，企业的转型战略是否合理、转型能否取得成效，主要取决于三方面因素：一要依托企业自身的比较优势和产业基础；二要立足于国家的宏观经济和产业政策并融入区域经济发展大局；三要学习借鉴国内外资源型城市和企业的成功转型经验。其中，前两条尤为重要。

从"134"产业布局到"一基五线""六个转向"，可以看出，开滦的转型战略既充分顾及了多年来形成的产业、区位、资产、人才、品牌等优势，又敏锐地把握了中央的宏观调控、结构调整、节能减排等政策导向，还与河北省的"两环"（环渤海、环京津）发展、构建现代产业体系以及唐山市建设"四点一带"等区域经济发展趋势密切结合。

煤炭业是个容易产生短期行为的行业。实际上，同其他一些资源型企业相比，开滦的转型压力并非最紧迫，即使在面临萎缩的唐山老矿区，其煤炭资源也还能再支撑20年。但是，"转型需要时间，如果等资源彻底枯竭、工人失业之后再寻求转型就晚了"，采访中，多位开滦人表达了这样的观点。

更重要的是，唐山因煤而兴，作为托起这座工业重镇的母体企业，开滦的决策者们意识到，企业的可持续发展不仅关乎11万职工及50万家属的生计，更关乎整座城市的长远未来。因此，转型发展不仅是开滦企业自身的需求，也是其无可推脱的社会责任。

还有一点值得注意：在转型发展过程中，开滦集团并未放松煤炭基础产业，相反，近几年通过"内挖外扩"，开滦的煤炭资源储备新增115亿吨，在国内外形成了五大煤炭基地。按目前5000万吨的年产能计算，可延续开采100多年。无疑，在中国煤炭业加速整合的大背景下，开滦这步棋使其站稳了脚跟，避免了被市场淘汰的命运，同时更为它发展延伸产业和替代产业赢得了空间。

这体现了开滦转型的辩证法：既不轻易放弃煤炭，又不单纯倚赖煤炭；既未雨绸缪、超前谋划，又循序渐进、步步为营；既重视改造提升传统产业，淘汰落后产能，又加紧研发高附加值产业和培育战略性新兴产业。或许，这是开滦提供给其他企业的最有价值的经验。

（本文刊登于2010年7月13日）

多元拓展，纵横延伸，"一基五线"着先鞭[*]

在欧美诸国，基业长青的"百年老店"屡见不鲜，但对于历史上资本主义发展先天性孱弱的中国而言，绵延百年以上的工业企业堪谓凤毛麟角，开滦集团便是这硕果仅存的凤毛麟角之一。开滦集团始建于1878年，已经走过了132年的沧桑岁月，享有"中国近代煤炭工业源头""中国北方民族工业摇篮"的美誉。

开滦地处河北省唐山市境内，北倚燕山，南望渤海，毗邻京津大城市群，处于环渤海经济区腹地。源源不断的煤炭从这个环渤海腹地的源头流淌了100多年，而一个非凡的企业传奇也随着这燃烧的煤炭闪耀了一个多世纪。

132年的老树依然硕果满枝

时序演进至21世纪前10年末期，开滦这家百年老店依然是芝麻开花节节高：经济总量大幅增长，经济效益大幅提高。2009年，面对国际金融危机，企业经济效益普遍下滑的不利局面，开滦集团的原煤产量、营业收入、利润总额比2007年分别增长了40%、256%和230%，营业收入提前一年实现"十一五"战略目标，达到559.3亿元。不仅如此，开滦集团还克服了自身发展难题，非煤产业实现了跨越式发展。2007年非煤产业产值占总产值的38%，2008年上升到62%，2009年上升到72.8%。同时，煤炭资源战略储备比较充足。通过"内挖外扩"，获得煤炭资源115亿吨，形成了河北、内蒙古、新疆、山西以及加拿大等

---

* 注：本文是"转变发展方式看开滦·六个转向"系列报道第1篇。

"五大区域、七大战略基地"的煤炭生产格局，主业发展后劲明显增强。

开滦品牌影响力明显提升，在2009年全国企业500强排名中，开滦跃升至182位，比上年前移了109位；在煤炭企业100强中排名第14位，前移了1位。被评为影响世界的中国力量品牌500强、中国成长企业百强第7位、中国物流百强企业第9名、中国企业信息化100强企业、全国企业文化示范基地、全国文明单位。

尤其难能可贵的是，在受金融危机影响的严峻形势下，开滦集团实行"矿井不减产、岗位不裁员、工人不减薪"，大力实施为员工办实事工程，创造了企业改革发展的良好环境。

2010年，开滦集团的各项经济指标又有了新的跃升，据统计，今年1月至5月，原煤产量完成2215万吨，同比增加785万吨，其中精煤产量完成515万吨，同比增加119万吨；营业收入达到307亿元，同比增加144亿元；利润总额实现5.4718亿元，同比增加2.829亿元。

未雨绸缪，擘画"六个转向"

《中国经济时报》记者在采访中不断地向开滦集团的决策者问及同一个话题——作为历经132年沧桑风雨却依然枝繁叶茂的老企业，开滦肯定既坚持了某些值得坚持的东西，又扬弃了一些东西，那么，开滦坚持的东西是什么？扬弃的又是什么呢？受访者回答最多的一个词是——"创新"。他们认为，开滦之所以能走过如此漫长的岁月，就是因为开滦能够与时俱进，改革创新。这一点，在最近几年尤显突出。

为真正实现中国经济的科学发展和可持续发展，去年底召开的中央经济工作会议确定，要把加快经济发展方式转变作为深入贯彻落实科学发展观的重要目标和战略举措，坚定不移调结构，脚踏实地促转变，在经济发展方式转变上取得实质性进展。随后召开的河北省经济工作会议也确定今年全省经济工作的核心是："既要保持经济平稳较快发展，又要在转变发展方式上取得突破，以更大的决心和力度推进产业结构的调整。"去年12月7日，河北省委省政府下文确定："要加快结构调整，努力构建以高新技术产业为先导，先进制造业和现代服务业为主体，现代农业为基础，以竞争力强，生产规模大，科技含量和附加值高的优质产品为标志，具有创新性、开放性、融合性、集聚性和可持续性的现代产业体系。"

由此可以看出，今年乃至今后较长时期，不论是全国，还是河北省，都更加重视和加大经济结构调整的力度，以增强发展的可持续性。

事实上，开滦集团的转型调整在此之前早已开始，这也正是开滦能够先人一步，抢抓市场胜机，从而加速发展的"诀窍"所在。

开滦集团董事长、党委书记张文学介绍，开滦上个世纪90年代就提出了资源型企业转型的问题，2002年又明确提出转型发展，历届决策者站位高、看得远，在转型方面做了大量基础工作，包括转型思路、非煤产业的发展等。"如果说2008年和2009年我们发展快，非煤产业发展快，那是前几年打下的基础。"

在先行者打下的基础上，以张文学为首的开滦决策层于2008年下半年重新修订了《"十一五"和"十二五"发展战略规划》，将"做精做强"调整为"做大做强"，确定了"开放融入、调整转型、科学发展、做大做强"的指导思想。并明确了发展目标：到"十一五"末煤炭产量达到5000万吨、营业收入达到500亿元；到"十二五"末煤炭产量达到1亿吨、营业收入达到1000亿元。产业布局是，形成河北、内蒙古、山西、新疆、加拿大五大区域、七大战略基地。到"十一五"末，开滦打算将过去以煤为主导变为以煤为基础，发展煤化工、煤电热和现代物流产业，从而积极推进大煤炭大精煤、大煤化工、大物流、大煤电"四大工程"。经过5至7年发展，使开滦集团成为跨地区、跨行业、跨所有制、跨国的国际领先、国内一流的现代化大型企业集团。

此后，开滦的发展思路更加清晰。在发展战略引领下，开滦形成了六大转型模式（方向）、"一基五线"产业格局。

其中第一个转向，就是通过横向衍生式和纵向延伸式，在继续扩大煤炭生产的同时，把发展触角延伸到煤化工、煤电热、现代物流、房地产、文化旅游、装备制造、新型建材等，从根本上打破煤炭一业独大的产业格局。要言之，就是从以煤为主的一元发展转向"一基五线"并举。

"六大转向"和"一基五线"基于对开滦优劣势的精准分析

谈及"六大转向"和"一基五线"战略的形成，张文学向记者分析道：资源型企业特别是百年企业，转型之路非常艰难。有人问，这两年我们资源多了，还转型干什么？我们要有清醒的认识。第一，我们的资源主要在外埠，唐山区域的后备资源匮乏，总有一天要枯竭，那时候我们总部经济怎么办？我们看到一些地方煤矿，兴盛的时候周边很繁华，萧条的时候，老百姓生活水平大幅下降，我们不能走这条路。总部经济必须保持，唐山经济总量要保持一定水平，这样集团公司才能稳定发展，才能确保唐山社会稳定。

张文学接着说：第二，企业要快速发展，光靠煤炭不行，一业独大，经营风险很大。去年综合煤价下降16.3%，我们的综合收入减少了18.5亿元，如果维持2008年的产量，营业收入就要下降，更不可能达到559.3亿元。不说资源型企业，即便不是资源枯竭的矿区，也有一个结构调整问题，主要是为了推进企业快速发展。转型是庞大的系统工程，意味着产业结构调整，重点项目建设，这需要资金和人才的支持。新兴产业需要时间才能成长，等资源枯竭了再转型，就需要国家投入大量资金。这可能吗？我们国家有190个资源型城市，其中50个资源枯竭城市。对资源型城市转型，国家出台了一些政策，但不可能拿出大量资金进行补贴。因此，企业必须未雨绸缪，尽早进行结构调整，推动经济转型。结构调整越早越主动，代价越小。

开滦集团总经理殷作如向记者分析了企业在去岁之末今岁之初曾面临的形势：有利的方面是，中国经济总体上已呈现企稳向好的运行态势；开滦经过几年的经济转型和一年多来成功应对金融危机，为今后发展积累了经验，打下了基础；开滦具有转型发展的比较优势，具备了非煤产业发展的基础；开滦拥有思想统一、团结务实、干劲十足、精神状态好的"特别能战斗"的员工队伍。不利因素是，中国宏观经济形势还不稳固；国内煤炭市场波动较大；政策变化给企业带来一些困难和影响等等。

"分析这个形势，就是要让员工增强转型发展的危机感、紧迫感、责任感，坚定信心，充分发挥我们的比较优势，抓住机遇，拼搏进取，掌握竞争的主动权，努力实现跨越式发展，走在全省乃至全国同行业发展的前列。"殷作如说。

开滦集团党委副书记、工会主席苗久合则从国内外经济大势剖析了开滦加速转型的五个必要性：一是基于金融危机的教训。金融危机对中国企业有巨大冲击，致使东南沿海企业倒闭，出口减少，失业者增加等。因此，中央总结金融危机教训，提出扩大内需，刺激内生性经济增长。二是基于增强可持续发展能力的要求。我国原有的粗放型增长方式导致资源浪费，环境问题、社会问题突出，这不能保障持续发展。三是适应国际竞争的必然要求。四是实现国民收入分配合理化，促进社会和谐的必然要求。五是适应使人们生活更美好这一最终奋斗目标的要求。

"一基五线"初奏凯歌

在"六个转向"这个战略思路的引领下，开滦的"一基五线"相继铺开，线线开花，斩获颇丰。

2009年5月22日，张文学提出，要用5到7年的时间，在新疆再造一个开滦集团。这一天，在新疆广袤的戈壁上，面积达100多平方公里的开滦集团准噶尔盆地东部将军庙煤电化工业园区开工奠基。

2009年12月29日，开滦集团在新疆乌鲁木齐市举行了开滦库车高科能源有限公司揭牌暨阿艾煤电化工业园区奠基启动仪式。开滦集团将按照产业链发展模式，统筹规划煤矿项目和煤电化项目，围绕前期整合收购的库车县阿艾煤矿，高标准、高效率推进改造扩建项目，把阿艾煤矿改造成年产500万吨的大型矿井。同时按照精细化工的发展要求，配套建设新型煤化工工业园区，充分发挥煤种优势，促进优势资源加工转化，生产高附加值的产品，形成循环经济产业链。

开滦集团还利用美国考伯斯公司技术，在曹妃甸建设100万吨级世界最大的煤焦油加工基地，谋求以建设每小时生产10万立方米煤制氢气项目为切入点；与中石化合作建设22.5万吨丁辛醇等石化下游项目，并联手区域内的化工企业，统一布局，实现煤化工、石油化工、盐化工的有机结合，打造高层次的循环经济产业链。

如今，开滦集团的煤炭产业在横向拓展上已经形成了新的格局：国内形成河北、内蒙古、山西、新疆四大区域，同时放眼于加拿大、澳大利亚等国际资源。

开滦集团坚持外部融资与内源性融资并重，充分发挥资金杠杆的作用，集中资金办大事、少花钱多办事，2009年以来协议引进资金已达22亿元。2009年，开滦集团重点项目完成投资120亿元，比上年同期增长102%。

德国鲁尔区的转型之路，一直被全球煤炭企业视为经典。近些年来，开滦集团几乎每年都派管理人员到鲁尔学习考察，试图探索出适合企业长远发展的转型发展之路。2010年，开滦集团提出，争做全国资源型企业转型的典范，打造"中国的鲁尔"。

数字是最具说服力的：截至2009年底，开滦集团的利润同比增长38%，利润增长率高于全国先进企业30个百分点；万元增加值综合能耗完成1518.69千克标煤，同比下降1.78%。开滦正在朝着自己的既定目标稳健而迅速地行进。

桃李不言，下自成蹊

开滦转型发展所取得的硕果得到了河北省和唐山市领导的充分肯定。河北省委书记张云川对开滦集团转型发展的报告做出了批示，原省长胡春华以及付志方等5位副省长先后到开滦考察，河北省委常委、唐山市委书记赵勇专门派市委研究室研究人员总结开滦转型的经验。河北省副省长孙瑞彬在河北省委和唐山市委研究室的调查报告中两次做出批示："开滦集团的路子值得认真研究，各大集团要向开滦学习，认真学习开滦的思路、经验。"河北省委常委、副省长杨崇勇批示："调研深入全面，我两次到企业，感受深。作为百年企业，开滦在面对外部多种困难的情况下，以很强的创新意识科学决策，扎实推进，企业实现了跨越式发展，进步和变化令人关注，经验值得认真总结。"

2010年5月11日，新任河北省省长陈全国参观开滦国家矿山公园时称赞开滦集团：转型方式很对，路子走得很健康，干得不错，再接再厉。

开滦集团的主管机构——河北省国资委主任、党委书记周杰日前在接受媒体采访时，更是盛赞"开滦集团是河北国企成功转型的典范"。他说："国企要当调整经济结构的排头兵、转变发展方式的先行者、实现科学发展的示范者。"开滦集团就是成功转型的典范。

开滦集团作为一个有着悠久历史的大型煤炭集团，除了"特别能战斗"的精神外，近年来更为业内外人士称道的是它进行的全新的转型探索：从以产量增长为导向的资源驱动型发展模式转向以循环经济为导向的科技创新驱动型发展模式；从着眼企业自身的发展模式转向融入区域经济的城企互动发展模式；从单区域挖潜型发展模式转向以总部经济为基础的多区域发展模式；从封闭式整合发展模式转向开放式横向战略合作发展模式。

周杰称，现在，在开滦集团，一个以"一基五线"为主要内容的金字塔型产业格局呼之欲出。

（本文刊登于2010年7月14日）

摒弃外延式发展，开滦"秀"科技创新内涵[*]

单纯提高产量往往是资源型企业难以摆脱的窠臼，相当长时间内，这种简单的外延式发展思路对于中国煤炭工业源头的开滦集团也不例外。

开滦集团董事长、党委书记张文学上任伊始就认识到，开滦的困难必须通过企业的快速发展来解决，再造资源型企业新辉煌必须冲破惯性思维，走转型发展之路。张文学在接受《中国经济时报》专访时表示："开滦经济转型的核心是发展战略、发展思路和发展模式的转型，关键是经济结构调整，依靠科技创新和技术进步，提高企业的技术水平；围绕研发、生产经营优质和高附加值产品，走集约高效的发展新路。"

科技创新：百年老店历久弥新之灵魂

根据开滦大煤炭战略，"十一五"末煤炭产量达到5000万吨，"十二五"末达到1亿吨。在采取超常措施为今后发展储备充足资源的背景下，开滦集团对外加快在国内和海外的资源拓展；对内把资源挖潜作为技术工作的重中之重，加快开展深部开采技术的试验研究，重点突破村庄、铁路、水体"三下"压煤和薄煤层开采技术，研究充填开采新技术、新工艺，从根本上解决"三下"压煤开采问题。通过推广先进采煤工艺，提高装备和综合机械化开采水平，不断挖掘老矿生产潜力，新获取资源16亿吨。

同时，开滦集团依靠科技进步，推进安全高效矿井建设。他们积极开发、引进先进技术和装备，做好重大隐患治理工作。针对复杂开采条件，与

---

* 注：本文是"转变发展方式看开滦·六个转向"系列报道第2篇。

科研院校联合开展煤矿井下水、火、瓦斯、顶板重大危险源安全监测，以及超前预警系统、网络和监测系统融合、瓦斯发电、瓦斯治理示范矿井等重大攻关项目，在安全生产中充分发挥技术的保障作用。

开滦强化技术创新，不仅对自身具有重要的战略意义，同时对我国老矿区发展也具有示范作用。据开滦集团副总工程师董荣泉介绍，开滦积极推广先进采煤工艺，提高装备和综合机械化开采水平，不断挖掘老矿生产潜力，原煤生产水平总体明显提高，资源开发、项目建设实现了快速推进。

据介绍，在国有重点煤矿中，采深大于700米的矿井有75处之多，约占我国煤矿开采总数的12.5%，分布在开滦、北京、鸡西、沈阳、抚顺、新汶、徐州等矿区，其中开滦唐山矿区平均采深达到854米。在我国煤炭资源储量中，埋深在1000米以下的有2.95万亿吨，占煤炭预测资源总量的73.2%。

埋深1000米以下的煤炭开采，其地下冲击地压明显加剧、煤岩与瓦斯突出灾害、矿山工程垮落、冒顶灾害、突水危险、深部开采热害等问题日趋严重。开滦集团作为一个132年的老企业，具有我国最早开发的井工矿，很多矿井也早已进入或正在进入深部开采，如赵各庄矿开采深度为1157米。对于深部开采的技术研究，开滦走在了全国前列。

开滦集团由于建矿历史长，薄煤层开采问题突出。据介绍，薄煤层是厚度在0.7~1.5米的煤层，开滦集团薄煤层地质储量为49209.9万吨，其中0.7~1.3的地质储量为31833万吨，1.3~1.5米的地质储量为17376.9万吨，可采储量为24724.5万吨。为此，开滦集团积极对薄煤层开采进行技术攻关。

开滦集团技术中心副主任杨春稳向本报记者表示，开滦集团根据不同的开采条件，选用不同类型的采煤机械，提高薄煤层工作面的单产和效率，努力达到高产高效标准。同时探讨薄煤层开采自动化问题，使薄煤层开采技术有新的突破。

据杨春稳介绍，开滦集团技术攻关的主要方面有：试验薄煤层综采技术。薄煤层工作面采高低，要求采煤机机身矮，且要有足够的功率，通常功率不应低于100~200千瓦，机身尽可能短，以适应煤层起伏的变化。

半煤岩巷道快速掘进和支护技术。薄煤层开采增加了半煤岩巷道的数量，为加快半煤岩巷道的掘进速度以便保证薄煤层采煤工作面的接续，开滦集团进行半煤岩巷道快速掘进技术及其装备的研究开发，以及根据开滦矿区薄煤层底板岩性状况，研究半煤岩巷道机械化掘进技术。

探讨其他薄煤层开采技术的可能性。薄煤层机械化开采技术滚筒采煤机除综采外，还有普通机采、刨煤机、螺旋钻机等方式。开滦集团在薄煤层开采过程中，应用刨煤机和滚筒采煤机，探讨上述开采技术和装备在开滦矿区薄煤层中使用的可能性和有效性。

开滦集团还有针对性地进行边角煤开采技术研发。由于边角煤不能与正规采煤工作面同时形成开采系统，或开采边角煤费工费时影响正规工作面开采速度，造成边角煤的呆滞或丢弃，降低煤炭资源的回采率。边角煤的开采效率低、效益差，很容易被弃采。

杨春稳对本报记者介绍说，通过对开滦矿区边角煤分布状况和开采条件的分析，研究合理可行的边角煤巷道布置方式和开采方法，实现与其附近的正规工作面同步或超前开采。在此基础上试验机械化开采边角煤的技术和装备，使边角煤开采的技术经济指标不断改善。

"根据国内外柱式体系采煤方法的经验，在厚煤层条件下试验连续采煤机采方法，在薄煤层条件下试验螺旋钻机开采方法。"杨春稳说，通过采用轻便的装备，实现边角煤的机械化开采，可以使边角煤开采技术提高到一个新水平。

开滦集团依靠科技进步，推进安全高效矿井建设，进一步优化采煤设备选型配套，不断提升安全高效综合机械化配套技术。落实《自动化建设总体规划》，全力推进矿井自动化建设。积极开发、引进先进技术和装备，做好重大隐患治理工作。针对复杂开采条件，与科研院校联合开展煤矿井下水、火、瓦斯、顶板重大危险源安全监测，以及超前预警系统、网络和监测系统融合、瓦斯发电、瓦斯治理示范矿井等重大攻关项目，在安全生产中充分发挥技术的保障作用。

事实上，不仅煤炭基础产业加快了科技创新的步伐，开滦集团各个产业均走出了一条技术品牌的发展之路。

尤其是煤化工产业，加快自主知识创新，应用高端技术开发高端产品，实现了循环发展、集约发展、盈利发展。2009年在焦炭价格下降28%的不利情况下，开滦煤化工实现营业收入77亿元，同比增长14%，盈利1.5亿元，同比增长31%。

2009年10月，位于开滦煤化工园区干熄焦1号、2号发电机组相继投入运行，实现并网发电。

干熄焦与过去的湿法熄焦相比，不但能降低有害物质排放，同时用熄灭焦炭过程所产生的热量发电，创造了新的效益。目前，开滦煤化工园区内的干熄焦项目年可回收能源折标煤近20万吨，利用余热产生蒸汽332.5万吨，发电6.25亿千瓦时，支持园区八成的用电量，创效3.25亿元。

开滦的干熄焦项目在国内独立煤化工企业中属于首家。据了解，一般的焦化企业没有后续的甲醇和苯加氢精制，焦炉煤气利用率仅有40%左右，剩下的60%左右只能供民用，但由于民用煤气受国家控制，不能随便涨价，另一方面随着西气东输的推进，煤气用户越来越少，为了不污染环境，现在有些企业的焦炉煤气就没有利用，只好"点天灯"。这种浪费大得惊人，两座焦炉的煤气"点天灯"一天要消耗掉一辆轿车的钱。

除了焦炉干熄焦技术之外，煤焦油、苯加氢精制、煤气制甲醇等多项国际先进的高端技术都在开滦集团得到应用；污水深度处理技术和驰放气回收技术已申报国家专利。所有副产品全部开发加工，园区内废水、废气、废渣循环利用、零排放。目前，开滦集团一块煤卖出了20种产品，随着大项目的快速落成，将有40种产品面向市场。

今年4月，6万吨聚甲醛项目和15万吨己二酸的项目开工，投资达48亿元。聚甲醛是一种高强塑料，常被用于航天航空、仪器仪表、汽车等行业，目前主要依靠进口；己二酸则被用来生产高强化纤尼龙66，是汽车轮胎线的重要材料。

"从1吨煤到1吨焦炭，可增值1.5倍，再到1吨聚甲醛，增值至少5倍以上。"张文学说，"打造高层次循环经济产业链，向新能源新材料发展，依托技术进步实现产品的高附加值。开滦将用一块煤生产出70多种产品，并在一定的产品节点上与石油化工、盐化工对接。"

循环经济：资源企业脱胎换骨之重生

循环经济是以物质闭环流动为特征的生态经济，其操作流程为：资源—产品—再生资源；循环经济的最终目标是提高资源利用率，实现污染物质排放最小化。我国循环经济是应对重化工工业阶段资源和环境压力的一种新型发展模式，是生态环境形势的迫切需求，可持续发展的必然选择，新型工业化道路的必然要求。

张文学认为，我国循环经济不同于主要发达国家重化工业阶段高消耗、高废弃物、高消费模式，也不同于主要发达国家后工业阶段废弃物管理模式，我国现阶段发展循环经济的首要目标是提高资源利用率，是兼顾经济发展、资源节约、环境保护的一体化战略。

截至目前，开滦集团节能减排形成了五条循环经济产业链：

——矿井水综合利用产业链。采煤—抽放矿井水—净化—工民用水，年矿井水排出量9671万吨，利用率64%，年创收8320万元。

——煤矸石综合利用产业链。采煤—产生矸石—矸石综合利用，煤矸石年产出量800万吨，利用率100%，制砖年创效益3024万元，年发电量16亿kWh，年供热量290万吉焦，年创收9.2亿元。

——塌陷地生态环境综合治理产业链。采煤—土地塌陷—充填—恢复土地功能，作为压煤村庄集中搬迁的用地，建设新农村示范村。

——瓦斯利用产业链。采煤—抽放瓦斯—燃烧利用或发电，年瓦斯抽放量2800万立方米，利用率60%，年创收800万元。

——煤化工副产品利用产业链。洗精煤—焦炭—焦炉煤气、焦炭余热—生产蒸汽、发电，焦炉煤气年创效益6.5亿元。干熄焦技术回收焦炭余热，每年产生蒸汽332.5万吨，发电6.25亿度，年创收3.25亿元。

2010年，是"十一五"的最后一年，也是开滦集团结构调整、转型发展的关键一年。循环经济产业链的形成，为开滦集团节能减排产业化进程提供了有力支撑。

开滦利用矿井水的能量，逐步扩大水源热泵利用范围，取消燃煤锅炉，节约夏季空调用电。范各庄矿和吕家坨矿水源热泵技术已推广应用，东欢坨矿水源热泵工程已正式正在加紧实施之中。同时，积极发挥自身优势，探索研究矿井排风、回风及岩石等井下其他地源引用热源技术，取代燃煤锅炉制冷、供热，努力形成绿色供热、制冷产业格局。

在开滦，煤矸石处理优先考虑综合利用，加促高附加值产品的开发，尽可能提高综合利用率。他们在煤矿开采中，将不可利用的矸石应用于充填工业广场和道路，大量矸石产生后应规划填入首采塌陷区，杜绝重新堆矸石山。

开滦利用瓦斯发电。唐山矿业公司建设一座瓦斯利用发电站，装机容量4台500千瓦，瓦斯利用量为高浓度2立方米/分、低浓度2立方米/分，按300天/年计算年利用高浓度瓦斯86.4万立方米、低浓度瓦斯129.6万立方米，总计利用216万立方米，折合1116.7吨标煤。

开滦干熄焦项目已申报CDM项目，中润公司减排的二氧化碳外售奥钢联，每年获利2500万元（吨二氧化碳10欧元，目前已取得国家发改委的核准，已送联合国认证机构核证）。迁安中化公司减排的二氧化碳已取得联合国的核证，售出后每年可获利1840万元（外售新日铁，吨二氧化碳10.5美元）。

在焦化废水的处理方面，开滦煤化工采用先进的内循环生物脱氮和超滤＋纳滤为核心的双膜法两级深度处理工艺技术，对焦化废水进行深度处理。目前中润公司污水处理系统已投入使用，年可节约新鲜水110万吨，以吨水3.1元计，年可节支341万元。

可以说，以循环经济为导向的科技创新驱动型发展模式在开滦已初步形成，初步做到了资源综合利用、企业循环生产、产业循环组合，为发展壮大循环经济，为实现企业节约发展、清洁发展和可持续发展探索出了一条产业化的新路子。

创新体系：传统企业进取赶超之基石

董荣泉在接受《中国经济时报》记者采访时表示，目前，技术创新工作取得明显成效，集团公司已具备承担国家级技术创新项目的能力和水平。

他说，开滦集团突出抓好技术创新体系建设，为开滦发展提供技术保证。按照大集团的发展模式，尽快完善集团公司各层面技术管理和技术创新体系，加强宏观技术指导和科技研发工作。配备相应专业技术人员，为形成持续的自主创新能力提供组织保证。建立集团公司技术创新评价体系，对分、子公司技术创新能力、推进企业科技创新战略情况进行综合评价，切实调动各单位自主创新的积极性，形成良好的创新氛围。

据董荣泉介绍，开滦集团以博士后工作站、院士工作站为引智载体，通过内培外引，锻造一支在行业内享有较高声誉的技术带头人和具有创新精神、勇于拼搏的科研技术队伍。围绕企业发展的重点技术问题，充分利用国家政策和社会资源，提高项目研发的层次和水平，加速形成具有开滦自主知识产权的核心技术。积极引进推广节能减排新技术，降低能源消耗。加快淘汰落后产能和高耗能设备更新的步伐，重点推广水源热泵技术、提升控制系统变频改造技术、高压电网无功补偿技术等规模型的节能技改项目以及具有先进性、前瞻性、高效性的节煤、节电、节油新技术。在煤化工产业方面，不断提高生产工艺和装备水平，优化生产系统和环节。瞄准国内外煤化工产业的前沿技术，研发具有国内领先、国际先进水平的高端产品，打造出具有自主知识产权的化工产品和新的工艺流程。

2008年，开滦集团有36项次科技成果获市级以上科技奖励，其中两个项目分别获煤炭工业科技一等奖和河北省科技进步二等奖；荣获唐山市技术创新先进企业、河北省知识产权优势培育企业；开滦集团技术中心创新能力建设项目，被列入国家高技术产业发展专项计划及国家资金补助计划，结束了开滦多年无国家级创新技术项目的历史。

2009年，开滦集团共完成"三结合"技术攻关136项，专利发明有偿转让53项，有12项获国家知识产权局授权，年创效益3372万元。在唐山市第十二届职工职业技术大赛中，开滦集团有11人荣获技术状元，受到河北省煤炭工业协会以上表彰的管理创新成果达30项。

（本文刊登于2010年7月15日）

开滦战略转型催生唐山城市蝶变[*]

 2010年，备受社会关注的河北省"三年大变样"工作进入攻坚阶段，全省各地竞相采取措施，在改变城镇面貌，提升城市形象、功能和管理水平上谋求新突破。

 《中国经济时报》记者日前在唐山采访时发现，与有些城市不同，这里的市民津津乐道的不是宽阔的道路、飞越的高架桥以及拔地而起的摩天大楼，而是仿旧老街、复古茶园、开滦老酒店、老洋房……

 唐山因煤而兴，1878年，开平矿务局的成立让昔日荒芜的乔家屯聚集了大量河北和山东籍的农民工、数千名广东工匠及商贾、500多名外国高级技师。冀东民俗、南土熏风、西洋风韵在这座煤城碰撞交融，形成了老唐山独特的城市文化。然而，1976年震惊世界的唐山大地震摧毁了这座城市的物化文明，荡平了留存着城市记忆的若干历史建筑。

 随着河北省城镇面貌三年大变样工作的深入推进，素有北方工业重镇之称的唐山市提出二次涅槃，打造生态滨海新城，今年重点推出提升城市品位的十大标志性建筑，其中，由开滦集团规划并投资建设的"老唐山风情小镇"居首位。

 开滦集团是具有132年历史的资源型企业，2008年7月重新调整企业发展战略，提出转型发展，通过抓住国家和区域多项政策机遇，借鉴德国鲁尔的先进做法，立足自身优势，全面融入区域产业结构调整和发展布局之中。尽管面临全球金融危机，企业经营却实现了逆势上扬。2009年9月，开滦再次完善发展战略，特别是顺应河北省构建现代产业体系、振兴11个产业调整规

 ＊ 注：本文是"转变发展方式看开滦·六个转向"系列报道第3篇。

划、"三年大变样"推进城镇化建设等发展战略，发展文化旅游和房地产、装备制造、现代物流、节能环保等替代产业，初步形成了从着眼企业自身的发展模式转向融入区域经济的"城企互动"发展模式。近两年，开滦的企业经济总量增长2.56倍，经济效益增长2.3倍。

从责任出发：提前三十年谋划战略转型

资源枯竭是资源型企业面临的最大难题，对于具有132年开采历史的开滦集团来说，破解资源瓶颈显得尤为重要。

"资源型企业没有资源就意味着没有饭吃。开滦经过上百年的持续开采，唐山矿区的可采储量只有14.5亿吨，按照老矿区2500万吨的年产量计算，总部经济只能再维持30年。"开滦集团总经理殷作如在接受《中国经济时报》记者采访时表示，2008年下半年，开滦集团调整发展战略，确定了"开放融入、调整转型、科学发展、做大做强"的发展战略，煤炭产业除了加快内部资源挖潜之外，重点利用管理和技术优势走出去，加大对山西、内蒙古、新疆以及加拿大、澳大利亚等外埠资源的开发，推进地方煤矿整合重组。

目前，通过"内挖外扩"，开滦集团新增煤炭资源115亿吨，按照当前5000万吨年产量计算，可延长企业寿命100多年。老矿获新生，困扰开滦集团的资源问题得到有效缓解。

总部经济还可以延续30年，开滦集团为何要转型发展？

"内挖外扩"新增煤炭储量115亿吨，企业寿命还能再延长100多年，现在转型是否必要？

对此，开滦集团董事长、党委书记张文学在接受本报记者采访时表示："我们国家改革开放30年来，经济快速发展的同时经济结构也发生了变化，由高位快速发展到适度高位快速发展，由短缺经济到过剩经济，正是这种经济结构的变化引起产业结构变化，因此，国家必然会进行产业结构调整。企业作为微观主体，结构调整是个绕不过去的必答题。

开滦作为典型的资源型企业，转型发展是必由之路，其核心就是结构调整，转变发展方式。同时，转型的过程是一个庞大的系统工程，重点项目建设需要大量的资金投入和人才支持，而新兴产业真正成为支柱产业还需要一定时间的培养，这个过程离不开煤炭产业的支持。因此，结构调整越早越主动、代价越小，如果等到资源枯竭了再转型，代价就太大了。对开滦来说，把转型发展作为战略发展的重要内容，其紧迫性和重要性正在于此。"

开滦转型，对于整个唐山市经济社会的可持续发展意义重大。

据统计，我国有190个资源型城市，其中50个城市资源枯竭。为引导资源型城市实施经济转型，最终转入可持续发展的轨道，从2007年开始中央将资源型城市转型提升至国家战略层面，投入90多亿元资金支持资源枯竭城市转型，还专门设立了资源型城市可持续发展专项贷款320亿元。目前，中央财政加强转移支付并逐年加大其他政策支持力度。但是，受客观条件限制，资源型城市完全靠国家资金补贴实现转型发展，短期内还有很多困难。

现实表明：一些地方煤矿在资源兴盛时期带动了周边城市的繁华，但随着资源枯竭，矿井关闭破产，周边农村的农民因环境萧条面临着生存与发展困境：收入急剧减少，生活难以为继；土地下沉塌陷；堆放的煤矸石产生自燃，产生大量硫化物和氮化物，污染空气，威胁村民身心健康；地下水位下降，水质多被污染，村民吃水困难等等。

"我们决不能走这一步。"张文学强调，"开滦建矿132年，在唐山的职工有11万之多，包括家属在内多达50万人，犹如一个小社会。从社会责任出发，无论我们在外部寻找多少资源，总部经济都不能放弃。

"战略转型是为了给总部经济、职工生活谋划一个出路。资源型企业如果没有了资源，职工的生活质量就没有保证。为了避免悲剧的发生，我们必须要超前谋划，着眼长远，寻找替代产业，转型发展，确保总部经济稳定，进而维护社会稳定。"

融入区域：契合省市经济结构调整

除了煤炭，什么是开滦基业长青的替代产业呢？

党的十七大、中央经济工作会议以及今年全国两会都提出加快经济发展方式转变，加快结构调整。从区域经济来说，河北定位为沿海省份，提出利用两环（环渤海、环京津）优势建设沿海经济社会强省，以构建现代产业体系新思路调整产业布局，进而推出了包括装备制造、现代物流、石化在内的十大产业振兴规划。

唐山市也根据自身区位优势发展临港经济，重点发展唐山湾"四点一带"，即曹妃甸新区、乐亭新区、丰南沿海工业区和芦汉经济技术开发区；在近230公里的海岸线，形成5700多平方公里的产业带、城市带和生态带。在重大产业方面，加快形成以现代港口物流、钢铁、化工、装备制造四大产业为主导，电力、海水淡化、建材、环保等关联产业循环配套，信息、金融、旅游等现代服务业协调发展的循环经济型产业体系。

张文学认为，转型发展首先要调整企业发展战略。用发展战略的转型引导发展思路的转型和发展模式的转型。如何转、产业结构如何布局，必须从三个层面系统分析和把握，即除了依托企业自身的比较优势和产业基础，学习借鉴国内外资源型城市和企业成功转型经验之外，还要立足于国家的宏观经济和产业政策，并融入区域经济发展大局，以此来推动企业转型发展。

"开滦地处河北省唐山市，转型发展必须要打开围墙，融入区域，根据河北省以及唐山市经济结构的调整来谋划自身的产业布局，从着眼企业自身发展转向融入区域经济的城企互动发展。"张文学说。

根据这一思路，2009年9月，开滦集团进一步完善企业发展战略，在"134"产业格局的基础上，提出"一基五线"产业新格局。

其中，现代物流、煤化工产业的迅猛发展成为企业转型的重要支撑。利用区位、基础设施、品牌、人才等多重优势，开滦现代物流业已形成以煤炭流通加工物流、物资仓储加工配送物流、运输服务物流、国际物流为主的四大业务板块、三大物流园区的布局。2009年物流产业收入达到275亿元，同比增长了167%，占集团总收入的半壁江山。2010年预计营业收入将突破400亿元。

打造全国最大的独立煤化工企业，开滦煤化工产业现已形成了年产焦炭940万吨、甲醇20万吨、粗苯加氢10万吨、焦油30万吨的生产能力。2009年受金融危机影响，尽管焦炭价格下滑28%，开滦煤化工产业依然实现了盈利发展，营业收入达77亿元，同比增长14%，盈利1.5亿元，同比增长31%。2010年，煤化工产品将扩展到40种，全年营业收入预计将达到150亿元。

为了进一步促进产业优化和结构调整，充分融入唐山市曹妃甸产业集聚区和京唐港开发区的建设，开滦大项目建设再提速。

5月18日，在"中国·廊坊国际经济贸易洽谈会"上，开滦集团与唐山曹妃甸港口有限公司、大唐国际发电股份有限公司、河北港口集团有限公司、泰德煤网股份有限公司、鄂尔多斯市联创有限责任公司签订了《曹妃甸国家级数字化煤炭储配基地项目投资合作意向书》。该项目总占地面积1481亩，总流通量定位为5000万吨，动态库存不少于416万吨（一次性最大存煤量）。

7月7日，在大连"2010东北亚煤炭交易会"开滦专场交易会上，开滦集团分别与多家合作伙伴签署"两港"煤炭储备基地项目合资协议，标志着"两港"煤炭储备基地落地。其中，与大唐国际等10家单位签署协议，共同出资27.1亿元建设曹妃甸数字化煤炭储备基地，项目首期计划实现年总流通量5000万吨，二期将超过1亿吨；与山西煤炭进出口集团等签署协议共同出资11亿余元建设唐山港炼焦煤储备基地，首期达到年总流通量2000万吨，最终实现年流通量5000万吨。此项目将大大增强东北亚地区煤炭中转能力，加速煤炭流通，优化能源基地结构和区域能源配置。另外，开滦集团与泰德煤网联手发起，并联合中国建设银行等28家企业共同发出《缔结煤炭供应链战略联盟倡议书》，举行联盟缔结仪式。据悉，作为国内首个煤炭供应链战略联盟，它依托煤炭供应链管理体系，集中采购、集中储备、应急供应，积极衔接市场交易体系，从而达到稳定煤炭价格，共同构筑煤炭供应链服务体系和标准。

京唐港开发区煤化工产业物流配送中心也在抓紧建设，项目总投资8.9亿元，总占地面积1073亩，总流通量定位为2000万吨炼焦煤，动态库存不少于100万吨（一次性最大存煤量）。

总投资19.18亿元，位于海港经济开发区，由开滦能源化工股份有限公司投资设立的唐山中浩化工有限公司计划于2010年底开工建设，该公司拟承担建设6万吨/年聚甲醛项目和15万吨/年己二酸项目。

由开滦能源化工股份有限公司和首钢京唐钢铁联合有限责任公司各投资50%共同出资设立的唐山中泓炭素化工有限公司也即将落户曹妃甸工业区，该公司拟承担建设60万吨/年焦油初加工和100万吨/年焦油系列产品深加工项目。一期工程计划于2010年底开工建设，总投资达30.01亿元。

唐山市副市长辛志纯表示，近年来，开滦集团主动融入唐山市科学发展示范区建设，积极调整经济结构，加快转变发展方式，在发展煤炭产业的同时，大力发展非煤产业，特别是现代物流产业，借助地处唐山环渤海经济区腹地的区位优势，实现了跨越式发展，成为了河北省以及全国煤炭行业现代物流产业的领军企业；煤化工产业依托唐山湾产业聚集优势，建成了河北省综合规模最大、循环产业链最长、节能减排措施最优的绿色煤化工园区；文化旅游产业全面融入唐山市大南湖生态城建设，形成了以"开滦国家矿山公园"为核心的"三点一线"观光旅游带，为建设唐山历史文化名城，打造人民群众幸福之都，增添了一道亮丽的风景。

据了解，开滦不仅本部经济主动融入区域产业结构调整和发展布局，在"五大区域七大基地"的建设中，各个项目全面融入当地产业规划，外埠经济实现跨越式发展。

城企互动：新兴产业助力城市转型

开滦百年老股票、中国第一条准轨铁路的铁轨、百年羊皮蒙面大账本……走进开滦博物馆"黑色长河大型展览"，一系列珍贵馆藏文物吸引了记者驻足和惊叹。

开滦作为中国大陆最早采用西法开采的大型煤矿，是中国北方民族工业的摇篮，是煤炭工业的源头。历经三个世纪的岁月积淀，开滦保留了众多典型性、稀有性的工业遗产和丰厚的矿业文化，其社会和历史价值无可比拟——诸如"中国大陆第一座西法开采的矿井""中国第一条准轨铁路""中国第一台蒸汽机车""中国最早的铁路公路立交桥"，等等。

如何挖掘企业丰厚的文化资源，张文学进行了深入思考。

在张文学看来，企业不仅要知道自己有什么优势，更要知道借助自身优势能干什么："这些文化需要进一步挖掘和提炼，作为文化动力，激励我们奋发向上，再创辉煌。"

2009年，国务院正式发布《文化产业振兴规划》，发展文化产业已经上升到国家战略层面，2010年3月8日，河北省政府出台了《河北省文化产业振兴规划（2010~2015年）》，文化产业正在成为国家和地方政府倡导的朝阳产业。

正是看到了文化产业的巨大潜力，开滦立足自身丰富的文化资源，借鉴国际资源型城市转型的经验，抓住国家和当地政府倾力打造文化产业的政策机遇，以开滦国家矿山公园为依托，把文化旅游和房地产开发相结合列入集团转型发展的战略产业。

作为开滦国家矿山公园的一期工程，开滦博物馆自2008年9月预展、2009年9月正式开馆至今已接待社会各界参观者3万余人，其中国家领导人4位；先后荣获"全国博物馆十大精品陈列最佳综合效益奖""河北省爱国主义教育基地""中国环境艺术奖"等称号，堪称全国28个矿山公园建设之最，2009年营业收入近7000万元。

在外界看来，7000万的营业收入在集团559亿的盘子里显得微不足道，而张文学却不以暂时的营业收入高低论英雄，他告诉记者："文化产业是软实力，对开滦来说是一个品牌，是增加凝聚力和战斗力的一个重要源泉。开滦历经132年发展，有自己独特的优势和价值，具备不可比拟的文化资源和基础，如果把这些优势进行挖掘、提炼、整合，可以进一步提升企业的软实力。同时，文化产业是现代服务业的重要组成部分，前景广阔，生命力强大，现在我们要未雨绸缪，利用比较优势积极推进文化产业的发展，相信未来3到5年，随着人们对工业旅游认识的提高，开滦国家矿山公园将成为旅游热点。"

事实上，在开滦文化旅游和房地产业的发展规划中，一张可以支撑企业可持续发展的路线图已清晰绘就——以开滦国家矿山公园的旅游产业为龙头，拉动与之相关的房地产业、配套商业、服务业的发展，将形成一个大的文化产业集群。

在开滦集团副总经理李全兴的办公室，记者看到一本制作精细的"开滦国家矿山公园三点一线规划图"，翻阅一张张红蓝交错的规划图片，一个中国最大、文化底蕴最深厚、经济转型最具示范意义的矿山公园呼之欲出。

李全兴介绍，文化旅游和房地产业以矿山公园为载体，将重点建设"三点一线"。就是将坐落于唐山矿老区A区的中国近代工业博览园和坐落在南湖生态城区域的"老唐山风情小镇"与坐落在唐山矿新区B区的现代矿山工业示范园区三个点，用代表着中国第一条铁路、第一台蒸汽机车、中国铁路源头历史文化的龙脉铁路线衔接，并带动周边城市面貌改观。

"从第一座西法开采的矿井，到老唐山风貌，再到现代化绿色开滦，这三点连起来贯穿了我们一百多年的历史，形成完整的架构。3到5年能完全建成。"李全兴说。

"目前，我们已经建成了以博物馆为核心的工业博览区；正在建设第二个点——集休闲娱乐欣赏为一体'老唐山风情小镇'，利用老唐山矿原来的储煤场改造建设，总投资30多亿元，占地460亩，规划建设面积50万平方米，与茂华联合开发，7月开工，年底一期工程竣工。"李全兴说："小镇建成后将再现唐山和开滦的历史，唤起人们对老唐山的记忆。"

老唐山是什么样？据《滦州志》记载，光绪二年1876年，为了开发煤铁矿，清政府直隶总督兼北洋大臣李鸿章派唐廷枢建立开平矿务局，在乔家屯买地造房，购置机器。随着煤矿的发展，当地人口增多，商贾繁盛。随着洋务运动的兴起，英国人的进入，这里洋房林立，市井繁华，在西方文化和东方文化的相互融合中演变成为"十里洋场"。

在开滦博物馆，丰富的矿业文化历史遗存为北方近代工业兴起和发展，为唐山因煤而兴的城市留下难以抹去的城市文化记忆。在"黑色长河展览"的第三单元，大量的文物、照片和景观模型，再现了开滦对近代城市的催生过程，重现了老唐山华灯璀璨、八街九陌的城市文化记忆。

开滦博物馆馆长李军告诉记者，老唐山风情小镇以清末民初老唐山的历史文化为背景，以矿山风情街、老开滦酒店、洋房子、广东会馆、永盛茶园、窑神庙以及婚庆广场为主要吸引物，在娱乐、休闲、购物、体验、鉴赏的多重内容中，巧妙地将商业元素嵌入文化元素之中，打造一个新型的休闲娱乐场所，满足不同人群、不同层次、不同取向的需求。形成南土熏风、民俗风情、西洋风韵、婚庆广场和露天剧场五个板块。

今年3月，开滦国家矿山公园二期工程"老唐山风情小镇"开工建设，项目利用土地面积450亩，总投资20多亿元。建成后不仅将成为唐山市中心旅游区的龙头景观，并且可以带动以陶瓷、水泥、钢铁、机车制造为主要内容的系列工业文化遗产旅游。

"利用开滦丰富的土地资源，特别是企业转型，退二进三腾空的土地，矿山公园三期工程将进行棚户区改造和商业住宅开发，以此拓展项目融资渠道和经济效益，拉动第三产业发展。"李全兴透露，"今年全部开工的就有50万平方米、3个项目：一是利用老风景工业区，建12万平方米的连体别墅。二是跟风情小镇配套的开滦老洋房，唤起人们对开滦别墅的记忆。三是建筑节能和开发改造相结合，建设30多万平方米老唐山风格建筑。开滦集团共有棚户区140个，建筑面积154万平方米，36709户，经过多年努力，目前还有118万平方米、27227户没有改造。用3年时间，完成100万平方米老旧住宅的改造，改善家属的居住条件，规划投资27亿元。"

开滦集团副总经理付贵祥认为：文化是企业发展的命运所系，也是城市发展的命运所系。目前，开滦文化旅游产业的发展不仅使唐山矿有机地融入城市，还会成为唐山市中心旅游区的龙头景观。老唐山风情的再现，让唐山人有了回忆，也让外地的游客有了新看点。

"我为开滦集团的快速转型发展感到振奋。"国务院发展研究中心研究员、企业研究所企业管理研究室主任李国强在接受本报记者采访时表示："开滦集团作为我国特大型煤炭企业，在历史上开创了中国近代煤炭工业的先河；在当代，由传统煤炭企业转型发展过程中，开滦集团同样站在了历史的潮头。"

李国强认为，开滦集团在转型发展过程中有一个鲜明的特征和经验就是"学习创新"，边学习边实践，在实践中学习，把工作学习化，学习工作化。其转型发展的思路体现了科学发展观的要求。百年老店正在成功实现集团经济结构的升级和转型，以煤为基础大力发展替代产业和新兴产业，取得了巨大的成效，为唐山市以及河北省的发展做出了巨大贡献，同时起到了很好的带动和示范效应。

"开滦转型发展的思路和成效受到中央、省市领导高度评价，是河北省资源型企业转型发展的典范。河北省政府国资委将一如既往地支持开滦转型发展。"河北省国资委副主任曹新兴告诉本报记者，"开滦集团是河北省乃至国内外非常知名的特大型煤炭企业，拥有辉煌的历史、领先的管理技术水平和良好的发展前景，为河北省经济社会发展做出了突出贡献。近几年来，开滦集团认真贯彻落实科学发展观，转变发展思路，调整发展战略，大力推进企业转型，形成了以煤炭产业为基础，煤化工、现代物流等多产业竞相发展的格局，在金融危机中逆势而上，经济总量大幅增长。在2009年全国500强排名中由291名跃升到182名。"

　　"调整产业结构、转变发展方式关系企业长远发展，开滦集团在这个方面动手早、思路清、措施具体、效果明显，为唐山市其他工业企业实现可持续发展做出了引领；同时，开滦集团按照唐山市的整体规划，做了很成功的努力，促进了唐山经济的发展。"唐山市副市长辛志纯在接受本报记者采访时表示，开滦集团被誉为中国煤炭工业的摇篮。开滦的发展，带动了唐山的钢铁、水泥、铁路、港口等多产业的快速兴起，托举了唐山这座重工业城市，是唐山经济社会发展的中坚力量。开滦集团的转型战略和产业布局，为实现经济腾飞注入了不竭动力，特别是在金融危机的情况下，开滦逆势而上，经济总量和企业利润实现了快速增长，为新唐山经济社会建设做出了突出贡献。

　　分析人士认为，开滦集团在煤炭资源还能再挖30年的时候提前谋划、实施企业转型，着眼长远，未雨绸缪，不搞短期行为，充分体现了企业的社会责任和境界。132年前，开滦煤矿带动产业发展、人口聚集，托起了唐山这座华北工业重镇；132年后的今天，开滦转型、城企互动的良性发展，将催生一座滨海生态新城。

（本文刊登于2010年7月19日）

走出去：五大区域七大基地再造几个新开滦[*]

2010年3月，开滦股份重组山西介休煤矿正式签约，开滦集团介入介休市煤矿股权重组拉开序幕，这成为开滦继控股山西倡源煤矿之后的又一成功合作范例。

最近几年，开滦集团新增资源储备115亿吨，按照当前5000万吨的年产量计算，百年老矿延续寿命100多年。

"过去集团公司不做扩张，更重视内部管理；'十一五'后半期集团公司发展的步伐明显加快，兼并收购行为增多。"开滦集团业务总监、资本运营部主任张国才在接受《中国经济时报》记者采访时表示，开滦集团煤炭产业正在通过重组做大规模，对外埠资源的开发加速，产业布局已扩大到山西、内蒙古、新疆和加拿大。

据了解，2008年下半年，开滦集团重新修订发展战略，提出"做大做强"，把"以煤为主"调整为"以煤为基础"，在稳定唐山和蔚州区域现有产能、尽可能延长老矿区寿命的基础上，"内挖外扩"，把增产的出路放在加大外部资源的扩张上，增加战略储备。2009年，开滦集团更明确地提出，要从单区域挖潜型发展模式转向以总部经济为基础的多区域发展模式。如今，开滦逐渐形成了以唐山总部为"头"、以外埠煤炭开发为"脚"的多区域煤炭产业发展格局。

按照规划，"十一五"末开滦将形成河北、内蒙古、山西、新疆、加拿大五大煤炭区域；唐山矿区焦精煤生产、煤焦化、煤电热、现代物流基地，张家口蔚州矿区煤电路生产基地，内蒙古鄂尔多斯动力煤生产、煤化工

---

[*] 注：本文是"转变发展方式看开滦·六个转向"系列报道第4篇。

基地，山西介休焦煤供给基地，新疆伊犁和新疆准东煤化工、煤电热生产基地，以及加拿大精焦煤生产基地等七大煤炭生产基地。"十二五"末，多区域发展的发展模式将再造几个新开滦。

调整发展战略：从做精做强到做大做强

在开滦采访，记者深刻感受到开滦人深沉、厚重的历史责任感。

"开滦职工有11万，但是开滦的人员流动（跳槽）很少。像我们这些20多岁就到开滦的人，效益好的时候不走，在企业困难的时候更不走，是因为这个企业有内在的凝聚力。"张国才说。

谈起在企业的感受，张国才用两个字来形容——"踏实"。他给记者讲述了一段经历：早在十四五年前，就有人以高于开滦十多倍的薪酬邀其加盟，更有甚者，开出了当时难以想象的优厚条件请他进京发展，但都被他一一谢绝。

张国才告诉记者："像这样的例子在开滦有很多，大家不在乎企业给予个人多少物质和金钱上的回报，就是感到在这个企业待着踏实，对企业有依附性。过去的一百多年里，企业经历了无数次大的灾难，都没有影响她一路前行，我们感到开滦人永远把责任担在肩头，每个部门、每个人都有一种责任感——我们必须要大发展，否则就会被市场淘汰。如果开滦百年的牌子没有了，那种痛苦是我们不能承受的。"

开滦集团副总经理付贵祥在开滦工作近三十年，用他的话说，"开滦就是家。""在唐山，包括职工家属在内的50万人都依靠开滦吃饭，这种社会责任始终激励着我们必须快速发展。我们企业的开拓者造就了企业的辉煌，我们也要创造历史，把百年基业传承下去，决不能当败家子。"

开滦集团总经理殷作如告诉本报记者，上世纪九十年代末是企业最困难时期，但是开滦的职工纷纷提出即使不开工资也要全力以赴干工作。正是这种精神、这种责任感支撑大家勇往直前。

开滦矿工、全国劳模赵国峰说："我从1978年参加工作至今32年，我家三代是矿工，我父亲是开滦的，现在我的孩子又到开滦上班了。对于开滦保持基业长青，我很有信心。"

面对总部资源逐步枯竭的现实，2008年7月，开滦集团重新修订企业发展战略，把"做精做强"调整为"做大做强"，提出了"十一五"末实现原煤产量5000万吨，销售收入500亿元；"十二五"末，煤炭产量达到1亿吨，销售收入达到1千亿元的发展目标。2009年7月，开滦集团按照构建现代产业体系新思维，制定了"一基五线"产业格局，转变发展方式，依靠科技创新和技术进步，提高企业的技术水平；围绕研发、生产经营优质和高附加值产品，走集约高效的发展新路。

"社会在进步，社会在变革，职工的生活必须通过企业的快速发展来改变和提高。同时，如果企业不在短期内做大做强，企业将被市场淘汰。"开滦集团董事长、党委书记张文学在接受《中国经济时报》记者采访时，忧患意识溢于言表，"光荣属于历史，现在决定未来。开滦经历百年发展，面临资源枯竭的困境，必须要转型发展，做大做强。"

数据显示：2007年至2009年，开滦营业收入从157亿元增至559.3亿元，增长2.56倍；企业利润从3.2亿元增至10.5亿元，增长2.3倍；职工收入增长了46.6%。

2009年，开滦集团在全国500强排名中上升了109位，名列第182位，是前移名次最大的企业之一；在煤炭企业100强中，由15名提升到14名，是增长速度最快的企业之一。

今年1月至5月，开滦集团原煤产量完成2215万吨，同比增加了785万吨；其中精煤产量完成515万吨，同比增加119万吨，营业收入达到307亿元，同比增加了144亿元，利润总额实现了5.4718亿元，同比增加2.829亿元。

不抛弃不放弃：做大煤炭产业

通过结构调整和优化，煤炭产业占开滦经济总量的比重从2007年的62%下降到目前的27.2%，现代物流、煤化工、装备制造、文化旅游和房地产业、节能环保等非煤产业占到72.8%。开滦转型发展取得了显著成效。

尽管煤炭产业从130多年来的主导地位调整为基础产业，但是开滦根据国家宏观环境和自身优势，并借鉴国际资源型城市转型经验，提出煤炭产业与其他产业同步发展，做大做强。

张文学分析：第一，开滦发展煤炭产业具有传统优势。开滦132年专注于煤炭产业发展，具有独特的品牌、人才和管理优势。

第二，这是企业发展的内在要求。对于资源型企业来说，必须要有规模，煤炭业作为开滦延伸产业链、转型发展的基础，更需要扩大资源储备。

第三，国家高速发展对能源的需求增大。煤炭作为基础能源，十年之内仍然占据中国能源消费的主导地位，能源企业具有做大的外部条件。

第四，国家行业形势要求开滦必须加快发展步伐，实现企业整体实力的跨越式发展和提升。

"转型需要一段时间，包括项目建设、资金筹措、人才培养等都需要时间。等资源枯竭了、工人失业了再转型发展就晚了，就不是良性的转型。因此，基础产业要同步发展，在唐山老区还有一定储量，总部经济还能再维持30年的时候，要利用国家政策和当前时机走出去，把基础产业做大做强。"张文学说。

稳定唐山产能，实现总部经济可持续发展

根据开滦集团"十一五"和"十二五"规划，到2010年底煤炭产量将达到5000万吨，2015年将达到1亿吨。

目标制定之初，时值张文学从峰峰集团调任开滦集团后不久，他坦言"有压力"。据了解，至2007年底，开滦集团原煤产量仅为2882万吨。由于开采历史长达130多年，唐山矿区的资源储量不断缩减，灾害情况增多，生产成本和安全成本上升，同时，老矿井周边资源几乎被开发殆尽，没有新的增量。

因此，对百年老矿来说，两年时间新增产能2118万吨困难加倍。

张文学认为，战略对企业尤其是对大型企业非常重要，战略是企业发展的方向，是企业员工行动的导向和准则，能够统一思想、鼓舞士气。开滦的资源扩张路线就是"内挖外扩"。

内挖，就是通过内部技术改造挖掘潜力，通过技术改造，围绕薄煤层开采和深部资源开发、呆滞煤量解放进行技术攻关，延长矿区寿命，稳定唐山本部和蔚州矿区产能。

一是薄煤层的开采。张文学告诉记者，企业发展要算大账，国家以前有

技术标准，煤层在700毫米就不采了，现在虽然没有调整这一标准，但是通过研究薄煤层开采工艺，提高装备水平，用先进的洗煤技术，可以把这块资源挖潜出来。

二是加大深部煤层开采。通过现有矿井改革，加快技术攻关，研究深部开采的矿压治理，巷道支护改革，瓦斯治理，除个别矿井之外，大部分资源靠目前技术可以开采到负1500米，增加22亿吨储量，这同样是资源扩张。

三是加强老矿区外围地质勘探。如果能解放村庄下压煤，唐山矿区可以增加28亿吨储量。

在开滦的大煤炭战略中，有一个重大决策引起记者的注意——与部分煤炭企业急功近利的短期行为不同，开滦提出：无论增产压力多大，唐山矿区维持2500万吨现有产能不变。

张文学告诉记者："资源型企业传统发展模式主要是对资源有依赖性。资源丰富则兴，相反则衰，一些地方煤矿，兴盛的时候周边繁华，萧条的时候，老百姓的生活水平大幅度下降，开滦不能走这样的路子。开滦经过百年发展，老区共有矿井11个，已经有4个矿井关闭，2个矿井资源濒临枯竭，如果再有2个矿井关停，意味着55%的矿井关闭，这对社会的影响不可想象。因此，从企业和职工的长远利益出发，必须延长老矿井的寿命，维护总部经济的稳定和可持续发展。"

"随着部分衰老矿井因资源枯竭而关井，如果老区产量能够一直维持现有水平本身就意味着增产。我们决不能为提高总量而杀鸡取卵、超负荷开采。包括蔚州矿区也要保持650万吨年产量稳定发展。开滦资源拓展的重点是'外扩'——走出去。"张文学强调。

对于集团这项决策，集团下属生产单位纷纷表示认同。开滦唐山矿业分公司党委书记李国在接受本报记者采访时表示：稳定总部经济是集团实现"双五""双一"目标的重要保证。一是，相对于老区的有限资源来说，外部资源是无限的；二是，现在科学发展的基础是安全发展，重点拓展外部资源可以减轻老区矿井压力，有利于实现长远发展；三是，开滦职工都盼望企业生命更长，总部经济如果得到稳定，大家就有积极性。

走出去：多区域发展再造新开滦

据悉，当前我国煤炭产业布局不合理的问题日益突出。我国东部矿区开采历史较长，资源日益枯竭，中西部地区特别是晋陕蒙宁等地区资源富集、生态环境脆弱，资源开发强度大，社会可持续发展面临严峻挑战；西部地区煤炭资源丰富，储量巨大，但远离消费区。调整全国煤炭开发布局，提高有效供应保障能力，迫在眉睫。

根据我国煤炭资源禀赋特点及国民经济和社会发展需求，加大结构调整步伐，加快煤炭经济发展方式转变，需要稳定东部、巩固中部、适度加大西部地区煤炭资源开发强度，形成我国煤炭资源阶梯式开发、多通道共赢、高效利用的发展模式。

殷作如介绍，开滦有技术和管理的优势，利用这些优势到外面寻找新的发展地，把国内的山西、内蒙古、新疆等地以及加拿大、澳大利亚等国家纳入资源开发、储备体系，同时积极推进地方煤矿整合重组。

2009年4月2日，加拿大盖森煤田正式开钻。

2009年5月22日，面积为100多平方公里的开滦集团新疆准格尔盆地东部将军庙煤电化工业园区正式开工奠基。

2009年11月10日，开滦集团联合重组兴隆矿务局，在此基础上，加快推进地方煤矿整合，对河北省确定的唐山、张家口蔚县及承德区域89家地方煤矿分步实施整合，目前已签订托管协议的地方煤矿有69家。

2009年12月18日，开滦集团与加拿大德华公司在温哥华举行签约仪式，确定2010年双方合作勘探开发位于加拿大哥伦比亚省的墨玉河北部煤田。

截至目前，开滦集团的河北、内蒙古、山西、新疆和加拿大盖森五个主要煤炭基地已经初步形成，2008、2009两年，获得煤炭储量115亿吨，160亿吨的资源总量为企业转型搭建了平台，增强了发展后劲——一个资源即将枯竭的百年老矿，可延续企业寿命100余年。开滦已经形成了从单区域挖潜型发展模式转向以总部经济为基础的多区域发展模式。

值得借鉴的是，开滦在加快资源拓展的同时，煤化工、现代物流、煤电路等产业配套发展。

2009年4月29日，开滦集团与新疆维吾尔自治区人民政府在乌鲁木齐签署了战略合作框架协议。2015年以前，开滦集团将在新疆投资460亿元，重点建设煤炭、煤化工和电力产业，用5~7年的时间，再造一个新开滦。其中，开滦集团在准东地区奥特乌克日什第一期工程是300万吨，到2010年达到300万吨，到2015年，达到3000万吨。煤化工产业方面，第一个项目是乙二醇，总投资40亿元；第二个项目是多联产项目，总投资是56亿元；第三个项目是煤制天然气项目，项目总投资170亿元；第四个项目是焦化产业，甲醇、煤焦化加工和苯加氢项目，总投资34亿元。

2009年12月29日，开滦集团在乌鲁木齐市举行了开滦库车高科能源有限公司揭牌暨阿艾煤电化工业园区奠基启动仪式。开滦集团要把阿艾煤矿改造成年产500万吨的大型煤矿，同时，按照精细化工的发展要求，配套建设新型煤化工工业园区，充分发挥煤种优势，促进优势资源加工转化，生产高附加值的产品，形成循环经济产业链。

按照产业布局规划，"十一五"末开滦将形成五大煤炭区域和七大煤炭生产基地。"十二五"末，将形成以唐山总部为"头"、以外埠煤炭开发为"脚"的"头脚合体"的多区域煤炭产业发展格局，将再造几个新开滦。

资源型企业转型被称为世界性难题，截至目前，国内实现成功转型的案例还不多，国际上资源型城市转型较为典型的包括德国的鲁尔区、美国的匹斯堡和法国的洛林。其中，德国鲁尔区转型的特点有四个，一是煤炭产业不抛弃，利用煤炭的开采技术走出去，到国外开采资源，实现传统产业的发展；二是培育新兴战略性产业，比如计算机、装备制造、电子信息、汽车等；三是培育大量的中小企业；四是政府的扶持力度很大，政府起到了主导作用，企业起到了主体作用，城企互动，实现了共赢。

两相对比，开滦和德国的鲁尔有着很多的相似性，例如悠久的发展历史、丰富的管理经验、先进的煤炭开采技术，通过走出去重新获取大量的煤炭资源，培育新兴战略产业等等，所不同的是，鲁尔转型得到政府的特殊支持，只用了十年就实现了成功转型。由于国情不同，我国的资源型企业在转型过程中，必须更多依靠自我发展。

尽管如此，分析人士认为，按照开滦集团目前的发展规划，开滦转型或将超越当年的"鲁尔速度"，"开滦模式"堪称中国资源型企业成功转型的样本。

（本文刊登于2010年7月20日）

开滦在大开大合中做大做强*

内部资源整合不能满足企业跨越式发展的需要，近几年来，开滦集团积极利用外部资源、外部市场，加强横向战略合作。他们加强与国内外地方政府的战略合作，建立一批战略性资源开发生产基地，并在政治、经济、技术发达地区建立开滦驻外机构，架起对外开放的桥梁。加强与研发机构合作，与北京化工大学合作，成立"开滦煤化工研发中心"，开发生产具有自主知识产权的新产品。加强与国内外知名大企业建立战略联盟，以资本、技术、市场、品牌为纽带，吸引战略投资者参与重大项目建设。

《中国经济时报》了解到，目前，开滦集团与新疆、内蒙古等政府签订战略合作协议，与香港冠都公司、美国景顺基金、美国考伯斯公司、中化公司、北燃集团、国电华北电力公司、华夏董氏集团、沙钢集团等企业在房地产、煤化工、物流等领域开展了实质性的战略合作。

尽管煤炭产业在集团经济总量的比重不足30%，但产业链的延伸离不开基础产业的发展，在开滦集团"一基五线"的产业新格局中，煤炭作为煤化工、现代物流、煤电热、煤路港航等系列产业链的基础和龙头，到"十一五"末煤炭产量达到5000万吨，到"十二五"末达到1亿吨。

加快整合地方煤矿，拓展国内市场版图

对于一个资源将近枯竭的百年老矿来说，开滦集团董事长、党委书记张文学的大煤炭战略就是"内挖外扩"：唐山矿区和蔚州矿区通过技术改造稳

---

* 注：本文是"转变发展方式看开滦·六个转向"系列报道第5篇。

定产能，对薄煤层开采和深部资源开发、呆滞煤量解放进行攻关，尽最大可能延长老区寿命；同时，利用经济低迷期从原有区域内资源挖潜和企业独立发展，转向区域外拓展空间、强强合作增强发展后劲。

按照这一思路，开滦加快了地方煤矿整合，加大外部资源储备。

2009年11月10日，开滦集团联合重组兴隆矿务局，在此基础上，加快推进地方煤矿整合，对河北省确定的唐山、张家口蔚县及承德区域89家地方煤矿分步实施整合，目前已签订托管协议的地方煤矿有69家。

与此同时，抓住经济低迷期原材料成本低的时机，加速外埠资源的开发，产业布局扩大到山西、内蒙古、新疆和加拿大。

2009年5月22日，面积为100多平方公里的开滦集团新疆准格尔盆地东部将军庙煤电化工业园区正式开工奠基。同时，新疆伊犁地区英也尔乡煤矿收购工作开始。

2009年12月29日，开滦集团在乌鲁木齐市举行了开滦库车高科能源有限公司揭牌暨阿艾煤电化工业园区奠基启动仪式。开滦集团要把阿艾煤矿改造成年产500万吨的大型煤矿，同时，按照精细化工的发展要求，配套建设新型煤化工工业园区，充分发挥煤种优势，促进优势资源加工转化，生产高附加值的产品，形成循环经济产业链。

库车阿艾煤矿收购已经完成，内蒙古红树梁矿建工程完工，山西介休的主焦煤基地改造扩能完成，其他煤矿收购正在进行。

截至目前，开滦集团的河北、内蒙古、山西、新疆和加拿大盖森五个主要煤炭基地已经初步形成，2008~2009年，获得煤炭储量115亿吨，为企业经济大发展搭建平台，增强了发展后劲。

张文学在接受《中国经济时报》记者采访时表示，资源型企业必须要控制资源，谁掌握资源谁就掌握未来。但是在资源扩张过程中，必须要进行投资效益的评估，不能为抢占资源而不惜一切代价，要考虑资金需求量和企业的承受能力；考虑到国家产业规划的趋势和当地发展能源的需求；考虑自身的优势，尤其是组织能力、开采技术和开采成本。

"2010年是开滦大煤炭战略'十一五'规划的收官之年，确保5000万吨产量不是难题。"张文学对本报记者透露："今年，资源开发战略将根据煤种、市场、区位的具体情况有选择地推进。按照集团公司的安排，全年煤炭产能有望突破6000万吨。"

实施走出去战略，大手笔谋划国外资源

2009年12月18日，开滦集团与加拿大德华公司在加拿大温哥华举行的签约仪式，确定2010年双方合作勘探开发位于加拿大哥伦比亚省的墨玉河北部煤田。

这是开滦集团实施"走出去"战略，首次在国外大规模参与矿产资源合作开发。

"在当前我国煤炭进口量大幅增加的背景下，这次我们与加拿大德华公司签署的合作意向书意义重大。"张文学告诉本报记者，此次开滦不是单纯购买资源，而是与首钢一起，通过与加方德华国际矿业集团公司合作，共同搭建起开滦新的国际业务平台。

协议书确定，2010年，双方合作勘探开发位于加拿大哥伦比亚省的墨玉河北部煤田。此前，加拿大德华国际矿业集团公司对该煤田拥有全部矿业权。

据了解，加拿大受金融危机影响，许多煤炭公司经营困难，在加拿大地方政府网站上看到，为吸引全球资金到该地参与矿业开采，政府列举了系列成功案例，其中开滦股份与德华公司合作的案例被排在第二位。"从向国外企业直接购买优质煤炭转向中国煤企走出去与外方合作开发，这是一个趋势。"张文学判断。

此前的2008年9月19日，开滦集团下属的开滦股份公司与加拿大德华国际矿业集团公司在北京签署协议，12月份在温哥华共同成立了开滦德华矿业公司，并由该公司对加拿大哥伦比亚省盖森煤田进行勘探。新成立公司中开滦占有51%的股份。

"盖森煤田总面积228平方公里，现在已经完成首采矿井43平方公里的勘探。"开滦股份有限公司总工程师梅海斌说。

按照双方当时协议约定，盖森煤田开发项目分两阶段进行，第一阶段，双方共同出资在加拿大注册组建开滦德华矿业公司，由该公司先实施盖森煤田BD区的地质勘探工作；第二阶段，根据地质勘探结果确定下一步开发。

梅海斌介绍，墨玉河北部煤田的煤种属于市场上的稀缺品种。这个煤田和此前开滦介入的盖森煤田一样，大部分是低灰、低硫的优质炼焦煤。新的煤田面积129平方公里，储量丰富。梅海斌说，因煤而生的开滦，此次海外寻找合作的目标有些不同，主攻方向是市场热销且稀缺的煤种。

中国的钢铁企业都知道，开滦的炼焦煤一直是钢铁企业的抢手产品。但近年来随着老矿区煤炭生产临近衰退期，开滦老区现有煤炭可采储量14.5亿吨，其中被建筑物、水体、铁路所压煤占了77%，进一步提高产量受到极大限制。

张文学说："企业发展要善于运用国际、国内两种资源。开滦转型是一个全方位系统工程，不但需要更多煤炭资源支撑主业，也需要在产业上进一步拓展。"他透露，这只是开滦走出去的第一步尝试。

"优质煤种的开发引进，也为我们集团的煤化工产业链条提供了保证。目前集团焦炭生产能力为940万吨，抗风险能力还不够强，与加拿大的合作，可以为我们建设千万吨生产基地提供有力支撑。"梅海斌说，2009年对北京燃气公司所控股的佳华公司实施重组后，开滦焦炭产能就达到940万吨。"有机会的话，开滦还要在加拿大做焦炭等深加工项目。"梅海斌透露出开滦海外之旅的下一步设想。

开发自主知识产权新品，推进产业升级

开滦集团总经理殷作如介绍，按照煤化工产业发展思路，开滦集团能源股份公司要加速联合重组，全面完成海港区域煤化工产业整合，走出扩张发展的新路子；要全力推进煤焦化产业链建设，实现优化升级；要突破发展技术瓶颈，努力向高端发展，力争国际先进，国内一流；要做好煤气化前期准备工作，加快向新型煤化工产业发展。同时还要加快内蒙古、新疆等外埠煤化工项目的开发建设，实现与煤炭产业项目配套协调发展。2010年煤化工产业收入要达到150亿元。

此外，开滦将抓住唐山钢铁产业迅猛发展和开滦煤炭扩张、煤化工发展的机遇，通过整合重组，引进战略投资者，实施股权多元化等方式，提高产业集中度做大；要大力推进技术创新，提高技术研发能力，实施结构调整，

发展拳头产品，实现产业升级。要加快与德国达姆斯公司(液压阀、电液阀项目)，KHD公司(洗选设备项目)，日本钏路公司(小型挖掘机、卧底机项目)合作进程，形成煤矿、煤化工、钢铁、环保装备四个主业板块，全面进入高端产品领域。2010年，装备制造业产值要达到10亿元以上。

理顺资金管理体制，集中力量办大事

开滦集团在规模扩张的同时，也理顺了资金管理体制。他们坚持外部融资与内源性融资并重，充分发挥资金杠杆的作用，集中资金办大事，少花钱多办事；对新上项目搞好分析排队，加强可行性论证，确保投资回报率；并积极尝试参股、相对控股等多种合作形式，合理规避投资风险。

对内则提高经营工作的稳健能力、营运能力，保持合理的资产负债比例，加大应收账款清欠力度，减少库存资金占用，加快流动资金周转，提高资金利用效率。

同时，开滦集团强化资金预算管控，提高专项资金上缴比例，集中资金办大事，保证重点业务发展的资金需求。强化企业全面风险管理，制定《全面风险管理实施意见》，加强了项目投资经济效益分析评价，强化应收预付账款管理，严格执行正常结算制度。特别是对企业并购重组、重大合资合作协议和经济合同的签署，严格执行法律审查程序，规范了经济行为，降低了法律风险。

近来，开滦集团还以资本运作为手段，从多渠道、多角度引进战略投资者，这不但体现了以资本为纽带实现以小搏大、扩大运营规模，而且，在多元化扩张中，凭借合作伙伴的各自核心能力，规避了陌生领域的风险，再造了竞争优势。

"资本运作只是手段，提高企业竞争力才是最终目的。"开滦集团业务总监、资本运营部主任张国才对本报记者说。

资本运营拓宽融资渠道，破解资金瓶颈

阻碍开滦实现快速发展的最大障碍是资金瓶颈，张文学告诉记者："开

滦过去的融资渠道窄，手段单一。发展主要靠自有资金和银行融资。而国有企业自有资金搞可持续发展难度很大，只能维持简单再生产。靠银行融资，财务费用成本太高。所以要大力度实施资本运营战略，搭建融资平台，拓宽融资渠道。"

鉴于此，他提出，一是要搞好内部融资，加强成本控制，增加潜在利润；盘活存量，降低存货，加速资金周转；合理运作企业内部资本，加速折旧融资等。二是要搞好外部融资。充分运用财务融资、股权融资、债权融资、银行融资等金融手段，获得项目资金。还要进行投融资体制改革，并且探讨物流产业金融体系改革。

随着企业经营全球化进一步加强，中国企业的发展仅靠过去那种内生资源积累的发展模式显然是不够的，必须通过外部资源整合实现跨越式发展。资本运作这一课题，将成为衡量中国企业未来经营成绩的关键。张文学与开滦管理团队清醒地意识到了这一点。2007年，开滦集团引入战略合作伙伴——全球最大的煤焦油加工产品供应商美国考伯斯公司，启动焦油深加工项目；2008年，开滦集团开始与京唐钢铁公司、美国考伯斯公司合作，在曹妃甸进行焦油深加工……

"在精细化工领域，通过资本纽带全力实施战略合作，这无疑是一步好棋。"张文学对记者坦承，"从技术、营销渠道和管理的角度看，开滦集团仅靠自身在煤焦化产品深加工上毫无优势可言。但开滦创新运营方式，与考伯斯公司实现合作后，通过优势互补，获取了精细化工领域的品牌、市场营销渠道、顾客管理等诸多能力，这些是提升开滦集团市场竞争能力的稀缺资源。如果开滦单单凭借煤焦化的资源优势，靠自己的积累去构筑这些稀缺资源，其成功率显然较低。即使能够涉险闯关，其过程也会相当漫长，投入将非常巨大。"

"这些成功的战略选择，使开滦集团扩张了品牌、延伸了网络资源，扩大了企业的运作规模，企业品牌的核心竞争地位得以强化。"张文学说。

2008年11月20日，开滦能源化工公司利用上市平台，公开增发5612万股A股股票，募集资金总额6亿多元，主要投资于200万吨/年焦化一期工程干熄焦节能改造、200万吨/年焦化二期工程、20万吨/年焦炉煤气制甲醇二期工程、10万吨/年粗苯加氢精制项目、30万吨/年煤焦油加工项目和采掘设备技术升级改造等项目。这些大手笔，为开滦煤焦化工业园区向纵深发展提供了有力支撑。

此后，开滦集团战略推进更是好戏连台：2009年4月初，在香港举行的河北省(香港)投资贸易洽谈会上，开滦集团与香港冠都集团就合作开发房地产项目签署协议；与美国景顺集团就开发内蒙古区域煤炭资源达成共识；与印尼Baramulti集团就煤炭进出口贸易和煤炭资源合作开发达成了合作意向；2009年5月18日，在河北廊坊举行的河北省投资贸易洽谈会上，开滦集团就煤电热项目，与国电投签署合作协议；2009年8月8日，开滦集团中润公司与北京燃气实业佳华公司签署整合重组协议。

据殷作如介绍，2009年开滦集团进一步拓宽投融资渠道，增加了融资总量。发挥内蒙古、新疆、蔚州、唐山四大区域和上市公司投融资平台作用，采取以资源换资金的方式，获得资金15亿元；积极引进战略投资，协议引进资金已达22亿元；充分利用资本市场平台，对能源化工公司股票增持取得盈利，目前净收益达10亿元以上。同时抓住国家实施积极的财政政策和适度宽松的货币政策的机遇，拓宽融资渠道，新增银行授信规模53亿元，新增银行借款35.51亿元，成功发行了一年期短期融资券12亿元，10年期公司债券20亿元，降低了融资成本，实现了融资方式新突破。2009年全年融资和协议引进投资总额达80多亿元，保证了企业发展的资金需求。

分析人士认为，以资本运作为手段，从多渠道、多角度引进战略投资者，开滦集团可谓用意深远，不但体现在以资本为纽带实现以小搏大、扩大运营规模，而且，在多元化扩张中，凭借合作伙伴的核心能力，规避了陌生领域的风险，再造了企业的竞争优势。

（本文刊登于2010年7月21日）

信息化引领下的管理创新：
从粗放到精细，从规范到科学 *

2010年1月16日，北京，在有关权威机构举办的第四届全国十大企业管理创新人物表彰大会上，开滦集团董事长、党委书记张文学荣获"全国十大企业管理创新人物奖"。本届评选活动面向全国企业征集管理创新人物，经有关专家组成的评委会评定，产生10位获奖者，张文学是全国煤炭系统唯一获此殊荣的典型人物。

由开滦集团的当家人获此奖项，可谓实至名归。众所周知，迄今已有132年发展历史的开滦集团，其最为宝贵的财富就是管理、技术和人才。遥想当年，作为"中国近代煤炭工业源头"和"中国北方民族工业摇篮"的开滦煤矿，不仅在中国煤炭工业领域，更在中国近代工业领域，创造了多项第一，开滦的几乎每一项管理章程，当然地会成为全国煤炭行业的管理范式。

难能可贵的是，开滦并没有沉醉于历史上的辉煌而不思进取，相反，开滦不仅能够踩着中国工业发展的步点与时俱进，而且，在许多关键时刻，还能未雨绸缪，先人一步，以其颇具前瞻性的远见立于转型发展的时代潮头。开滦近两年在全球金融危机背景下生机勃勃的转型发展就充分佐证了这一点。开滦在历史上的辉煌，得益于管理，开滦现在和未来的转型发展，亦将倚重于管理。

近年来，开滦秉承国家"以信息化带动工业化，以工业化促进信息化"的指导方针，大力开展信息技术的应用，加快信息技术向传统产业的渗透，用信息化提升传统产业水平，实现企业体制创新、技术创新和管理创新，提

---

* 注：本文是"转变发展方式看开滦·六个转向"系列报道第6篇。

高管理效率，提高企业综合竞争力，在企业的现代化建设上迈进了一大步，初步实现了企业的现代化管理。2002年获得中国企业联合会授予的中国企业信息化先进单位称号；2003年在国家信息化500强企业排名第199名，2004年第150名，2005年第109名，2006年第94名，2007年第99名，2008年第85名。其中，2006年成为全国十行业企业信息化百强企业；2007年同时获得了"最佳信息化战略奖"和"最佳IT治理奖"两个单项奖，集团公司总经理殷作如获本年度中国企业信息化500强"最具远见的信息化领导者奖"；2008年，殷作如连续获得中国企业信息化500强"最具远见的信息化领导者奖"。在科技方面，有17项成果获得了国家级、省部级奖励。

"信息化规划"引领信息化建设

开滦集团大规模生产自动化建设和改造从2006年开始，为了确保改造有章可循，开滦信息与控制中心在2007年编制了《开滦集团自动化建设总体规划》，并通过了煤炭工业协会组织的科研成果鉴定，专家评价作为集团公司层面的自动化总体规划，在煤炭系统是首例。在规划指导下，集团公司自动化建设全面展开，从矿井综合自动化系统到生产自动化子系统建设都有显著进展。

在综合自动化矿井建设方面，已经建成2个（钱家营矿、单侯矿）综合自动化矿井，目前正在建设的矿井有4个，已经纳入规划的矿井有5个。其中，东欢坨矿井综合自动化建设首次采用双环双网双冗余网络平台，并实现了多网融合，目前建设已接近尾声，它的建成将为开滦集团矿井综合自动化建设树立一个新的样板。

在系统自动化方面，实现了提升系统自动化、排水系统自动化、主通风系统自动化、供电系统自动化、皮带运输系统自动化、选煤系统自动化建设和改造。

在涉及"人本安全"方面的自动化改造更是大量应用，厥功至伟。

在全面完成了开滦集团第一个信息化总体规划的基础上，开滦集团制定了《"十一五"信息化发展规划》，并按此规划有条不紊地积极实施。到目前为止，规划的各项目标基本实现。

在网络建设方面，相继建成了园区网、广域网、监测网、控制网、互联网和通信网。

从2000年启动"园区网"建设以来，以集团公司机关和吕家坨矿两个园区网作为示范点，到目前已经陆续完成了61个园区网建设，单位覆盖率达到100%，入网计算机10529台。

建立了以集团公司、林西、吕家坨为骨干环，范各庄、钱家营、赵各庄、热电集团、东欢坨、林南仓为二级环的高速、宽带光纤环网，并以骨干环、二级环上的骨干节点为核心，将集团公司其他单位的园区网就近接入环网。到目前已经建成了以光纤环网为主、局部星型为辅，覆盖全开滦矿区的内部广域网络。采用虚拟专用网技术（VPN），解决了集团公司与外埠单位的语音、数据、图像的传输通道。在集团公司机关、唐山市区和钱家营社区建立了计算机ADSL宽带上网，提高了边缘地带和家庭办公联网的数据传输速度。

开滦通信网是开滦内部专用的通信系统，目前已经实现了矿区通信的交换程控化、传输数字化。通信专网以市话分局的形式与唐山公网实现了互联互通。市电可直接拨通开滦内部电话，7位等位拨号。开滦本部与蔚州、新疆、内蒙古、兴隆等外埠单位的电话实现内部5位等位拨号。目前，开滦（包括蔚州公司、兴隆矿务局）共有通信电话交换机（远端模块）40个，交换机总容量达到35289门。集团公司本部的语音传输网大部分实现SDH联网，承载着行政通信网、调度通信网、视频会议网、家庭宽带网及部分计算机联网业务，其中骨干网的带宽已经达到2.5G。

网上应用系统在安全、生产、管理中发挥重大作用

开滦以企业内部广域网络为基础，以集团公司为数据中心，按照WEB方式和B/S结构，结合开滦特点，组织开发和实施了一大批网上应用和管理信息系统，在集团公司安全、生产、管理中发挥着重大的作用。比较典型的有：

开滦内部的信息发布与查询系统（内部网站系统）：该系统已经在全集团公司推广使用，内容包括通知、通报、简讯、讲话、政策、报表等，几乎

包括了企业的各方面信息，覆盖了集团公司总部、各专业化公司以及大部分三级单位。

集团公司办公自动化系统：该系统是企业信息化建设的重要应用之一，投入使用以来，系统得到不断完善，功能不断提高，使用范围不断扩大。目前已经涵盖了集团公司总部机关、各专业化公司及大部分三级单位。系统投入使用后为集团公司节省了大量的管理成本、提高了办公效率。现在各级领导不论是在国内还是国外，通过该系统可随时签阅文件，随时发布工作指令。

集团公司生产调度管理信息系统（网）：该系统主要是为开滦集团生产总调度室开发，用于集团公司生产总调度室、各生产矿井生产调度室。主要服务于集团公司煤炭生产管理工作中的原煤和精煤的产量、销量、运量、灰分、热量以及生产安全、自动控制等数据的整理、归类、存储、打印。

精煤股份公司ERP系统：精煤本部和下属两个矿已经使用财务会计、管理会计、人力资源和供应链四个模块。其中财务会计模块包括总账、现金银行、应收应付、报账中心、固定资产、存货核算；管理会计模块包括全面预算和筹（投）资管理；供应链模块包括采购管理、库存管理、供应商合作伙伴管理等；人力资源模块包括薪资管理、考勤管理和福利管理。

集团公司财务管理信息系统：实现集团公司的财务集中统一管理，结算中心统一支付，提供核算、结算、融资、管理、监督等服务业务。该系统运行已经 5 年多的时间，集团公司借助财务管理信息系统实现了财务的集中管理、控制，费用的统一支付。为集团公司财务系统的科学管理提供了先进的手段和有力的支撑。

此外，还有集团公司综合物流管理信息系统、集团公司设备管理系统、开滦党建创新现代管控系统、井下自动考勤系统、医疗保险系统、开滦总医院管理信息系统、开滦机电自动化管理网站。

煤矿生产环节自动控制系统与安全管理、监测系统

开滦矿井现代化生产的各环节不断投入自动控制系统，通过信息网络对各个自动控制系统进行监视和监控，实现信息共享。为此，开滦采用统一的

协议，将具备条件的控制系统逐步接入，对不具备条件的则进行改造，使其能够接入管理信息网，通过开滦局域网上的任意一台计算机就可以浏览现场某个生产系统或安全系统的实际运行画面，现场的设备运行情况、环境参数一目了然地显示出来，图文并茂，并可形成各种报表显示和打印出来。系统为领导调度、指挥各矿的生产提供重要的手段。

开滦集团为了保证安全生产，在各生产矿井均建立了安全监测网络系统，对井下的甲烷、一氧化碳、温度、负压、风速、烟雾、设备开停、风门开关及馈电状态等参数进行实时监测。我们将这些安全监测网络与计算机网络相连，将控制指令和参数发送到调度指挥机构和相关领导，确保矿井安全信息畅通。目前有11个矿业公司的安全监测系统都已联网，传感器达到1165个。主要系统有：安全监测实时发送报警信息系统；安全监控信息综合处理系统；重大事故应急救援调度指挥系统；通风调度网络化管理系统；安全生产无线监管掌上办公系统；安全健康管理系统；开滦历年事故案例系统；伤亡事故查询分析系统。此外，还有其他网上应用系统，如集团公司视频会议系统；电子邮局系统等等。

与此同时，基于VPN技术和互联网，实现了与蔚州矿区、新疆矿区、内蒙古矿区、兴隆矿务局等外埠单位的联网，探索出了集团总部与跨国、跨地区的外埠单位远距离通信、计算机网络互联的方式方法。基于VPN技术和互联网，移动用户可登录开滦办公自动化系统，实现无线网上办公。建有卫星接收系统，通过专业卫星，接收视频新闻、教育课程等。

信息化自动化创造显著的经济和社会效益

几年来，开滦集团的信息化建设总投资21727万元，年创经济效益10943万元；自动化控制和监测系统总投资31075万元，年创经济效益290553万元。

信息化自动化建设更具价值的效益体现在安全方面。矿井生产综合自动化信息化实现后，通过"综合自动化平台"使得矿井所有的控制都集中到中央控制室，重要机电系统将实现无人值守和远程监控。系统可以按照生产要求直接对相关设备进行自动化控制，从而可以减少矿井生产环节并减少操作人员，使生产操作程序化、模块化、简单化。减少了中间操作环节，同时也减少甚至可以避免由于操作人员操作失误而导致事故的发生。

当矿井出现事故时，系统会自动按照事故处理预案进行处理。如果是涉及关键设备的处理，将会第一时间通过手机等通讯工具报告给相关领导，以便及时做出事故处理决定。

在社会效益方面，一方面，通过自动化、信息化改造使企业生产能耗大幅降低，这为国家节能减排目标的实现做出了自己的贡献，尽到了一个企业应尽的社会职责。另一方面，通过自动化、信息化改造使企业的现代化管理水平显著提高，企业形象和市场竞争力也随之增强，使企业可持续发展空间更加广阔。

同时，通过自动化、信息化改造带来的企业现代化管理水平的提高，将对企业形象，特别是对煤炭企业安全生产的形象塑造产生重要影响。

管理者高度重视管理创新和科技创新

开滦集团的信息化、自动化建设取得如此骄人的成绩，与开滦管理者对于管理创新和科技创新的高度重视和远见密不可分。

2008年5月担任开滦集团董事长的老煤炭人张文学自上任伊始即大力推进企业改革和管理创新。今年初，他说，集团公司2010年要在重大战略重组、管理体制和三项制度改革上取得突破，各级管理人员必须进一步增强改革意识，强化与改革相适应的竞争观念、发展观念、创新观念、大局观念，正确对待整体利益与个人利益关系，以身作则，率先垂范，推进集团公司各项改革取得实效。要不断推进企业管理和技术创新。在管理创新上，开滦集团将强化物资供应和销售管理体制改革，推进物资采购"四集中"和煤炭销售"五统一"到位。借鉴煤炭行业先进做法，健全矿井物资超市，降低采购成本和储备成本。坚定不移地推广市场化精细管理模式，解决好认知程度、基础工作、政策配套等方面的障碍，把市场化精细管理模式做实。

曾在2007年、2008年两度获得中国企业信息化500强"最具远见的信息化领导者奖"的开滦集团总经理殷作如的"远见"表现在他并未满足于企业和个人过去取得的荣誉，而是以一种居安思危的心态对开滦集团今后的管理和科技创新提出了要求："继续深化管理和技术创新，促进集团战略发展目标的落实。"

殷作如说，要构建具有开滦特色的企业管理模式，提高管理的集约化、规范化水平。一要以"三个管理平台、一个保障系统"为核心，完善和提升开滦企业文化管理模式，为落实发展战略提供文化保障。二要根据发展战略规划，创新人力资源管理，加大企业所需各类人才的引进和培养力度，提高员工队伍的整体素质；要进一步规范用工管理，探索实践不同地区、不同性质企业的用工管理新途径、新模式；要加强工资总量管理，建立"双挂钩"的工资总量调控模式；要将劳动定员定额管理与工资预算编制调整有机结合，促使各公司提高用工效率。三要进一步完善绩效评价工作，建立起经营目标与战略目标有机结合的绩效评价体系。四要深化对标管理工作。将对标工作纳入企业常态管理，开展与行业高端和强势企业对标行动，逐项查找差距，落实整改措施，全面提高管理水平和发展质量。

殷作如说，要建立自主创新机制，提升企业科技水平。一要加大技术创新投入，健全完善产学研相结合的技术创新体制，加快重点和关键技术领域的创新步伐，解决制约集团公司发展的关键技术问题。重点推进煤矿井下水、火、瓦斯、顶板及重大事故危险源检测与识别及灾变预警、深部煤炭资源开采、建筑物下固体充填综采、洗煤和配煤工艺、煤化工产品延伸等技术研究。二要加快企业信息化和矿井综合自动化建设步伐。建立企业内部网计算机容灾体系；企业计算机骨干网带宽升级到10G；建立健全兴隆、内蒙古、新疆公司内部计算机网络，同时集团财务管理、综合物流、办公自动化等系统向外埠单位拓展延伸；加快定员定额软件的应用、推广；集团公司领导决策支持平台投入运行。全面完成东欢坨矿综合自动化示范矿井的建设，推进范各庄、吕家坨、钱家营、崔家寨四个矿井综合自动化建设。全面推广"煤矿井下平巷机车运输人本安全监控系统"和"工作面人本安全运输监控系统"。加快已整合地方煤矿的技术改造和产业升级步伐，全面提高地方煤矿技术装备水平。初步搭建集团公司综合自动化远程管理、检测、监视、维护、诊断平台，进一步提高企业信息化、自动化管理水平。

开滦集团分管安全生产管理工作的副总经理常文杰在接受《中国经济

时报》记者采访时说：开滦的安全生产近年来一直在向好的趋势发展，自己体会有三方面原因，一是最近五年得益于党和政府对安全的高度关注，关于安全生产的法律法规也不断完善，二是得益于员工安全意识和素质有根本提升，三是开滦这几年生产工艺和技术水平提高很快。

常文杰说，开滦安全理念的最大突破在于在全国较早明确提出"安全第一，生产第二"的口号。另外，结合开滦自身实际，我们从专业上做了些有效的工作：一个是提高矿井的安全防护水平，在安全投入上下了大力气。开滦吨煤安全投入平均在30元以上，每年的安全投入不低于10个亿。二是对员工的培训教育投入很多，形式灵活多样。三是在安全文化方面，提倡塑造本质型安全人，推广准军事化职业行为训练。

常文杰介绍，多年来开滦向先进国家学习关于安全的好办法，如日本和德国鲁尔等，后来又和美国杜邦公司合作搞安全管理咨询。总之，作为有132年历史的老矿，条件复杂，回采难度大，在安全管理方面，我们绝对不敢掉以轻心。在企业从一元到多元的转型发展中，在新兴行业，我们是个初学者，如何进行有效管理，确保安全生产和稳定，是摆在我们面前的新任务，我们需要不断地学习和努力。

（本文刊登于2010年7月22日）

中国资源型企业转型有了好样本

——开滦集团攻克世界性难题，资源型企业成功实现转型

近日，《中国经济时报》记者从开滦集团了解到，一个依赖煤炭资源从事采煤业长达133年的资源型企业，仅仅用3年时间就实现了成功转型——非煤炭资源类产业占集团总营业收入高达70％以上；转型期间，不仅没有其他企业在转型期通常出现的生产经营萧条，还奇迹般地出现了超常规发展，3年营业收入增长了五倍。

资源型城市和资源型企业转型被称为世界性难题。在为数不多的成功案例中，德国鲁尔集团的转型经验是全世界最为推崇的，它的转型用了整整30年才获得成功。

那么，开滦集团是如何在短短3年时间就实现了转型的呢？

我国资源型城市和企业转型的现状不容乐观

煤炭企业普遍面临从开采资源到走向繁荣，再到资源逐渐枯竭、企业衰败的过程。在其资源枯竭后，如何生存和发展一直受到社会的高度关注。因此，传统资源型企业的转型显得尤为紧迫和重要。

资源型城市以及资源型企业转型是世界性难题。据了解，美国、德国、法国、日本、加拿大等都有许多城市属于资源型城市，他们都曾在转型的阵痛中艰难探索。其中，德国的鲁尔和法国的洛林转型用30年的时间获得了成功，成为全世界资源型企业转型的榜样。

据统计，全国现有矿业城镇426座，其中，处于衰退期的51座，资源枯竭城市12座。

这些城市在艰难的转型过程中，不仅要调整产业结构，还要克服地面沉陷等地质灾害和数十万矿工及其家属的就业等难题。例如，有着"天南铜都"美誉的云南东川市，因资源枯竭，4个铜矿全部停产，成为我国资源型城市"矿竭城亡"的首个实例。

当前，我国资源型城市和资源型企业转型仍然处于探索阶段。从过去的转型实践来看，国内资源型城市和企业转型的现状不容乐观。

例如阜新市，2001年被确定为全国资源枯竭型城市经济转型试点市。经过长达7年的转型发展之后才初步实现了从"煤城"到"风电之城"的转变，但是仍面临失业矿工再就业难和财政入不敷出等问题。

开滦集团为资源型企业转型探出一条新路

开滦集团地处唐山市，始建于1878年。目前，开滦集团面临原有矿区进入衰退期、煤质差、效益低、开采条件困难和成本不断增高、社会负担沉重等多种困难。

据了解，2000年之后，开滦旗下的唐家庄等4个矿相继破产，唐山区域剩余可采储量只有14.5亿吨，其中的76.7%还被压在铁路、水体、建筑物之下，且平均采深已达地下850米以下，开采成本提高，开采难度日益加大。煤炭质量差，灰分高达40%，动力煤发热量低，洗精煤回收率低，低于全国平均值19个百分点，仅此一项减少收入40%。集团现有离退休人员71625人，另有等退职工2348人，从事生活后勤人员16115人。有165个住宅小区，供暖、供水、供电、供气等都由企业承担，每年仅生活后勤补贴就高达10亿元以上。矿区危旧房改造任务繁重，震后危旧房还有159.4万平方米，需建设投资27亿多元……

2002年至2007年的5年间，开滦在全国500强排名中的位置后移30位。

2008年5月21日，张文学出任开滦集团的董事长、党委书记。他经过两个月的实地调研后提出："转型发展是开滦的必由之路！"张文学告诉本报记者："尽管开滦还可以采30年，但不能等枯竭了才开始转型，主动转型才是良性的转型。同时，企业要为职工和家属的未来发展谋求出路。"

作为一个横跨三个世纪的百年大船，转型并不是一件容易的事。

张文学说："转型必须要依托企业自身的比较优势和产业基础；立足于国家的宏观经济和产业政策；融入区域经济发展大局；要学习借鉴国内外资源型城市和企业的成功转型经验。"

2008年7月，开滦集团确定了"开放融入、调整转型、科学发展、做大做强"的指导思想，将过去以煤为主导变为以煤为基础，发展煤化工、煤电热和现代物流产业，从而积极推进大煤炭大精煤、大煤化工、大物流、大煤电"四大工程"，经过5至7年发展，使开滦集团成为跨地区、跨行业、跨所有制、跨国的国际领先、国内一流的现代化大型企业集团。

战略调整后的短短两三年，百年老店彻底改变了靠增加煤炭产量提高效益、局限于煤炭生产寻求发展、靠自我积累投资上项目的传统观念，走出了一条以煤炭为基础，产品深加工，延伸产业链，循环发展、集约发展、多元化发展的新路子，企业实现了超常规的发展。

开滦集团总经理殷作如告诉记者，2007年到2010年，原煤产量由2883万吨增加到6087万吨，3年增加了3204万吨，增长了111%；营业收入从157亿元增加到932亿元，增加了775亿元，增长了494%，相当于再造了5个开滦；利税从16.7亿元增加到42亿元，增加了25.3亿元，增长了152%；利润总额从3.2亿元增加到12.65亿元，增加9.45亿元，增长了295%；资产总额从240亿元增加到484亿元，增加了244亿元，增长了102%；职工的人均年收入从3.2964万元增加到5.5776万元，增加了2.2812万元，增长了69%。

在转型发展的过程中，2500亩的闲置土地，30万平方米的闲置房产被盘活并发挥了较大作用。

开滦集团在全国500强排名中两年提升了188位，成为提升最快的企业。

结构调整不断深入，集团以构建现代产业体系新思维改造提升传统产业，培养壮大新兴战略性产业，加大节能减排，从过去的以煤为主到2008年的"134"产业格局，再到2009年的"一基五线"，煤炭产业占集团经济总量的比重从80%降到29.5%以下，曾经的副业例如现代物流、煤化工、装备制造、文化旅游、节能环保等持续产业、新兴产业从不足20%到70.5%，并连续两年稳定在经济总量的七成以上。特别是在现代物流、新能源、新材料等领域取得了重大突破。

开滦集团副总经理、国际物流公司执行董事李敏告诉记者，开滦物流业

2010年收入达到493亿元，连续两年占据集团经济总量半壁江山，跻身全国物流5强。

开滦集团地处环渤海经济开发区腹地，毗邻京津冀大城市群，距秦皇岛港、塘沽港、曹妃甸港、京唐港均在100公里左右，并且有业主码头和自营铁路，发展物流产业的优势得天独厚。

开滦集团已经形成了基于供应链管理，以"煤路港航"一体化网络为依托，以"专业化煤炭物流"为特色，以"三大园区"为载体，以信息技术为支撑的现代物流发展新模式；建成了煤炭流通加工、物资仓储加工配送、运输服务等五大业务板块，特别是创立了煤炭供应链管理、煤炭市场交易、煤炭战略储备相结合的"三位一体"物流运作新模式，开了中国煤炭专业物流领域供应链管理的先河。

李敏还告诉记者："开滦物流已经不是传统意义的物流，2010年8月31日，开滦集团曹妃甸5000万吨国家级数字化储配煤基地、开滦唐山湾2000万吨炼焦煤储配基地举行开工奠基仪式。两个项目总投资为38.66亿元，项目全部建成后，整体规模将达到亿吨级。开滦将物流产业的思路与国家的能源储备体系建设相结合，随着项目的竣工，将出现巨大的发展空间和利润空间，建成后不但可以满足国家战略的储备，同时，按照市场的需求配煤，节约能源，提高附加值。未来储配煤中心将扩张到张家口、承德、山西、内蒙古，今年物流收入预计超过600亿元，明年随着两港项目落地，物流产业将得到更快的发展，争取实现800亿到900亿元，到"十二五"末，物流产业收入将达到1000亿元，前景看好。

开滦物流产业的迅猛发展，有力支撑了企业转型。

开滦煤化工产业占据产业高端，是支撑企业转型发展的另一股重要力量。

开滦集团副董事长、开滦能源化工股份有限公司董事长裴华在接受本报记者采访时表示，开滦煤化工产业依托唐山湾产业聚集优势，建成了河北省综合规模最大、循环产业链最长、节能减排措施最优的绿色煤化工园区，进入全国化工百强企业。2010年煤化工产业收入达到113亿元，占集团经济总量的12%。

裴华还透露："目前，开滦集团一块煤能生产出32种产品，明年年底发展到43种产品，'十二五'末将达到72至90种。产业前景集中在新材料、新能源领域，用在医药、国防、化工等方面，都是市场紧缺的产品，蕴含巨大增值空间。"

开滦集团的文化旅游产业也成为企业转型发展的新亮点。开滦集团党委副书记李全兴说："开滦文化产业将成为企业转型发展的又一力作。"

按照文化旅游业的发展规划，开滦以开滦国家矿山公园的旅游产业为龙头，拉动与之相关的房地产业、配套商业、服务业的发展，将形成一个大的文化产业集群。

李全兴告诉记者，围绕开滦以及唐山的历史文化，集团将投资拍摄电影《曹妃传奇》、电视剧《开滦风云》和电视纪录片《乡音》等影视作品。同时，现代矿山工业科学发展示范园区不久也将开工建设。开滦集团"十二五"规划还提出打造"中国矿业文化产业基地"，使其成为企业转型发展的动力源和新的增长极。以开滦国家矿山公园为依托，开滦集团已经逐步形成涵盖文化旅游、广告会展、影视创作、文娱演艺、网络传媒、出版印刷、旅店服务、休闲健身、旅游产品开发、旅游地产开发等独具特色的矿业文化产业体系。2010年文化产业收入实现了6000多万元。

目前，现代物流和煤化工产业占到集团营业收入的65%，其他替代产业、战略性新兴产业诸如精品钢材、装备制造、文化旅游、节能环保等循序渐进，相继发力，为开滦集团再造百年名企奠定基础。

开滦经验值得借鉴

开滦集团成功转型得到了河北省和唐山市领导以及专家们的广泛肯定和赞誉。

河北省委书记张云川、省长陈全国到开滦视察时，对开滦转型都给予了比较高的评价。

中国煤炭工业协会会长王显政参观开滦后表示，开滦集团的发展变化，为新时期煤炭工业创新发展进行了有益探索，对煤炭行业加快转变发展方式具有示范作用。

国务院发展研究中心研究员、企业研究所企业管理研究室主任李国强认为："开滦集团转型发展的思路体现了科学发展观的要求。百年老店正在成功地实现集团经济结构的升级和转型，以煤为基础大力发展替代产业和新兴产业，取得了巨大的成效。"

过去，在许多人的印象中，一提及资源型城市、企业转型，首先想到的经典案例是德国鲁尔集团，如今开滦集团的转型经验也引起了国内外相关部门和企业的广泛关注，前来参观考察的团体络绎不绝。

2010年8月9日，美国CarlNowest公司副总裁和加拿大德华公司董事长刘乃顺一行10人，到开滦集团参观考察；12月5日，美国考伯斯公司总裁兼首席执行官瓦特·特纳，全球高级副总裁凯文·菲茨杰拉德，副总裁兼首席财务官布莱恩·迈卡瑞，亚洲商务开发副总裁伊蒽·多尔帝，到开滦参观考察；12月6日至7日，德国鲁尔RBBH公司董事长布什一行3人来开滦集团参观考察。他们一致认为，开滦集团的企业转型发展模式和战略构想令人振奋。

2010年，山东省、宁夏回族自治区、新疆维吾尔自治区、黑龙江省等领导相继来到开滦进行实地考察，对转型经验给予了高度评价。

开滦集团党建部部长张志富告诉记者，2008年至今，到开滦集团参观的来宾已经超过5万多人次。

对于开滦转型，接受记者采访的专家一致认为：开滦经验值得借鉴。

（本文刊登于2011年3月9日）

三年巨变，百年开滦演绎现代传奇

从一家危机四伏的企业到重新成长为行业排头兵，开滦集团仅用了三年。

2011年8月，一个丰收的季节，本报记者走进开滦，四五天的行程，这家百年企业蓬勃而旺盛的生命活力，以及最近三年来她所取得的一系列新的突破，让记者感到震撼。

"十二五"开局，开滦再创辉煌

作为"十二五"的开局之年，今年开滦集团实现了"开门红"，各项主要经济指标创下历史同期最好成绩。上半年，开滦原煤产量完成3570万吨，同比增加784万吨，增长28%；精煤产量完成800万吨，同比增加134万吨，增长20.1%；营业收入完成571.7亿元，同比增加171亿元，增长42.7%。

据介绍，按照目前的发展势头，开滦实现今年全年原煤产量突破7000万吨，精煤完成1700万吨，营业收入、利润总额分别完成1200亿元以上和15亿元以上目标，毫无悬念。在此基础上开滦将今年利润指标上调到了20亿元以上，营业收入为1300亿元以上。

这意味着，开滦不仅将首次跻身千亿企业行列，而且可能进入世界500强。

然而，有谁知道，在这些闪光的数字背后，凝聚了多少开滦人的智慧和汗水；又有谁知道，三年前的开滦却是危机四伏，还在同命运抗争。

进入新世纪以来，随着资源萎缩、矿区衰老、开采成本上升、企业自身产业结构单一、企业办社会包袱沉重等矛盾突出，开滦可持续发展遇到了前所未有的困难。

由于上述种种原因，2002年至2007年，开滦集团在全国500强企业的排名后移了30位。

2008年，在开滦走过130年风雨历程之际，以张文学、殷作如为首的新一届领导集体走上了开滦这个世纪舞台的中心。也是在这一年，一场突如其来的金融危机横扫全球，击垮了不少企业，开滦同样雪上加霜。

从2008年下半年开始，在全球金融危机的冲击之下，中国的GDP增速也出现放缓的趋势，煤炭市场供求关系迅速发生逆转。之前，无论是国际还是国内市场，煤炭价格一路上涨，屡创历史新高。2008年上半年，我国煤炭供需还呈偏紧态势，秦皇岛港口动力煤累计涨幅超过80%，山西优质炼焦精煤含税车板价超过2000元/吨，最高曾达2500元/吨。煤炭价格大幅上涨使煤炭行业成为当年上半年最受益的行业之一。可是很快金融危机迫使国际市场煤炭价格调头向下，出现大幅下跌；国内市场也失去了上涨动力，拐点随之显现。此后三年里，国内外环境尤为复杂多变，市场不确定性因素明显增多，但开滦却紧紧抓住这三年光阴，逆市而上，奋发图强，又一次开启了变革转型的征程。

2008年至2010年三年时间，开滦营业收入增长了494%，利润总额增长了463%，利税增长了295%，资产总额增长了102%。从资产总额看，相当于三年再造了一个开滦，而从利润和营业收入看，相当于三年再造了近五个开滦。

而从产业结构来看，开滦则从"一业独大"实现"一基多元"发展，非煤产业收入占总收入的比重，由2007年的不足三成升至2010年70%以上。接续产业和替代产业发展比较快，形成了煤炭生产、洗选加工、现代煤化工、现代物流、高端装备制造、文化旅游、节能环保以及战略性新兴产业等多业并举、综合发展的良好局面。

与此同时，开滦国内资源扩张，实施"走出去"战略也获得了重大突破。公司在深入研究利用内蒙古、新疆和海外煤炭开发产业政策，统筹推进国内外资源扩张方面，均取得非常可喜的进展。

上半年，开滦加快了与国内有关单位资源合作开发进程，且积极稳妥地推进地方煤矿整合重组，在河北、内蒙古、新疆煤炭资源整合方面卓有成效。目前，内蒙古红树梁矿正在加紧办理采矿许可证工作，为下一步建设创造条件；新疆阿艾煤矿计划今年完成修路场平工作，德胜庄井田则力争今年年底前取得矿业权。

而据记者了解，开滦在加拿大收购的两大煤田——盖森煤田和墨玉河北部煤田，前者矿计划今年底开工，后者也在迅速推进前期工作。截至目前，开滦在国内外拥有的煤炭资源储量达到了空前的160多亿吨，彻底摆脱了资源枯竭的威胁。

穿越三个世纪，吹响新的号角

有着133年光荣历史的开滦，从未像今天这样意气风发。在开滦采访的日子里，感受着她强而有力的心跳，倾听她矫健且坚实的足音，很难想象，这家生机盎然的百年企业，竟是脱胎于旧中国羸弱的身躯。

开滦始建于1878年，被誉为中国煤炭工业的源头和中国北方工业的摇篮，创造了多个中国近代工业的第一。一代伟人毛泽东曾高度评价开滦工人阶级特别能战斗。周恩来总理两次表扬开滦为国家建设"出了力、立了功、救了急"。开滦曾独领中国煤炭行业，在全国掀起过轰轰烈烈的学大庆、赶开滦热潮。

沐浴着新世纪的朝晖，再度出发的开滦虽饱经沧桑但英姿不减当年——实际上，和以往任何时候相比，此次开滦的决心更大，目标更加宏伟，步伐也更为坚定。

自2008年以来的三年，是全球金融危机肆虐的三年，同时也是开滦发展最快的三年，是大变样的三年。百年开滦没有被市场无情的浪潮击垮，而是演绎了逆市崛起的现代传奇。

正是在这三年中，开滦集团成功地探索出了"主动转型抓机遇，依托自身调结构，多元协调促升级，科学布局谋发展"的转型发展模式，受到广泛关注和高度评价，为资源型企业转型做出了榜样。

今年3月，针对开滦所做的探索，中共中央研究室、国务院研究室、中央财经委、国家发改委、工信部、科技部以及中央党校等中央有关部门专门组成了"开滦转型发展调研组"到开滦做了专题调研，对开滦近年来取得的成绩给予了充分肯定，认为开滦转型是成功的。

该调研组的调研报告指出："开滦集团创造了国有大型企业转变发展方式的新经验、资源型企业转型的新路子，研究总结开滦集团转型发展经验，对于加快企业转变发展方式，加速资源型企业转型发展具有重要指导意义。"

今年"七一"，就在迎来党的90岁生日的光荣时刻，中共中央授予开滦集团党委"全国先进基层党组织"称号，这是共和国给予开滦的至高无上的赞赏。

开滦没有愧对历史，在2011年中国500强企业排名中，开滦由2008年的291位前移到91位，三年上升了200位；在中国煤炭企业100强排名中，开滦则由此前排名17位，成功跻身8强，重返第一方阵，重新成为了行业排头兵和佼佼者。

开滦在经营方面实现重大突破的同时，安全生产水平再创新高。2010年开滦安全生产百万吨死亡率降到0.091，和全国煤矿0.749、国有企业0.37比较而言，处于国内领先水平。今年上半年这一指标又降到0.042，达到世界先进水平。

另外，开滦员工收入和生活水平也得到大幅提高。2008年至2010年，员工人均年收入增长82%，企业累计投入16.1亿元完成棚户区改造67.8万平方米，员工居住条件明显改善。

"在人们心目中，一提起矿山便联想到过去的出大力、流大汗形象，'煤黑子'是过去对矿工的生动写照。现在，随着开滦的不断发展，矿工们的生活发生了翻天覆地的变化。"一位开滦普通矿工如是感慨说。

伴随生活条件、工作环境明显改善，收入大幅提高，开滦员工幸福指数大大提高，进一步增强了企业归属感、吸引力和凝聚力。有着百年积淀的开滦人，收获着丰收的果实，在危机中牢牢站稳了脚跟，向着更高的目标吹响了进军的号角。

开滦今年的目标是，营业收入达到1300亿元以上，力争进入世界500强。2012年营业收入达到1500亿元，确保进入世界500强企业行列。

进入世界500强是开滦的目标，但它对于开滦来说并不是最终目的，她的最终目的是打造中国的"鲁尔"，探索出一条资源型老企业成功转型和可持续发展之路。

（本文刊登于2011年11月22日）

转型战略引领开滦迈上国际舞台

7月9日晚，"2012年世界500强"排行榜发布，开滦集团跨入世界500强，进入世界顶级企业行列，也标志其站上了一个更高、更广的平台。开滦集团"十二五"期间的一项重要战略目标也就此得以实现。

在这份由美国财经杂志《财富》向全球发布的排行榜中，开滦集团成功跨过年营业收入220亿美元这一门槛，以年营业收入225.193亿美元（1456亿元人民币）位列世界500强第490位。开滦集团也成为河北省进入这一榜单的第3家企业。虽然本年度世界500强的入围门槛相较前一年提高了25亿美元，但榜单上的中国企业仍有明显增加。

明确战略方针，引导转型发展

开滦集团近年来的一组数据显示：2007年，营业收入157.39亿元，位列中国企业500强第291位；2008年，营业收入334.47亿元，位列中国企业500强第192位；2009年，营业收入559.39亿元，位列中国企业500强第103位；2010年，营业收入932.68亿元，位列中国企业500强第91位；2011年，营业收入1456亿元，位列中国企业500强73位。

是什么让开滦集团在世界金融危机的大背景下，用短短几年时间实现了跨越式发展？这里的关键正是转型发展战略的制定和实施。而开滦集团企业战略的突破性转变始自2008年，张文学同志调任开滦集团董事长、党委书记之际。

那时，开滦集团正面临严峻考验。企业发展压力逐渐增大，唐山区域煤炭持续开采量已不足20年。地质条件限制，开采深度加大，使唐山本部的矿井普遍面临着困境：平均采深超过854米，堪称全国之最；开采条件复杂，运输环节增加；水、火、瓦斯、煤尘、地压等自然灾害严重，安全管理难度加大；产业结构单一，"一业独大"和非煤产业发展缓慢矛盾突出；企业办社会包袱沉重，离退休和生活后勤人员近10万人。这些导致了从2002年到2007年，开滦集团在中国煤炭企业100强排名中名次逐年后移，而在中国企业500强排名中，更是出现了5年后移30位的局面。

资源型企业转型已不仅仅是一个企业自身生存发展的问题，而是关乎全国经济结构调整与发展方式转变的战略性问题。"光荣属于历史，现在决定未来。开滦的困难，必须通过加快产业结构调整，实现企业战略转型、做大做强。"通过调研，张文学强调，一定要改变靠增加煤炭产量提高效益的观念；一定要改变局限于煤炭生产寻求发展的观念；一定要改变靠自我积累投资上项目的观念，要走以煤炭为基础、产品深加工、延伸产业链、循环集约发展、多元化发展的路子。

2008年7月，开滦集团按照科学发展的思路，制定了《开滦集团2008~2010年及"十二五"发展战略规划》，从指导思想、战略目标、产业定位、产业布局、改革改制、体制创新、开放策略、技术进步、节能减排、和谐企业建设等10个方面对开滦集团的发展战略进行了重大调整。

新的战略规划确定了"开放融入、调整转型、科学发展、做大做强"的战略方针。企业定位是"建成主业突出、结构合理、多元经营、科学发展的跨地区、跨行业、跨所有制、跨国的国际领先、国内一流的现代化能源化工企业集团"。

从发展战略上，将企业全面引入了转型发展的轨道，构建和实施了"六大转型模式"。

转型发展成绩令人瞩目

战略就是发展方向，战略就是行动纲领。开滦在新的企业战略引领下，"一基五线"——"一基七业一区"——"两主一新"的产业布局思路也在步步谋划，企业也迅速驶入了发展快车道。

坚持实施"内挖外扩"战略，做大资源"蛋糕"。截至2011年，开滦集团累计可控制煤炭资源储量达232亿吨，由一个资源枯竭型企业变为资源相对充裕的企业，建成分布在河北、内蒙古、山西、新疆以及加拿大五大区域的"七大基地"。2011年，开滦煤炭产量达7058万吨。同年的非煤产业收入占总收入比重达78%，开滦转型发展取得了令人瞩目的成绩。

目前，开滦煤化工产业已形成年产焦炭720万吨、焦油加工30万吨、甲醇20万吨、粗苯加氢精制20万吨的生产规模；在独立煤化工企业中，焦炭生产规模为河北省最大，产业链最长；煤化工园区内水、煤气、蒸气、氮气等介质全部综合平衡利用，实现了"三废"零排放，园区循环经济综合利用达到国内领先水平；2011年，开滦股份位列中国化工企业500强第25位，中国化工领先企业100强第16位。

煤化工产业项目建设在开滦集团占据了很大篇幅：年产20万吨粗苯加氢精制项目一期工程顺利投产；承德煤化工园区焦炭二期工程已达产；中浩公司年产6万吨聚甲醛项目土建工程开工；甲醇燃料项目一期工程年产10万吨甲醇汽油调配站进入设计阶段；曹妃甸化工园区甲醇深加工多联产、"碳一化工"产业链及化工新材料项目已启动前期工作；尼龙66盐和碳纤维等新项目正抓紧筹备……

开滦物流产业也实现了跨越式发展。从2007年的32亿元到2011年的890亿元，5年时间内，物流产业营业收入增长了27.8倍。目前，开滦物流产业已形成煤炭专业物流、第三方物流、国际物流、汽车物流、逆向物流五大业务板块。2011年年末，开滦集团物流产业又获两项殊荣：2011年12月18日，开滦集团国际物流公司荣获"全国物流行业先进集体"荣誉称号；2000年12月19日，获得中国物流与采购联合会第七批物流企业信用评价最高级别的AAA级信用等级。开滦国际物流公司在全国物流百强企业中排名第5位，并先后荣获全国先进物流企业、中国能源物流最佳示范基地、中国供应链管理杰出服务商等称号。

2011年5月，河北省委省政府通报了2008~2010年"双三十"节能减排目标考核结果。在"双三十"企业中，开滦集团以总分第一名的成绩被评为"2008~2010年节能减排目标考核优秀单位"。

目前，开滦集团已拥有11座矿井水处理厂、9座污水处理厂和3个矿井水能量利用项目，全国同行业规模最大、节能效益最显著的东欢坨矿业公司水源热泵项目实现正常运转；煤矸石综合利用电厂发电量全年预计达到23.95亿千瓦时，同比增长12.5%；煤矸石、矿井水和地面瓦斯抽采利用率分别达到100%、73%和100%；煤化工园区内水、煤气、蒸汽、氮气等介质的百分之百综合平衡利用，实现了"三废"零排放。

民生投入共同推进

近年来，在推进转型发展的同时，开滦集团高度关注民生问题，扩大民生投入，扎实推进为职工办实事工程。职工收入实现平稳较快增长；棚户区改造步伐加快；职工子女就业工程启动；"金秋助学"活动深入开展；医疗保障体系建设不断完善；社区环境得到改善；信访工作不断创新深化等等。

开滦集团先后投入2000多万元，添置各种设备、设施，帮助井下职工彻底告别"吃冷饭、喝凉水"的历史。此外，在2011年，开滦集团还筹集资金4148万元，不断完善医疗保障体系，推进职工大病医疗保险，加大医疗救助力度，提高了医疗保障和救助水平。这一年，职工健康体系实现了井上下全员覆盖。

2011年，是开滦集团开展助学活动的第十一个年头。2011年11月3日和11日，开滦集团分别在兴隆矿业有限公司和钱家营矿业公司举行了兴隆、唐山两个区域的"持续性学年助学金"发放仪式，分别为43名在读的困难职工子女发放了助学金。

2011年，开滦集团全年救助困难职工子女208人，发放助学金45.59万元，实现了不让困难职工子女上不起学、不让困难职工子女中途辍学、不让困难职工子女毕业即失业的"三不让"目标，为他们搭建了一条成长、成才的阶梯。

2011年，开滦集团制定了《关于2011年解决困难职工家庭子女就业问题的实施方案》，提出了解决困难职工家庭子女就业的工作目标、原则、安置渠道和步骤，并对各单位和部门提出了具体、明确的工作要求。工程启动后，开滦集团全年招收职工子女1884人，其中分渠道安置困难职工子女392人。

目前，开滦集团共拥有唐山、兴隆、蔚州三个区域的137片棚户区，需要新建棚户区改造安置住房214.18万平方米，任务可谓艰巨而繁重。2011年，开滦集团始终把棚户区改造作为惠民生、聚民心、保稳定、构和谐、促发展的"一号实事工程"来抓，投入2.42亿元用于棚户区改造，年底竣工面积达到53.44万平方米。截至2011年年底，开滦集团已累计投入25亿元，共完成棚户区改造170万平方米。

转型获肯定，定下新目标

2011年9月，由中共中央政策研究室、国务院研究室等中央十多个部委组成的调研组形成的《战略转型："百年开滦"再创辉煌——开滦集团转型发展的经验与启示》的报告中，对开滦转型发展给予了高度评价：开滦集团创造了国有大型企业转变发展方式的新经验、资源型企业转型的新路子，也为资源型城市转型这一世界难题提供了鲜活案例，对我国新型工业化道路发展具有重要启示意义。

今年年初，开滦集团主动加压，调整了"十二五"发展战略目标，新的战略目标确定为：产量1亿吨，收入2500亿元，世界500强，和谐同发展，即到2015年，煤炭产量达到1亿吨以上，精煤产量达到4000万吨，跨入亿吨级煤炭企业集团行列；到2012年，实现销售收入1600亿元以上，到2015年实现销售收入2500亿元以上；2012年，确保进入世界500强行列，到2015年，在世界500强中的名次进一步前移；企业和谐发展。

跨入世界500强，既是荣誉，也是鞭策；跨入世界500强，既是里程碑，也是新起点。在这个新平台和新起点上，开滦集团正在企业发展战略的引领下，以更加饱满的热情，向着打造行业航空母舰的目标全力前进。跨越三个世纪的开滦集团，在转型发展的宽阔大路上，也将继续昂首阔步，一路高歌！

（本文刊登于2012年7月20日）

开滦集团：资源掣肘下画出"耐克式拐点"*

1456亿，开滦集团首次上榜世界500强，排名第490位。

这组数字相比今年世界500强榜单上的另外78家中国公司，并非出类拔萃，但细心者却发现其中另有天地。

2002年到2007年，中国煤炭业最为红火的5年中，开滦集团由于资源濒临枯竭、开采成本增大、社会包袱沉重等因素，在中国500强的排名以平均每年6位的速度下滑，2007年157亿元的销售收入，让开滦集团跌到291位。5年后退30位。

2008年，在全球金融危机影响下，煤炭价格大幅波动。据当年统计数据显示，煤炭价格上半年累计上涨90%，到年末时狂跌50%。但就是在这个天时地利都不占的时间节点上，开滦集团不仅扼守住了排名，销售收入还一路飙升，并且画出如同世界知名品牌耐克式的增长曲线——2008年334亿、2009年559亿、2010年932亿、2011年1456亿，与2007年相比，营业收入四年增长828%。

开滦增长的速度和爆发力打破了中国煤炭行业的寂静，且今年的销售收入还逆势狂飙。今年上半年，根据wind数据显示，在已出中报的煤炭行业上市公司中，业绩下滑是普遍现象。然而全行业衰退，并没有使加速快跑的开滦集团减速，集团的上市公司开滦股份上半年营业收入同比增长10.7%，集团公司逆势增长45%。

无论是发展速度还是增长幅度，开滦都让人惊叹不已。这样的成绩即使放到全球视野中，都堪称奇迹。这四年，开滦集团究竟有着怎样的博弈，又演绎了哪些不为人知的精彩呢？

---

* 注：本文是"开滦集团的世界500强之路"系列报道第1篇。

往事百年

在唐山市市中心，屹立着一座高高的井架，上面巨大的天轮已经旋转了134年，它不仅承载着一座城市的记忆，更是中国煤炭工业的象征。

这里就是开滦集团唐山矿业分公司的一号井，1878年由李鸿章授意创办的中国最早用大型机械开采的煤矿。

沿着古槐婆娑的树影向这座百年老矿井的近身处走去。一号井北侧，一条南北走向铁路桥涵的洞口上方镶有一块石碑，刻着"达道光绪己亥二十五年四月初四开平矿务局"字样。

据史料记载，达道是为运当年西山矿（唐山矿附矿）之煤而建。当时两井之间相隔一条东西向的广东街（今新华道），遂在广东街路基下开凿了这条南北走向的隧道式桥洞。

就在记者给百年达道拍照时，恰好赶上一列满载煤炭的火车，缓缓从达道下通过。这个已有百余年历史，中国最早的铁路公路立交桥至今仍在使用。

站在一号井绞车房前那块唐廷枢时期铺就的青石台阶上，仿佛可以听到134年前唐山矿开钻那天的喧闹。

失色的王牌

百年历史一直让开滦人为之骄傲，但这令人骄傲的历史"王牌"在资源枯竭的现实中一度黯然失色。

如开滦集团董事长、党委书记张文学所说："130多年的历史积淀，如果不能有效利用，反而会成为阻碍企业发展的包袱。"

"一般煤炭企业健康发展的寿命也就是50年上下。"张文学在接受《中国经济时报》记者专访时介绍："开滦的煤矿经过130年开采，现在矿区平均采深达到了854米，最深的矿井接近1300米，原煤炭部管辖的94个大局矿区的平均深度为400到450米之间，开滦是平均采深的两倍左右。随着采深的加大，管理、安全、效益等问题都会加大。"

开滦范各庄矿业公司是新中国成立后第一座自行设计、勘探、建造的大型矿井，被誉为新中国第一井，也是目前开滦的主力矿井之一。

在范各庄矿采访，下午两点半，记者随矿工们一起下井。"我们所乘罐笼现在的位置距地面为372米，这是我们公司距离地面最近的一个工作水平。"该公司工会主席冯征国给记者介绍井下的工作情况，"从这里还需要坐专门运人的小火车，经过半个小时，才能到达工作面。

冯征国所说的小火车外观与公园里孩子们坐的那种在铁轨上运行的小车相似，可这里的环境相比之下要复杂许多，记者与冯征国相隔一米，但如果不借助矿灯，根本无法看到对方。

"一般矿井的工作面运输距离是2公里，但我们不少工作面运输远大于这个距离，范各庄矿在开滦内部各矿井中辅助运输距离还算很短的，现在开滦井下单翼最远运输距离都已9公里多了，仅运输成本，我们就比同类型矿井高出很多，而且安全生产的管理难度也更大。"冯征国告诉记者。

更严峻的是，如果按年产2500万吨的生产规模开采，整个唐山区域煤炭储量还可采20年左右，对于开滦集团来说，寻找生路迫在眉睫。

其实不仅是开滦集团，只要是资源型企业都会进入枯竭期，转型是资源型企业的永恒话题，但如何转，则是个性化问题。

辽宁省阜新市用了7年时间完成了从"煤城"到"风电之城"的转变。产煤大省山西省则是盛行绿色转型风，原来的煤老板都变身成了养殖、种植大户。其中，投身养猪业的煤炭企业不在少数，今年山西焦煤集团也与双汇联手建设生猪屠宰加工项目。

而对于具有百年开采历史的开滦来说，转型的谋划也早有盘算。上世纪90年代后期，开滦开始酝酿转型。2002年，开滦制定了企业发展战略，是全国煤炭企业制定发展战略最早的企业。

本报记者查阅到了当年开滦的转型构想：一是对外扩张，占有资源；二是创新产业，如开发历史遗迹、煤电一体化等；三是跨地区、跨行业、跨所有制、跨国经营。但直到2007年，已经进行了5年的转型发展并没有明显起色，经济总量中来自煤炭产业的比重仍旧高达72%，"一业独大"和非煤产业发展缓慢的问题始终没能解决。转型的现实需求与转型进展的现状形成了强烈反差。在中国煤炭企业100强排名中名次逐年下滑、15万在职和离退休职工的吃饭问题、矿区内50万人的社会稳定问题等等让开滦集团的压力也越来越大。

（本文刊登于2012年10月22日）

解困之策，仍在转型 *

开滦集团，一家绵延百余年的资源型老企业，资源已经进入枯竭期、原来的增长模式难以为继，产业结构调整势在必行，但转型之路多年来始终举步维艰。

2008年5月21日，张文学出任开滦集团党委书记、董事长。

"望闻问切"

要打破转型的胶着状态，要害在于明确转型的思路和重点。

开滦的煤种好，但是煤质差，原煤灰分高达40%，动力煤发热量仅为3500~4000大卡，精煤回收率仅有30%，比全国平均水平低20个百分点，资源赋存条件的先天不足严重影响了经济效益提高。

可开采资源匮乏、煤炭"一业独大"导致产业结构单一、开采困难造成生产安全压力、后勤和社会压力越来越大等等，都严重制约着开滦的发展。

而当时的外部环境也在急速变化。煤炭行业发展格局逐步调整，除了彻底跨行业转型的企业外，煤炭企业正在从分散走向集中，都在自己的棋盘上谋划与腾挪着，只不过棋盘有大小，谋者有仁智，所以有人下的是跳棋，也有人下的是象棋。

张文学盘点了开滦可以借力的"棋子儿"：地处环渤海经济开发区腹地，毗邻京津唐大城市群，地理优势是其他煤炭企业不能比拟的；130年历史积淀形成的"特别能战斗"的企业精神和"开滦"品牌以及较强的融资平

---

* 注：本文是"开滦集团的世界 500 强之路"系列报道第 2 篇。

台；2500亩闲置土地，847万平方米闲置房等存量资产。

看看这些家底儿，张文学多了几分胜算的把握，可馒头还是得一口一口地吃，别的企业可以下象棋，甚至跳棋，但张文学只能选择下一盘变数最多的围棋。

张文学深知这是一盘需要有更高智慧与胆色才能下赢的棋，要有足够的心力多点落子、全面开花、互成犄角，这其中既有绝地反击的机遇，也有步步惊心的风险，在瞬息之间可能赢得大片土地，亦可因一招错判而满盘皆输。

调整战略

战略是企业生存的方向，发展的航标。一旦方向错了，走得越远错得越离谱。

"张董事长来了后做的第一件事就是调整战略。"开滦集团总经理助理董荣泉告诉本报记者，"企业原来的战略不是不好，只是有些滞后，不清晰。"

张文学仔细研究过之前的企业发展战略后，确立了"立足煤、跳出煤、延伸煤"的转型基本思路。

按照立足优势、顺应趋势、区域协同、他山之石四条原则，新的转型方案从指导思想、战略目标、产业定位、产业布局、改革改制、体制创新、开放策略、技术进步、节能减排、和谐企业建设等10个方面给开滦开出了企业发展的"药方"，并且提出了到"十一五"末集团公司煤炭产量达到5000万吨、营业收入达到500亿元的"双五"目标。

对于一个已有一百多年历史的老国企而言，新战略执行遇到的最大的难点是人的意识和观念。

手握着转型的方案，张文学并没有急于召开集团大会，而是利用了一个月的时间，不失时机地把集团"转型"的想法通过各种渠道"透露"给大家。

新战略的"双五"目标，与开滦当时的经济状况形成了强烈的反差，一时间引得集团各个层面议论纷纷。

"开滦来了个吹牛的。"这是在开滦工作近40年的董泽民当时对新战略的评价。

提起董泽民的这番话，张文学声若洪钟地大笑，尽显骨子里的豪爽："老董是当着我的面说的，其实，当时有他这种想法的人很多。2007年集团完成了157亿，2008年又过去了一半，距离'十一五'末还有一年半的时间，营业收入实现500亿，没有人信。"

500亿绝对不是信口开河。"我把企业从头到尾梳理了一遍，认真进行了定量分析，很有信心完成'双五'目标。"张文学告诉本报记者。

任务宏大，方向明确，但方向性的任务要落到实处，还需要找准具体的突破口，制定务实的解决方案。

经过一个月的沉淀，2008年7月22日，张文学在当年的半年工作会议上，亮出了《开滦集团2008年~2010年及"十二五"发展战略规划》。

规划提出，要以煤炭产业为基础，大力发展煤化工、现代物流、装备制造、文化旅游与房地产、节能环保五大产业的"一基五线"战略布局，表面看与过去"以煤炭为主，产业链发展"的思路差别不大，但一字之差，天壤之别。

"原来的'以煤为主'，改为了'以煤为基础'，不是不搞煤也不是否定煤，而是立足煤，延伸产业链，跳出以煤为主对企业的掣肘。"张文学告诉记者，"在指导思想上，把'做精做强'，改成了'做大做强'，要先把盘子做大，然后再去雕刻它。"

而转变观念，解放思想，并不是一蹴而就的事。

"物流这个曾经要被砍掉的副业，被提到支柱产业的位置能行吗？"
"搞文化产业，一个挖煤的，懂什么是文化吗？"……

新的战略规划不要说让集团的十几万人认可，就连领导班子里也有很多不同的意见。

每个人的神经都绷得很紧：在张文学的带领下，开滦这艘曾经的大船是变身航母，还是撞成碎片？

（本文刊登于2012年10月25日）

开滦集团:"内挖外扩"破解资源枯竭死循环*

对于资源型企业来说,资源枯竭是个无法回避的死循环。

"资源型企业都会经历从开采资源走向繁荣,再到资源逐渐枯竭、企业衰败这样一个基本相同的过程,很多企业都难逃这一宿命。"北京大学政治发展与政府管理研究所研究员彭真怀说。

已经开采了130年的开滦早就逼近了衰败的临界点,新中国成立前开采的5座煤矿中,已有4座由于资源匮乏、经营亏损而破产或重组。唐山区域现有煤炭可采储量大幅减少,而其中建筑物、水体、铁路"三下"压煤就占到76.7%,开滦集团的"大本营"唐山矿区实际可采储量一度下降到不足10亿吨。

与那些新兴大型煤炭企业上百亿吨、甚至几百亿吨的可采储量和优越开采条件相比,开滦显然已经尽失曾经的龙头优势。

"即便是资源已经不具备优势,开滦集团的转型发展仍旧不能否定传统产业,不能否定煤,而是立足煤、跳出煤、延伸煤,煤炭产业是开滦转型的坚实基础。"2008年,开滦集团董事长、党委书记张文学一上任就定下了这个以煤为基础大发展主基调。

张文学的这个判断是有依据的。国家高速发展对能源的需求增大,煤炭作为基础能源,仍然占据中国能源消费的主导地位,所以能源企业具有做大的外部条件。另外开滦130多年专注于煤炭产业发展,具有独特的品牌、人才和管理优势。

而对于无法改变的资源枯竭的现实问题,非常局势必有非常之道才能突破重围。

---

* 注:本文是"开滦集团的世界500强之路"系列报道第3篇。

与其他煤炭资源枯竭型企业的另辟蹊径不同，开滦集团不仅没有放弃煤，反而是要通过"内挖外扩"把煤炭做大。

内挖，就是"内部挖潜"。在唐山老区围绕薄煤层开采、深部资源开发、呆滞煤量解放等进行技术攻关、资源挖潜，以延长各个老矿区的开采寿命，稳定总部经济。

张文学认为，企业发展要算大账。按照国家以前的技术标准，煤层厚度不足700毫米的就不采了，现在虽然没有调整这一标准，但是通过研究薄煤层开采工艺，提高装备水平，用先进的洗煤技术，可以把这块资源的潜力挖掘出来。

2010年，薄煤层综采技术被列为开滦重点技术攻关项目之一。目前，薄煤层综采已经在开滦集团有薄煤层赋存的矿井中全面推广应用，不仅有效缓解了现有生产矿井生产接续紧张的局面，而且最大限度地提高煤炭资源回收率。

同时，通过对现有矿井改造、开展技术攻关、研究深部开采的矿压治理、巷道支护革新、瓦斯治理等，大部分矿井资源靠目前技术可以开采到负1500米，按照开滦890平方公里煤田面积计算，煤炭资源储量拓展到41.58亿吨，延续矿井30年至50年的发展，这对开滦稳定本部经济具有重要的作用。

"唐山本部现有可采储量中，近八成是'三下'压煤。"开滦集团党委宣传部副部长王立新告诉记者，"现在，村庄搬迁的费用巨大，如果和煤炭开采的收入相比，成本难以承受。现在我们正在研究应用矸石回填技术，减少采煤区塌陷，这样就可降低村庄搬迁成本，这个项目一旦突破，可以大幅度解放唐山矿区的资源储量。"在唐山本部、蔚州和兴隆等老矿区的建筑物、水体、铁路"三下"压煤、薄煤层、矿区深部及周边资源中可增加年产量300多万吨，相当于新增了一座大型主力矿井。

内挖的潜力毕竟有限，"开滦把煤炭增产的出路放在外部资源扩张上。"张文学始终强调，"利用自身的资金、技术、管理、品牌等优势，走出去到外埠寻找资源，增强发展后劲。"

天有不测风云，新的战略刚开始实施，就与金融危机狭路相逢，但对于有战略眼光的人来说，危机中隐藏的是巨大的商机。

开滦充分利用经济低迷期原材料成本低的机遇，加快唐山老区矿井技术改造，实现稳产，同时加快低成本扩张速度。在省内，开滦集团积极推进地方煤矿整合，截至目前，部分地方煤矿的整合已经启动或完成。

在省外，开滦加快外埠资源整合并购步伐，历经数年发展，开滦集团的"地盘"已从河北扩大到了山西、内蒙古、新疆、甘肃乃至加拿大。

截至目前，开滦集团掌控的煤炭资源量已达232亿多吨，建成了分布在河北、内蒙古、山西、新疆、加拿大的"五大区域""七大基地"，形成了以唐山总部经济为"龙头"的多区域煤炭产业发展格局。

"内挖外扩"很快就让开滦人看到了希望，2008年之前，开滦集团煤炭年产量始终在不足3000万吨，而到了2009年，也就是实施新战略的一年后，集团年产煤炭4045万吨，2010年煤炭产量更是达到6087万吨，远远超出了"十一五"末实现5000万吨产量的目标。今年上半年，开滦的原煤产量已经突破4000万吨，达到了年产8000万吨的水平。

更让开滦人欣喜的是，虽然煤炭产量提升了，但煤炭产业的营业收入在集团收入中的比重却是逐年降低，非煤产业收入比重迅速攀升。今年上半年，开滦集团煤炭产业在集团收入的占比，已经从2007年的72%下降到15.58%，非煤产业占比则达到了84.42%。

从煤炭的"一业独大"，到非煤产业占领制高点，开滦集团的城头绝非是一夜变换"大王旗"那么简单。

（本文刊登于2012年10月29日）

开滦集团："辅业扶正"生出千亿收入*

物流产业营业收入从2007年的32.6亿增加到2011年的890亿，预计今年可实现1000亿。物流产业的发展是开滦集团快速发展的缩影。

"上半年，物流产业收入占集团收入的66.18%。"今年8月8日，开滦集团总经理、副董事长裴华在2012年半年工作会上宣布这一数字时，台下在座的老开滦人的内心都无法平静。他们无法忘记，这个已经占据集团收入半壁江山的物流产业，曾经差一点在主辅分离、辅业改制的时候从集团主体业务中剥离出去。

物流产业：是黄泥还是黄金？

2007年之前的开滦物流，始终也没有太大的起色，收入最高的2007年也仅有32.6亿元。

2008年张文学一上任，经过深入调研，发现开滦集团的物流是埋在煤堆里的金子。

现代物流产业的发展是社会进步的标志，更是企业现代化的标志，被西方管理学家称之为"企业降低成本的最后边界"，"企业降低制造成本与增加销售收入后的第三利润源"。而且物流产业投资少、见效快、成本低。

开滦集团董事长、党委书记张文学认为："煤炭企业发展煤炭物流的空间很大，每一个煤炭企业都可以发展煤炭物流，甚至每一个工业企业都可以把物流业发展起来，不仅可以降低制造成本、增加销售收入，还可以优化产

---

* 注：本文是"开滦集团的世界 500 强之路"系列报道第 4 篇。

业结构。"

昔日的"煤老大"走物流产业这条路，开滦集团首先从自身优势找突破口。130多年的发展，积淀了大量的物流存量资产，集团有自营铁路线路总长425公里、内燃机车40余台、年运输能力5000万吨以上，拥有仓储面积52万平方米，年货物吞吐能力1000万吨……客户资源优势、区位优势、人才优势，物流产业没有理由不成为调整产业结构的重点工程。

根据比较优势，开滦确立了"一个中心、两大体系、三大园区、四大板块、五大区域、六大基地、多种服务"的物流产业发展规划，形成了"贸易与物流共同发展，相互促进"的经营发展策略。

2009年5月，开滦对物流管理体制进行改革升级，组建开滦国际物流公司，致力于打造社会化、专业化的物流企业。将"企业物流"变成了"物流企业"，集团的决策层"铁了心"要把物流做成开滦百年基业的支柱产业。

曾经的"鸡肋"被提升到了一个史无前例的高度。很快，物流产业就给了开滦一个前所未有的回报。从2008年到2011年，开滦集团物流产业的收入分别达103亿、275亿、493亿、889亿，今年上半年物流收入548.43亿，占集团收入的66.18%。

跨越发展的秘密

"物流实现了跨越式发展，很多人不理解，怀疑数据是不是假的？"张文学毫不避讳外界的猜测，"开滦为什么发展这么快，实际是发展思路问题，开滦懂得把优势发挥到极致，劣势尽可能地规避，甚至抓住机会把劣势转化为优势。

"就拿开滦搞煤炭物流来说，首先要解决的几个问题，不仅是做大总量这么简单，内涵是结构的优化，要利用内外两个市场。开滦的特色是煤种多，但这些特色煤种的量比较少，内部结构不合理，要利用外部资源市场进行优化配置，走内涵发展的路子，不发展物流就不可能在短时间内迅速壮大。"

煤炭专业物流现在占开滦物流产业规模的70%以上。开滦集团发展煤炭物流就是利用外部资源来调整、优化开滦集团的产品结构，提高产品的附加值、提高产品的档次。2009年开滦集团自身产煤4045万吨，又外购煤炭2897万吨，通过这个措施，不仅增加了精煤总量，优化了产品结构，提高了效益，而且扩大了开滦的市场占有率，提高了开滦的市场控制力和话语权。

"举个例子说，客户需要发热量4000大卡的煤，但我们只有4200大卡的，那么我们也只能按4000大卡的价格销售，很不划算。但我们现在是利用自己的煤和外购煤计算配比，既满足了客户要求，还保证了我们的利益，这样配煤的增值空间能够达到8%。"在刚刚配送走一船煤的京唐港开滦码头，记者见到了开滦港口储运分公司经理、党总支书记张文广。

张文广告诉记者："根据集团的'立足开滦、融入区域，以煤为基、物商互动、服务内外、关联发展'的总体发展思路，我们也都制定了适合自己的发展思路，现在的工作方式更灵活，开滦自产煤过港量小时，就组织运外部煤，现在集团外业务占到了我们业务总量的三分之一，现在港口竞争很激烈，我们不能随便提价，但可以提供一些增值服务来吸引客户。"

依托自身优势，开滦打造了煤炭流通加工、物资仓储加工配送、运输服务、国际贸易、汽车物流等五大业务板块，并向电子商务、逆向物流、空港物流延伸，形成了以煤路港航一体化网络为依托、专业化煤炭物流为特色、信息技术为支撑的现代物流新模式。

开滦集团副总经理吴爱民告诉本报记者："开滦的物流已经不是传统意义上的物流，开滦将物流产业的思路与国家的能源储备体系建设相结合。"

2010年，国家关于建设国家级煤炭储备基地的思路尚在酝酿，开滦集团的曹妃甸5000万吨国家级数字化储配煤基地、唐山湾2000万吨炼焦煤储配基地已经破土动工。

据吴爱民介绍："开滦集团的这两个项目总投资为38.66亿元，整体规模亿吨级，不但可以满足国家战略的储备需要，还可按照市场需求配煤，节约能源，提高附加值。"

不难看出，物流这个曾经的"小角色"，如今不仅成了集团里的"大腕"，而且还成为开滦集团产业新格局的重要支撑。

（本文刊登于2012年10月31日）

解码开滦秘密战略图 *

和物流产业一样，煤化工产业也是开滦集团转型战略中产业新格局的重要组成部分。

近日公布的2012中国化工企业500强排名，开滦股份列第25位。作为煤化工领域的后生晚辈不仅能够逆势而上，还一下挤进第一梯队，开滦集团被推到了媒体的聚光灯下。

行业"虚火"

这年头儿，哪家煤化工企业亏损和哪家煤炭企业又上马煤化工项目一样，根本就无法挑起媒体关注的兴奋神经。

据国务院发展研究中心产业经济研究部主任钱平凡介绍，2000年，国研中心产业经济研究部即已提出，要推广煤基多元链，煤炭就地转化，向下游产业链延伸，提高附加值。而动辄上百亿的大型煤化工项目刺激着地方政府GDP欲望不断膨胀，"上项目就配套煤炭资源"的游戏规则，也让垂涎煤矿资源的企业大干快上煤化工。两相夹击下，煤化工"虚火"旺盛。

"企业争先恐后把煤炭转化的重点放在煤化工产业上，致使焦炭、煤制合成氨、煤制甲醇等初级产品项目遍地开花，布局分散，产品雷同，形成大量的重复建设和过度发展，产能严重过剩。"长期关注煤化工的分析师对记者说。

尤其是在2008年金融危机的影响下，2009年焦炭价格下滑28%，亏损是

---

* 注：本文是"开滦集团的世界 500 强之路"系列报道第 5 篇。

国内焦化企业普遍现象。根据国家发改委的数据显示，传统煤化工产能过剩30%，在进口产品的冲击下，2009年上半年甲醇装置开工率只有40%左右。各地规划的煤制天然气、煤制烯烃项目，实际开工和具备开工条件的不足10%。

在整个行业大面积亏损的阴云下，开滦集团的煤化工产业却在困境中实现了迅速扩张和全盘盈利，2009年实现营业收入77亿元，同比增长14%，盈利1.5亿元。

据了解，煤化工项目的盈亏，与煤炭价格息息相关。然而，今年上半年，煤炭价格大幅下跌，却让煤化工行业感受市场更加寒冷。

"以目前生产1吨甲醇约需3吨煤、生产1吨尿素约需1.6吨煤计算，煤炭价格的下跌，可降低甲醇成本60元，降低尿素成本32元。但煤价下跌后，失去成本支撑的甲醇和尿素价格下跌更猛。目前，甲醇出厂价勉强维持每吨2080元，比年度最高月份下跌了420元；尿素价格则下跌了175元。"一位煤化工集团负责人为行业亏损算了笔账。

不知道是不是开滦集团过于幸运，今年上半年再次交出逆势发展的成绩单，上半年煤化工收入109亿元，同比增长48%。

这个数字真实吗？如果真实，开滦究竟有什么独门秘籍？

开滦的"秘籍"

高手舞剑，外界看来如行云流水，而内在确实有一套严密有序的剑谱。

汽车驶下唐港高速，一路向唐山海港开发区驶去，那里是开滦集团旗下中润煤化工有限责任公司所在地。据了解开滦的人介绍，要想了解开滦的煤化工，就要走一走它的煤化工园区，中润就是其中之一。

3号路南，一个干净、整洁、封闭的园区展现在记者眼前。厂区内只能看到半空中纵横交错的管网，看不到人员的走动。没有煤炭的粉尘，更闻不到化工的异味，扑面而来的只有夏日里从唐山港口吹来的徐徐海风。

走进办公大楼，迎面是一个巨大的电子显示屏，迷宫一样的网格节点上跳动着红色和绿色的指示标志。看出记者的疑惑，中润公司副总工程师明成利解释说："这里展示的是整个中润的余热循环、氮气循环、驰放气循环、产品循环、水循环、废渣回收循环六大循环系统。"

顺着明成利指的方向，记者看到，这六大循环系统也并非孤立，而是互相交错，彼此依附。

以甲醇为例，延伸出很多循环往复的枝蔓，其中甲醇项目在生产氧气的同时产生大量的富余氮气，这些富余氮气可在干熄焦过程中充分利用，还可用于油库、电捕焦油器等易燃易爆装置的保护；而将甲醇项目产生的废气——弛放气，一部分送到炼焦车间用于焦炉加热，这样就可以置换出部分焦炉煤气，用这部分焦炉煤气再制成甲醇，可以大大提高甲醇的产量。另一部分弛放气用于苯加氢项目的制氢系统。"这样可以减少苯加氢投资，降低运行费用。"明成利告诉记者。

废气发电、废水补充生产、废渣再利用……在中润已经完全形成了一个完全闭网的循环系统。

其实，中润成立的较早，2004年启动了220万吨/年焦化项目。"2008年张文学董事长来了以后，对煤化工战略进行了调整，确立了两条路径，重点延伸煤基产业链，以煤焦化为龙头，以焦油加工、焦炉煤气制甲醇、粗苯精制为代表的化工产品加工产业链。还有一条是以煤气化为龙头、以煤基甲醇及其衍生物为代表的化工产品加工产业链。"明成利说。

开滦集团董事长、党委书记张文学告诉本报记者："煤炭产业产品结构调整很重要，煤炭有个很明显特点，深加工级别越多，附加值越高，2008年我算了笔账，根据当时的市场形势，一级深加工能提高1到2.5倍，二级可以3到5倍，三级7到10倍。"

开滦之所以能在煤化工产业不景气的行业环境中盈利，原因有两点，一个是有一定规模，另一个是瞄准高新技术。目前，开滦的煤化工产业，已经能生产甲醇汽油、聚甲醛等30多种产品，并且正在研发、延伸后续产业链，产品市场前景广阔。

张文学还提醒说："产业链一定要尽可能地延伸，但并不是越长越好。比如，开滦1吨原煤可以洗0.36吨~0.4吨的精煤，1.3吨精煤可以生产1吨的焦炭，100万吨的焦炭在生产的过程中有3.26亿立方的煤气，3.26亿立方的煤气能够生产出10.05万吨的甲醇，这个路线是目前生产甲醇成本最低的一条技术路线。"

开滦集团总经理、副董事长裴华介绍："目前，开滦集团一块煤能生产出30多种产品，'十二五'末将达到73至94种。产业前景集中在新材料、新能源领域，用在医药、国防、化工等方面，都是市场紧缺的产品，蕴含巨大增值空间。"

目前，开滦煤化工产业依托唐山湾产业聚集优势，建成了河北省综合规模最大、循环产业链最长、节能减排措施最优的绿色煤化工园区。

无论是煤化工的逆风起飞，还是物流业的突飞猛进，还是煤炭产业的"内挖外扩"……他们都像是魔法师空中玩转的魔球，而魔法师娴熟的技艺背后又有着怎样的秘密？

（本文刊登于2012年11月5日）

开滦集团：战略突围有利器[*]

一个战略家虽然一时不能被人理解，但却能通过超越市场竞争层面的谋略，充分利用一切可利用的资源，完成既定目标。

靠管理挖掘效益

既然要转型，首先要转变观念，解放思想，按照改革开放市场经济的要求，统筹安排指导所有的工作，凡是不符合市场经济的理念和做法、组织结构模式和架构都要调整。

"针对传统的物资供应和煤炭销售体制，开滦集团提出了物资'四集中'和煤炭销售'五统一'，就是要通过管理体制改革节约购销成本。"开滦集团董事长、党委书记张文学告诉《中国经济时报》记者。

所谓"四集中"就是对物资进行集中采购、集中结算、集中储备、集中配送的管理模式。

《中国经济时报》记者在开滦范各庄矿业公司采访时，从办公室向外望，第一眼看到的就是一个"物资超市"。是谁把超市开在了矿井口？走进其内部才发现，这个超市非常特别。偌大的仓储空间里，除了靠近门口处是几十台电脑的工作平台外，里面是一排排高耸的货架，而上面摆放的则是煤矿所需要的设备零件和劳保用品。与一般超市码放的众多货品不同，这里每样货品只有两三个样品。

哪个单位需要什么物品，只需到超市里看样品下订单，超市会根据订单

＊ 注：本文是"开滦集团的世界 500 强之路"系列报道第 6 篇。

及时组织统一配送。

"物资采购都是通过招标进行的，举个例子，经过招标，一个配件一般不少于3个厂家提供样品，供基层单位选择，代储代销，用一个给一个的钱，不占用企业的储备资金。如果放了一年没有人用，那就要把这件商品拿走，还要交保管费。"张文学算了笔细账："原来开滦10多个亿的储备资金，搞'四集中'后降到了5000万元。煤矿有个特点，为了不影响安全生产，每个零部件都有备用的，宁可不用也要存上10个、8个的，但有的由于几年都用不上，最后都成了废铁被迫报废。这就造成了物资储备资金的沉淀，沉淀就有报废，报废就要浪费。"

话好说，事难做，做企业最难的是执行。

开滦不仅大刀阔斧地开始进行管理改革，大幅度削减仓库和采购员数量，而且还将物流超市发展成了第三方物流。有的小企业看到我们的采购成本很低，就来我们的物流超市选货品。不仅是物资集中给集团创造了巨大的效益，绿色循环系统也创造了巨大价值。原来每个矿排放矿井疏干水，要缴纳大量的排污费，现在通过建设净化水厂、建水源热泵，将这些废水、地热利用起来，可以供生产用水、生活用水，替代燃煤锅炉，经济效益十分可观。

向来"手紧"的张文学，对员工利益却毫不含糊。"我们又调整岗资了。"在范各庄矿和物流公司，记者都听到了这样的议论。虽然2012年整个中国经济都放缓，一般企业都握紧钱袋子准备过冬，但开滦再次表现出与众不同。四年时间，开滦职工工资上涨了近一倍。

开滦的管理层用行动向开滦人证明，改革也许会对很多人的眼前利益有所伤害，但却不会损害他们的根本利益。

资本运作

战略虽然宏大，但巧妇难为无米之炊。"国有企业靠自有资金搞可持续发展难度很大，只能是维持简单再生产，而银行融资的财务费用成本又太高，所以当时我们提出要大力实施资本运营战略，搭建融资平台，拓宽融资渠道。"开滦集团业务总监、资本运营部主任张国才在接受本报记者采访时说。

其实商业本就没有一板一眼的行走规则，开滦的特别之处在于，总能在宏大的"社会叙事"中，通过自己剑走偏锋式的思维方式，嗅到别人忽略的商业价值，然后以最彻底的草根姿态冲破藩篱，直抵目的。

"我们主要是引进合作制，和很多大企业合作，把它的钱拿过来为我所用，我们要进一步推进这方面合作。非煤产业资本金我们一直不赞成非得占50%，相对控股就行。"张国才试图用最少的钱撬动更多的事儿。

这是一种典型的"借船出海""借鸡生蛋"，只不过他们借的船是"万吨巨轮"而不是"小舢板"，借的是"金凤凰"，而不是"老土鸡"。

"在精细化工领域，通过资本纽带全力实施战略合作，这无疑是一步好棋。"张国才对记者坦承，"从技术、营销渠道和管理的角度看，开滦集团在煤焦化产品深加工上毫无优势可言。但开滦创新运营方式，与考伯斯公司实现合作后，通过优势互补，获取了精细化工领域的品牌、市场营销渠道、顾客管理等诸多能力，这些构筑了开滦集团市场竞争能力的稀缺资源。如果开滦硬是凭借煤焦化的资源优势，靠自己的积累去构筑这些稀缺资源，其成功率显然较低。即使能够涉险闯关，其过程也会相当漫长，投入将非常巨大。"

可以看出，虽然是逆流而上大展拳脚，但对于每一个合作目标，开滦集团都是精心选择。

通过资本运作收购兼并、合资合作，不仅使整体赢利能力大幅增加，而且为未来的发展预备了丰富的内容，开滦航母已经初见雏形。

（本文刊登于2012年11月9日）

开滦集团：对标德国鲁尔，深挖文化产业[*]

能源、物流、煤化工支撑着开滦集团转型的快速发展，而与这三个板块同时在2008年战略规划中提出的文化产业，对于集团业绩的贡献显然逊色很多，但开滦集团董事长、党委书记张文学始终笃定："未来，文化产业将是开滦集团永续发展的'黄金矿藏'。"

学习"鲁尔"好榜样

"企业搞文化产业，对于企业的现任领导来说，是费力不讨好的事情，可能在任的时候根本就看不到业绩，但不能否认这是留给子孙后代的千秋功德。"一位企业董事长曾经如是评价文化产业的价值。

2008年7月，开滦集团将文化产业确定为"一基五线"发展战略中重点发展的主线之一，文化产业发展被提升到了企业支柱产业的高度。

开滦集团战略政策研究室主任李子明告诉本报记者："当时董事长提出了要把开滦做成'中国的鲁尔'。"

鲁尔工业区是德国也是世界重要的工业区，位于德国西部、莱茵河下游支流鲁尔河与利珀河之间的地区。上世纪60年代，鲁尔区爆发了历时10年之久的煤业和钢铁危机。原有的以采煤、钢铁、煤化工、重型机械为基础的重化工业经济结构日益显露弊端，煤矿关闭，冶炼厂停产、大量工人失业，整个工业区已无生机可言，鲁尔区陷入了低谷。

面对颓废的局面，振兴工业区的再生计划势在必行，但德国并没有采取

---

* 注：本文是"开滦集团的世界 500 强之路"系列报道第 7 篇。

大拆大建的"除锈"行动，而是将这里大片的产业基地保存了下来。

其中，文化产业是鲁尔区实现经济转型的主要特色之一。把城市的历史挖掘出来，文化保留下来，这座近代资本主义工业化的"圣地"，本身就是一个有价值的"卖点"。矿山改造成了公园，工厂布置成了艺术馆，机器车间通过简单的装修变成了特色餐厅，废弃的厂房里举办大型音乐会，在用机器向游客展示工业时代文明的同时，也将原有环境破坏严重的城市重新梳理装扮成宜居舒适的家园。历经十余年的生态品质与文化品质改造振兴，这个破败的大型工业区神奇地转变成了全新概念的现代生活空间。

鲁尔的成功转型为中国乃至世界旧工业区改造都提供了优秀的范本。

"国际上资源型城市转型较为典型的包括德国的鲁尔区、美国的匹斯堡和法国的洛林。开滦和德国鲁尔区有很多的相似性，比如悠久的历史、丰富的管理经验、先进的煤炭开采技术等等，因此，对标先进，我们把鲁尔作为转型的榜样。"张文学告诉《中国经济时报》记者。

唐山人的骄傲

工业遗产就像一个城市的伤疤，总给人污染、陈旧的印象，其实大量的工业遗产也是城市特色景观。

开滦集团始建于1878年的清光绪年间，是洋务运动中具有代表性的企业。中国内地最早采用西法开采的矿井——"中国第一佳矿"唐山矿一号井、中国第一条准轨铁路——唐胥铁路、中国第一台蒸汽机车——龙号机车、近代中国电力工业的肇始之地——开滦林西发电厂等都诞生在这里。

洋务运动代表人物李鸿章、中国近代煤矿之父唐廷枢、北方工业巨子周学熙、中国共产党创始人之一李大钊、民族英雄节振国等众多历史人物，都曾在这里留下重要的历史遗踪以及相关的历史事件。

李子明说："这些物质文化遗产、矿业文化和矿业遗迹，是发展文化产业的宝贵财富，开滦集团依托如此丰厚的文化底蕴发展文化产业，具有得天独厚的优势。"

本报记者跟随参观游客一起走进了开滦博物馆。这座吸取天津开滦矿务总局特点、具有希腊古典复兴式风格的大楼，从步入一级级台阶时起就向游客展示着她百年的风采与沧桑。馆内按"煤的史话""洋务运动与中国近代煤炭工业兴起""一座煤矿托举起两座城市""他们特别能战斗""百年基业长青"5个部分进行陈列,将开滦煤矿及开滦人的艰难创业、辉煌成就、锐意进取、转型发展等一一展示出来。馆内珍藏着多件国家一级文物和珍贵文献:中国第一条准轨铁路上的铁轨、"开平矿权骗占案"跨国诉讼的《英国高等法庭诉讼笔录》、中国迄今存世最早的股票——"开平矿务局一期股票"、记录100多年前企业财务管理的"羊皮蒙面大账本"、李鸿章为修建铁路奏请光绪皇帝的折子以及大臣们反对的上书……

结束了近两个小时的近代工业"穿越"之旅,记者与游客共同乘坐罐笼直达井下,开始一场"井下探秘游",亲自感受、体验和了解煤矿地质构造和煤炭开采知识。

据解说员讲解,游客们观光的这条井下巷道,就是利用废弃的巷道改造的。

记者在观光的间隙与一位李姓游客攀谈,他告诉记者:"我表姐来唐山看我,我就把她带这来了,我感觉很有收获、很有意义。这里是唐山人的骄傲。"

据了解,开滦博物馆只是开滦国家矿山公园一个部分。该矿山公园由"中国北方近代工业博览园""老唐山风情小镇""开滦现代矿山工业示范园"三大园区和中国第一条标准轨道铁路(唐胥铁路)串连的"龙号机车游览线"组成。目前,其他项目都在改造中,开放后,将向世界展示一个文化与商业互为补充的工业文化旅游产业园。

煤炭资源总会有枯竭的一天,而丰厚的矿业文化资源却可以不断享用。"力争到2015年文化产业总产值达到50亿元,成为开滦经济增长新亮点和重要的支柱产业,实现经济效益和社会效益双丰收,走出一条开滦特点的资源型企业转型发展新路。"张文学深信,"工业遗产不是包袱,而是一座亟待整理、保护和开发的'黄金矿藏'。"

开滦国家矿山公园已经被确定为国家4A级景区、河北省爱国主义教育基地、全国科普教育基地、河北省文化产业示范基地,已经成为介绍矿业历史、矿业文化的重要窗口和唐山市、开滦的一张精美名片,取得了良好的社会效益。

与鲁尔相比,开滦今天的成绩来之不易。"鲁尔转型成功是整个欧盟给的支持，生产一吨煤，欧盟给他100欧元补贴，还不包括德国政府的支持。"李子明告诉本报记者。

开滦集团完全凭借自有资金的积累发展工业遗产旅游，进行资源的再次整合利用，不仅把历史文化价值转换为市场价值，还提升了这座城市的文化品位。

（本文刊登于2012年11月12日）

开滦集团：打造"航空母舰"叩开世界大门*

进入世界500强，开滦集团董事长、党委书记张文学当初的"逆风而动"也被正名为"远见卓识"，人们脑子里的问号也终于变成了惊叹号。

但张文学认为今天的成绩对于正在向更深层次转型的开滦来说，不过是初战告捷。

"光荣属于历史，现在决定未来。"张文学的这句话，始终激励着开滦不停地向前奔跑。

光荣属于历史

三年的时间，在经济总量只有157亿元的基础上横刀跨入千亿帝国，并进入世界500强，在开滦人看来，这是历史性的跨越，足以让每个开滦人引以自豪。

而且，开滦进入500强不同于有垄断商品的特殊企业，开滦不仅没有垄断商品，没有国家特殊优惠政策的偏爱，更是面临资源枯竭的尴尬。开滦是完全市场化的企业，所有商品都是全方位参与市场竞争的。

面对记者，对于开滦为何能够创造这么多奇迹，并且进入世界500强的追问，张文学的回答只是简单的四个字："水到渠成。"

此前，资源枯竭型企业转型的成功案例并不多，而主动转型者更是少之又少。

"今天的开滦之所以能盘活资源，就是因为提前主动转型，而且采取了

---

* 注：本文是"开滦集团的世界500强之路"系列报道第8篇。

企业主导的转型模式。"开滦集团总经理、副董事长裴华分析说，"我们经常说，做企业需要的是放眼全局的境界，你得明白眼下的努力对未来意味着什么。"

今年，开滦集团对企业发展战略做出了进一步的调整，确立了以能源化工产业、现代服务业为主，以高端装备制造、新能源、新材料等新兴产业为培育发展重点的"两主一新"产业格局。

这并不是开滦集团第一次做出战略上的微调，从"一基五线"到"一基七业一区"，再到新近提出的"两主一新"，相信也不会是最后一次调整。

开滦的决策层深知战略调整的精髓就在于此一时彼一时，在不确定的市场环境下，按照一个既定战略一直走下去，肯定有隐患。"蓝图不仅仅是画好了再干，干的过程中还要不断描画修正。"张文学说。

现在决定未来

开滦这盘棋在开滦决策层的手中已经从僵局走出活眼，但他们丝毫没有轻松的感觉，忧患意识不减反增。

他们一如既往，不停地考察、不停地谈判、不停地会见、不停地签协议、不停地召集会议、不停地找部下商议问题。

就在采访张文学的当天，记者目睹了集团董事长忙碌的一天，"张董事长门口还排了很多等着汇报工作的人，目前还没排到咱们。"开滦集团党委宣传部副部长王立新告诉在等待对董事长做专访的记者。

时间对于张文学和他的团队来说，是最稀缺的资源。作为开滦集团的决策层，大家视时间如生命，不敢丝毫松懈，始终以分秒必争、快节奏、高强度、超负荷的状态工作。

开滦人一直很清醒，知道自己积累了什么，还有多少的短板，该在什么时候让人看到什么，该用什么样的方法甩掉什么，才能让企业轻装前进。

他们也深知，企业走到今天不容易，现在已经上了一个平台，接下来每一步都是雪山草地。

今年3月28日，中共河北省委副书记、省长张庆伟和副省长张杰辉专门听取了开滦集团董事长张文学关于转型发展的专题汇报，并对开滦集团做出了重要指示，希望开滦集团努力争当行业领军和龙头企业，打造行业"航空母舰"。

"我们讲打造行业航空母舰，是借用的军事概念，对于企业来说，应该是主业要突出，抗风险能力要强，在同类型企业中规模比较大，产业结构比较合理。"张文学如是说。

在省里汇报完，开滦立刻召开了集团党政班子会议，要求各单位积极行动，认真落实省委省政府领导的指示精神，并制定了《打造行业航空母舰实施意见》。要求各公司、各单位和各产业根据集团发展规划和实施意见，制定好各自岗位的计划，"当前面临的经济形势非常严峻，各项工作任务非常繁重，压力非常大。"这是张文学大会小会必会强调的内容。

今年以来，开滦进一步加快了与地方合作的步伐。

4月12日，开滦集团与承德市人民政府在承德市签署深化合作框架协议，双方将在已有的合作基础上，重点发展装备制造业、煤炭及煤化工、现代综合物流三大产业。

8月20日，张家口通泰产业投资集团有限公司与开滦集团旗下的河北省国和汽车投资有限公司签署战略合作框架协议，并启动双方首个合作项目——国和通泰物流园项目，共同打造京冀晋蒙交界区域汽车、机械装备交易第一平台。

按照协议约定，双方将在物流园建立一个涵盖工程机械、煤矿机械、钻探机械、农机配件及其他配套产品，乘用车、商务车、专用车等多系列车型在内的，集整车销售、装具配件、物流储运、综合服务为一体的现代流通体系。

身处唐山的开滦集团不断与曹妃甸、承德、张家口等地连接在一起。合作的内容也各具特色，产业范围涉及装备制造、煤炭、煤化工、物流、文化产业。从资源、资金等生产要素层面，到市场、管理层面都逐渐活跃和兼容起来。

事实上，开滦集团已经将发展眼光投放到全球。

目前，开滦已经与美国考伯斯公司、加拿大德华公司以及首钢、河钢、沙钢、国电、大唐、北京茂华等国内外著名大公司建立了战略合作关系，一批重大项目相继落地、建成投产。

在开滦打造行业航母的举措中，有一份清单清晰地显示了开滦关于合资合作的后续计划，中化集团、大唐国际、中电投、华能、LG等国内外名企赫然在列。

"我们要在'十二五'期间，积极利用国内外两种资源、两个市场，加强横向战略合作，引进吸收新技术，开发具有自主知识产权的新产品，充分利用资本市场融资平台借势、借力发展。"张文学表示。

与张文学一样，开滦集团上上下下时刻绷紧了那根压力的神经，在集团2012年半年工作会上，刚刚进入世界500强的喜讯也只是一句话带过，"世界500强中国有79家，我们只不过刚刚跨入，未来的竞争更加激烈，我们要走好每一步。"张文学告诉记者。

（本文刊登于2012年11月15日）

煤炭告别黄金十年

煤炭市场价格从2012年开始下降，至今没有改变连续下跌的趋势。仅2013年企业大幅度的降价就有4波，很多品种的价格与高峰时相比已经腰斩。据中国能源研究会的数据，90家大型规模以上煤炭企业有28家亏损，亏损面接近1/3。有些企业已经减薪、裁员，鄂尔多斯、神木等地煤矿甚至出现了大规模的停产。面对非常严峻的行业形势，一些人等待国家出台刺激或扶持政策，但也有清醒冷静的声音。比如世界500强之一、开滦集团董事长张文学就认为，煤炭行业"黄金十年"一去不复返了。我们认为，这种判断是理性的。

首先，煤炭市场的需求增幅将持续降低。经济增长与煤炭的需求函数不成等比，专家测算的结果是，GDP增长在9%以上时，煤炭消费的增长在10%以上；GDP增长在9%以下时，煤炭消费的增长大概在5%。目前世界经济复苏艰难，中国经济正处于从高速增长到中速增长的转换期，据国务院发展研究中心和社科院等权威机构专家测算，中国经济年均增速有可能从"十二五"的7.2%降低到"十三五"的6.1%。这意味着以煤炭为主的能源需求将大幅降低。

其次，煤炭过剩投资的产能将集中释放。前几年市场行情好，尤其是应对金融危机投入的四万亿中，钢铁、电力自建的煤矿，现在都投产了，释放的产能冲击很大，加重了供大于求的矛盾。"十二五""十三五"煤炭需求的增幅在4%左右，但最近几年每年产能释放6亿吨。据测算，中国目前煤炭产能40亿吨，在建煤矿规模17亿吨，而煤炭需求只有30亿吨，未来产能过剩将达到27亿吨。

第三个原因是，进口煤炭大量增加。世界煤炭资源开发加快，但需求减少，煤炭市场供大于求。澳大利亚、南非、印尼等国进口煤价格低廉，挤占了国内市场。尽管当前国内煤炭价格不断下跌，但进口煤的实际到岸价格较国内煤价优势仍在。澳大利亚5500大卡动力煤6月到岸价为83美元/吨，加上增值税以及折算汇率，大约为600元/吨。而同质煤炭从北方港到南方港的到岸价大约在640元左右。2009年我国进口煤数量达到1.2亿吨，成为净进口国；2010、2011年进口数量分别达到1.64亿吨和1.82亿吨；2012年中国煤炭进口量2.9亿吨。今年一季度净进口量7796万吨，同比增长33.7%，全年预计达到3.9亿吨。

环境保护和淘汰落后产能，也将抑制煤炭需求。去年发生的大范围雾霾天气，促使政府采取刚性措施解决污染问题，下一步很可能在燃煤发电、燃煤锅炉、劣质煤的使用上加大限制力度。中国政府致力于淘汰落后产能，随着治理力度加大，钢铁行业2亿吨过剩产能中的小型炼钢厂、炼铁厂将关停并转，仅河北小钢铁就要压缩7000万吨左右，这必然会进一步挤压煤炭消耗。

最后，中国的能源结构调整步伐正在加快。未来10年，中国将持续强化节能减排，走低碳经济之路，调整、优化能源结构，总体战略是"少用煤，发展气"。力争到2020年，天然气在一次能源消费结构中的比重，由现今的3.6%增至10%~12%；去年我国煤炭消费比重为64.6%，随着环境约束增强，国家政策调整将进一步控制煤炭消费，到2020年，相应的煤炭所占比重将由70.7%减少至50%左右。

"一切皆流，无物常驻。"中国经济年均10%左右的高速增长时代已经终结了，过去那种GDP第一，只问速度、不管质量、不考虑环境的发展方式，也不再为现在的执政者所容忍。政府针对目前的宏观经济增速下滑，采取措施的基调是按经济规律办事，不再搞大的项目，不再搞大的投资拉动。对煤炭企业来说，客户等在门口、挖出煤就赚钱的好时光一去不复返了。这是一个很大的挑战。一些人盼着市场好转，靠煤炭增产、靠煤炭提价等改变经营困境，这是新的"等、靠、要"。现在的市场形势已经变了，"等、靠、要"解决不了问题，只会使问题更加严重。正确的态度是面对现实，告别过去。这无疑是痛苦的，也需要勇气，但像开滦集团董事长张文学和笔者交谈时指出的那样，这就是生活，这就是企业家的责任、义务。而且，对于富有创新精神、引领时代潮流的企业家来说，这未尝不是一个光明灿烂新世界的开端。

（本文刊登于2013年8月27日）

打造"升级版"是煤炭企业唯一出路

　　煤炭市场价格长期连续下跌，大大影响了相关上市公司的业绩。但在风凄雨苦的灰暗天幕下，也有一抹靓丽的色彩值得关注：开滦集团2007年的营业收入只有157亿元，从2008年开始彻底转型，2011年猛增至1456亿元，进入世界500强，2012年达到1757亿元，在世界500强中的位次前移75位。考虑到金融危机后世界经济复苏缓慢，考虑到中国经济面临增速下行的压力，开滦集团不仅能够顶住，而且逆势起飞，知名度和美誉度等软实力也持续提升，这样的业绩实属难能可贵。如果没有结构调整，没有转型升级，今天开滦在市场中的位置是不可想象的：按年产几千万吨煤测算，价格不断下滑，收益会大大降低。煤化工产业在消化了部分煤炭、减轻了销售压力的同时，还提升了附加值。而现代物流和金融服务的发展，则使企业不仅具有了规模之大，也有了市场影响力和竞争力之强。从某种程度上说，开滦的转型就是"打造升级版"的预演。

　　大精煤战略是"升级"的基础。煤炭市场的竞争，根本上是产品质量和产品价格的竞争。总体供大于求、市场过剩，但是质量优、价格好的产品，仍然具有竞争力。张文学到开滦集团任职后，通过扎实的调查研究，提出要转型、要升级，必须立足煤、延伸煤、跳出煤。只有把煤炭传统产业做大，才能为转型发展提供时间和资金保证。煤炭产业如何做大？就是内挖外扩。内部煤炭基础产业要挖掘潜力：煤质不好的，一吨只能卖100多元，成本却要300多元，吨煤综合成本已经大于其市场售价，生产规模越大，现在亏损也越多；而精煤每吨售价上千元，价值完全不同。现在开滦集团的主要利润来源还是煤炭，尤其是精煤。大精煤战略不是简单地把量做大，而是调整产品结构，按照市场的需求实现利润最大化。开滦这几年加快高产、高效矿井的建设，通过强化管理，提高装备水平、推动两化融合，有效提高了经济效益，大精煤战略的实施成为了重要的利润增长点。

煤化工是"升级"的重要途径。煤化工主要有三条技术路线：煤焦化、煤气化、煤制油。开滦的产业链在选择技术路径上非常慎重，既不能土，也不能过分贪大求洋。开滦集团董事长、党委书记张文学认为，现代煤化工关键是选对技术路线。开滦的煤化工现在能做到一块煤产出30多种产品，预计将达到70多种。一吨煤价格在数百元至千余元，但转化为化工产品，其价格就是几千甚至上万元。开滦目前拥有河北省规模最大、产业链最长的煤化工园区，但在张文学的布局中，不但要做到规模大，而且还要技术领先、产品最优、循环经济最好，这样，才能在未来真正起到旗舰的作用。

物流、金融等现代服务业是"升级"的方向。现在开滦集团的非煤产业比重已经超过80%。以物流为例，2007年收入是33.7亿元，2008年达到103亿元，成倍增长，今年有望达到1300亿元左右。靠实体物流的建设、靠技术含量的增加，整体效益提高了，抗风险的能力也明显增强。

邓小平开启中国变革之门后，中国经济以年均10%左右的速度增长，成为世界发展史上的奇迹。我们的经济总量跃居世界第二，但以人均指标衡量，在全球200多个经济体中还处于中下游水平。考虑到经济增长的质量，考虑到粗放的生产方式给资源、环境带来的压力，考虑到机会不均等、分配不公平所导致的社会断层，我们一定要保持谦虚的心态，既要认识到我们取得的成果，与包容性发展的要求还有相当大的距离，也要对"中国梦"实现过程中面临的风险，保持足够的警醒。13亿人的现代化，这是人类历史上前所未有的事业，如何打造经济升级版，在持续发展的同时，解决社会转型、环境保护、气候变迁等难题，也是人类历史前所未有的挑战。

（本文刊登于2013年9月4日）

第二篇
管理·创新·发展

　　管理离不开创新，创新的目的是发展，发展的基础则是管理。三者交织共存，协力拉动着开滦这架巨型马车，安全、高速、稳健地飞奔在世界500强的大道上。今时今日，大道万千，且看开滦如何谋篇布局，于动静间运筹帷幄，运用管理与创新，续写新时代传奇。

应对形势变化，召开管理创新暨提质降本增效推进大会

定期召开技术创新大会，持续推进技术创新

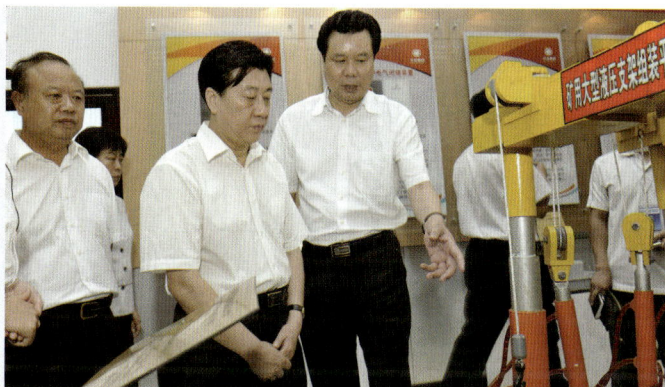

河北省委常委、组织部部长梁滨（左二）到开滦考察职工技术创新工作

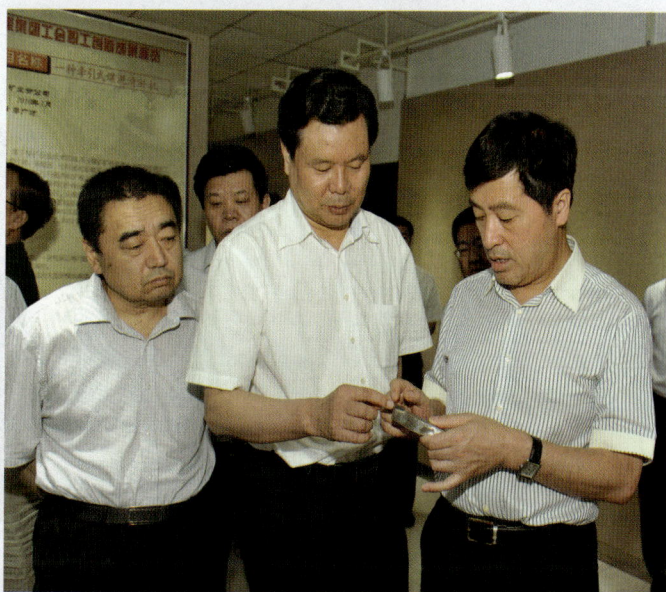

河北省副省长张杰辉（右一）考察指导开滦技术创新工作

集团领导非常重视职工技术创新，到职工创新成果展现场参观指导

通过开滦信息网络可实现远程视频

有人巡视无人值守的井下配电室

信息化矿井调度系统

开滦集团总经理裴华（左三）在京唐港煤化工园区视察

开滦煤化工研发中心已经成为河北省煤化工技术研究中心、省醇醚燃料技术检测中心，正在申报国家级煤化工技术中心

煤化工技术研发人员正在进行技术分析。截至2013年底，开滦集团已申请煤化工领域专利44项

技术人员在现场研究改进生产工艺

定期组织不同工种的技能培训

通过"传、帮、带"和师徒结对子等多种形式，发挥技能大师、技术骨干的作用，帮助青工提高技术素质

在地面建立模拟井下操作环境的实训基地，为员工提供了既安全又符合现场实际的培训条件

开滦博士后工作站博士进站开题

大力推进传统产业技术升级和"两化融合",建立PLC实训基地,让员工熟练掌握PLC在生产中的应用与维护技术

技术人员在进行业务能力比武

规范员工行为,推行准军事化管理

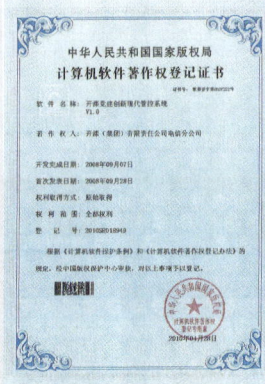

开滦集团近年来获得的部分创新成果及荣誉

体制转型：为管理创新打下基础

开滦集团在完成主辅分离、机关机构改革、三项制度改革和基层业务重组，精简企业办社会职能后，管理体制和经营机制更加协调。

但是，由于多年的思维惯性，开滦在建立现代企业制度后，其管理体制仍然滞后，企业"大而全""小而全"，单一生产型的弊端严重制约了企业发展，企业内部优胜劣汰的市场经济规则还没有形成，企业资源的整体优势还无从显现，阻碍了企业参与市场竞争。

在此背景下，开滦开始了专业化重组，成立了五大公司，打破了沿用50多年的以块为主、条块分割的管理体制，形成了与现代企业制度相适应的新的管理模式。

物资供销：四集中，五统一

在管理体制上，开滦集团董事长张文学非常强调物资供应和销售管理体制的改革，推进物资采购"四集中"和煤炭销售"五统一"。

所谓"四集中"就是，推行物资供销"采购、储备、配送、结算"集中管理；"五统一"就是，实行煤炭产品收购、销售、售价、计量、结算的统一，促进了产品结构调整，降低了运营成本，大大增加了销售收入。

实行以市场为导向的现代营销体制后，实现了采购成本降、储备资金减、运输费用省、经济效益增，形成了集团公司决策中心、专业化公司利润中心和生产单位成本中心的经营机制。

资金运营：以小搏大

开滦集团在规模扩张的同时，也理顺了资金管理体制。坚持外部融资与内源性融资并重，充分发挥资金杠杆的作用，集中资金办大事，少花钱多办事。对新上项目搞好分析排队，加强可行性论证，确保投资回报率。并积极尝试参股、相对控股等多种合作形式，合理规避投资风险。

对内则提高经营工作的稳健能力、营运能力，保持合理的资产负债比例，加大应收账款清欠力度，减少库存资金占用，加快流动资金周转，提高资金利用效率。

同时，强化资金预算管控，提高专项资金上缴比例，集中资金办大事，保证重点业务发展的资金需求。强化企业全面风险管理，制定《全面风险管理实施意见》，加强了项目投资经济效益分析评价，强化应收预付账款管理，严格执行正常结算制度。特别是对企业并购重组、重大合资合作协议和经济合同的签署，严格执行法律审查程序，规范了经济行为，降低了法律风险。

近来，开滦集团还以资本运作为手段，从多渠道、多角度引进战略投资者，这不但体现了以资本为纽带实现以小搏大、扩大运营规模，而且，在多元化扩张中，凭借合作伙伴的各自核心能力，规避了陌生领域的风险，再造了竞争优势。

"资本运作只是手段，提高企业竞争力才是最终目的。"开滦集团业务总监、资本运营部主任张国才对记者说。

成本控制：向管理要效益

6月中旬，开滦集团总会计师张志芳在多家下属企业观摩成本管理现场经验交流会，蔚州矿业公司就是其中一家。在崔家寨矿召开的成本管理现场经验交流会上，崔家寨矿综二队和通风区介绍了推行全面成本管理工作的具体做法。

向管理要效益，这是大多数成功企业的必修课，开滦集团也不例外。

开滦集团在《关于加强全面成本管理工作的指导意见》中明确指出：

"全面成本管理要从企业的整体战略和长远目标出发，着眼于改善整个企业的成本环境，进而实现企业价值最大化。"

降成本是关系职工责任和利益的系统工程，开滦集团在董事长张文学的倡导下，建立了横向到边、纵向到底的闭合式成本管理体系，充分调动全员降成本的积极性。按照集团公司总体成本控制目标，做到指标分解、责任落实、指标衔接、管理责任四个到位，达到"千斤重担万人挑，人人肩上有指标"。

（本文刊登于2009年8月25日）

让精细化管理转化为生产力

开滦荆各庄矿业公司811采煤队，是全国煤炭系统闻名的老牌先进采煤队，历史上曾三次打破全国炮采产煤记录，多次获得原煤炭部、全国总工会和开滦集团的各种先进称号。811采煤队探索出班组管理模式——班组市场化精细管理，被誉为"811模式"。

唐山矿业公司也是开滦集团精细化管理的样板。

开滦集团企管部人士向记者介绍，"做企业，根本上是做管理"。"做精"，首先要从管理上做精。

唐山矿业分公司精细管理体系的基本内涵是：以制定具体明确的岗位工作标准，建立健全内部责任制，进而形成精细化的岗位标准，以量化细化管理目标为标志，以企业高层决策科学化和中层管理实施科学化为基础，着眼于企业工作现场管理操作的每一人、每一天、每件事、每一处的工作状态和工作绩效，明确每一个岗位的工作职责和统一的评价标准，形成有效的激励机制，发挥各级管理主体的能动性，做到事前谋划决策、事中管理控制、事后核算分析，实现各个工作层面的管理精细化，实现全员、全过程、全要素规范严格的管理与控制。

开滦集团在整合这些管理方法后形成了"RMDC管理法"，即：精细管理、双向控制。探索实施"订单化生产，市场化运作"精细管理模式，推动了公司由粗放管理向精细管理、由行政式管理向市场机制调控、由经验管理向科学管理的转变。

"RMDC管理法"着眼于企业的每一天、每一人、每一处、每一事工作状态和工作绩效，实施精确、细致、规范、严格管理。其实质是从强化员工行为规范养成做起，充分调动管理过程中员工的能动性和创造性，实施管理的双向互动，实现全员、全过程、全要素的闭合管理。

该管理法主要由四个基本框架构成：

①制定"4E"（每天、每人、每件事、每一处）工作标准体系，即：员工岗位工作标准和管技人员"走动式"管理标准；

②六个支撑要件，即：班前讲评、现场巡查、日清日结、考核公开、管理恳谈会、周期评议；

③"四个一"载体，即：一账、一本、一栏、一网；

④四项激励机制，即：利益激励机制，精神激励机制，"三工并存、动态转换"机制，岗位竞争机制。

"这几年，我们紧紧抓住全面推行'RMDC管理法'这个制度枢纽不放，逐步由做岗位、做现场向做流程、做经营、做安全上延伸，使精细管理、双向控制的理念全面渗透于企业经营管理的各个环节，收到了明显效果。实践证明，RMDC管理法的推行，有利于把企业的风险和利益量化到员工个人身上，为企业增添更好的抗风险能力和生产经营的内在积极性；有利于把管理目标和要求分解成明确具体、可以度量的最小管理要素，使管理日趋精细化；有利于用简单化的手段，有机融合多种管理维度，强化岗位操作行为，把管理闭合理念发挥充分。"开滦集团政研会副秘书长焦建国对记者说。

开滦集团近几年不变主题、不换口号，始终抓住推行"RMDC管理法"，在做实岗位、做实现场的基础上，向经营、安全、机关和行业特色延伸。

一是向做经营，做流程上延伸。形成了以市场机制为核心、再造流程为保证、精细管理为基础、自主管理为目标的市场化精细管理模式。

二是向做安全管理延伸。着力将RMDC精细管理的思想全面渗透于安全管理，采取科研立项的形式，围绕"培育煤矿安全文化，塑造本质型安全人"这一核心主题进行了研究与实践，形成了塑造本质型安全人的"三大系统""八大导入要素"的模式。实现了安全管理以"事""物"为中心向以人为中心的转变；强调人的行为准则对安全生产的决定性影响。

三是向机关职能部门延伸。开发研制了体现机关工作特点的"RMDC网上管理系统"，实现了公司机关、基层区科、生产现场精细管理层层对接，环环相扣，使"RMDC管理法"全面覆盖了公司的各个管理领域，形成上下联动的精细管理闭合运行体系。

四是向行业（专业）特色上延伸。强调在统一基本理念的前提下，给予各专业化公司充分的创新空间，形成了煤矿的安全文化、经贸营销文化、多经品牌文化、生活后勤的服务文化等各具特色的精细管理模式。

（本文刊登于2009年8月25日）

安全管理：塑造本质型安全人

在开滦范各庄矿，准军事化管理有声有色，随处可以听到"报告！……请指示！"等军事化规范用语，随处可以看到上下级之间行军事礼，厂区里两人成行、三人成列。

"80%的事故是由于行为的不规范造成的，这种准军事化管理模式从源头上减少了事故的发生率，为企业的安全生产提供了可靠的保障。"范各庄矿党委书记王树春对本报记者说。

"勤保养、清好路，班中才能少事故""交接班勿马虎，问得清，交得细，签过名字不扯皮""扳手不能替代手锤""电笔不能当成改锥"……这样的提示语出现在范各庄矿业分公司综采一队职工工作服口袋里，通过一张小小的温馨提示卡，提醒职工注重操作上的细节，严格把好安全关。

从人的角度思考和解决安全问题

近年来，煤炭企业安全事故频发，煤矿安全问题成为公众关注的焦点。开滦集团也面临同样的问题。虽然开滦多年来在改善装备上投入了大量资金，企业资本的技术构成得到大幅提高，在各种安全管理制度、政策、机制上可谓应有尽有，各级领导在安全上也是关注最多、花费精力最大的，但企业的"三违"（即违章作业、违章指挥、违反劳动纪律）现象仍屡禁不止，安全管理时紧时松，同类型、重复性事故时有发生。

为此，开滦集团从人的角度思考和解决问题，他们提出"培育煤矿安全文化，塑造本质型安全人"。他们认为，人的素质问题不仅关系到企业的兴衰成败，更关系到煤矿能否实现安全生产。

开滦集团政研会副秘书长焦建国在接受记者采访时说，开滦集团作为拥有130年开采史、近10万员工的特大型煤炭企业，安全管理十分复杂，给安全生产带来诸多变数。近年来开滦的百万吨死亡率始终在0.5~0.3左右徘徊，仿佛到了一个难以跨越的坎儿。

开滦人通过调研发现，煤矿安全现状之所以不能得到进一步改进，关键是还没有进一步解决"人"的问题。各级领导虽然重视安全，但在安全决策导向上，仍是重后果、重指标，缺乏对过程的精细化管理，从决策上谋求"想不安全都不容易"的指导思想还有欠缺；开滦历史上形成的安全制度很多，很复杂，但这些制度更多强调的是事后的处罚与整治，安全管理还缺乏对人的自觉性的培养与启发。企业的安全生产离不开人的自觉，仅仅依靠制度的硬约束对近10万开滦员工的安全行为进行控制是远远不够的。

由此，要真正实现企业的长治久安，必须在管理思想上有一个新的突破。那就是：在加大安全基础管理工作的同时，着手培育个人和群体的安全价值观、态度、能力和行为方式，使每一位员工从精神素质和行为规范上实现本质型安全。

导入八个管理要素塑造"本质型安全人"

"在我们看来，塑造'本质型安全人'是安全文化建设的核心问题。"焦建国说。

塑造本质型安全人，要从开滦安全管理现状出发，融合、借鉴中外安全管理的成功经验，形成具有开滦特色的系统管理方法，以便多层次、多角度地对人的安全行为进行有效调控。

为此，开滦导入了八个方面的管理因素，这八个因素是一个有机整体，涉及理念、环境等多个方面，是塑造"本质型安全人"的重要途径。

导入因素之一：理念共振法。就是让企业倡导的安全价值观和安全理念与员工保持相同或相近的"频率"，使企业的倡导与员工的所想所盼产生共鸣，以激发出员工做好安全工作的最大效能。

导入因素之二：行为养成。安全理念最终要落实到行为行动中，才能真正产生实际效果，使员工的安全行为从随意到规范，从被动到主动，从不自觉到自觉，从不习惯到习惯成自然。

导入因素之三：应激调适。应激产生于生活事件，主要是可以造成个人性格和行为方式改变并要求个体去适应或应对的事件。煤矿员工，特别是一线采掘员工，他们常年工作在劳动空间狭窄、地质状况复杂多变的环境中，每时每刻与水、瓦斯、煤尘、顶板、高温等接触，不仅工作环境差，而且劳动强度大，这种客观现实必然影响员工的心理，使其产生安全应激。来自生活中的不幸事件会给员工造成应激压力。

开滦吕家坨矿业公司曾就员工心理应激与安全管理的关系做过调查。从调查发生的各种零星事故原因看，主要是个体"三违"。但进一步分析发现，在构成三违原因的诸因素中，应激压力造成的影响十分明显。

导入因素之四：危险预知。凡事预则立，不预则废。危险预知，简言之就是预先知道生产或作业过程中的危险性，进而采取措施，控制危险，保障安全。危险预知以"零灾害是大家的心愿、让我们的工作场所更安全"为口号，将重视人、以人为中心、以零星事故为目标作为出发点。

导入因素之五：手指口述。在保证安全作业的行为习惯中，有一种眼看、心想、手指、口述联动的安全确认办法，被称为"手指口述"。手指口述主要是针对作业者操作失误造成的事故这一现实提出的。操作失误往往是由于作业者恍惚、发呆、遗忘、不留神、想当然等造成注意力不集中、判断失误而形成的。手指口述，就是每个作业者对可能引发危险的每一种操作行为，都要通过手指口述进行安全确认。

导入因素之六：走动管理。走动式管理也叫走动巡查。就是通过对生产现场的巡视检查，及时、全面、真实地掌握管理对象及其要素的状态及变化趋势，从而提高决策和控制水平的一种管理方法。

导入因素之七：系统追问。系统追问是将辩证思维运用于安全管理之中，抓住事物普遍联系的观点、透过现象看本质，不断引导人们追求安全问题的深层次原因，作为一种方法论，提升了安全管理的境界。

导入因素之八：安全识别。就是安全视觉识别系统（SVI）。开滦的安全理念是：生命只有一次、遵章守规是保护神。

"安全是煤矿企业永恒的主题。要切实把安全发展作为科学发展的首要任务，牢固树立'安全第一，生产第二'的理念，正确处理安全与生产的关系，在任何时候、任何情况下决不放松安全生产工作。"开滦集团董事长张文学说。

（本文刊登于2009年8月25日）

创新成为开滦的企业特质

今年前5个月的数据显示，开滦铁拓重机公司的装备制造产值已经占公司当期总产值的90%，而几年前机械修配还在唱主角。公司领导认为，是员工创新力的提升推动了企业的产业升级。

如今，以创新推动企业发展，以创新提高企业效益已成为铁拓公司每一名员工工作中的座右铭。创新观念的不断增强，创新意识的深入人心，都是源于这家公司对创新在提高企业市场竞争力方面重要性的认识。

伴随着开滦集团战略的调整，装备制造业被纳入了集团的支持型产业。根据企业的实际，铁拓公司把提升员工的岗位技能和岗位创新力作为推动产业发展的重要手段。

为全面提升员工队伍整体技术素质，该公司开展了以"学技术、练技能、比本领"活动为载体的员工技术素质提升活动，争当创新明星、提合理化建议争当"金点子"员工等活动。他们建立了员工技术比武激励机制，对在本公司技术比武中获得状元称号的员工给予嘉奖的同时，上浮一级工资；连续三年获得技术状元称号的员工，对浮动的一级给予固定；获得公司技术比武2～8名的选手，分别一次性给予嘉奖；在各级技术比武中取得名次的，根据获奖层次给予最低500元，最高10000元的奖励。他们还建立了师徒管理机制，对十大重点工种的100对师徒，实施三年期合同管理，师徒双方认真履行合同的，每月对师傅给予嘉奖，每年选出10对优秀师徒予以表彰奖励。此外，公司专门兴建了青年科技创新园，为员工的开展技术创新提供场地和硬件支持。

铁拓公司提出了"精神引领，因势定项，高层牵头，广泛参与，政策鼓励"的创新工作总体思路。尤其是在因势定项上，紧密结合企业当前和今后一个时期的生产经营形势，在广大员工中开展了以革新改造、发明创造、优化设计、提合理化建议和先进操作法征集为主要类型，以提升安全生产、质量效益、经营效益。公司规定一般管技人员和工人技师每人要完成2项创新项目，中层管理人员和高级工人技师每人完成3项创新项目，员工群众每人至少要提一条有利于本职工作的建议或意见，并把项目完成质量的高低和多少与职称评定相挂钩，为活动的开展提供了有效载体和制度保证。

据介绍，在活动实施中，铁拓公司基层区科和广大员工踊跃参与，成立本单位的创新攻关小组，选择阻碍安全生产、质量效率的重点难点问题作为攻关课题，精心组织实施。

该公司设备管理科刨工技师薛植森通过对龙门刨床加装自制磨头，采取以刨床代替磨床进行加工的方法，解决了几个工件不能同时磨削的难题，加工一次可节约成本近万元，提高加工效率4倍以上。电机厂钳工技师刘连庆根据大型电机安装急需使用大吨位压力机的实际，带领自己的攻关小组经过认真测绘和精心施工，自行研制了一台400吨压力机，直接节约外购资金13万多元。

截至2008年底，铁拓公司共收到各类技改创新和先进操作法116项，合理化建议247条，已有82.5%的项目和建议被及时采纳或投入了使用。经过评估小组的综合测评，通过开展创新创效活动，全员平均提高工作效率23.3%。

（本文刊登于2009年8月25日）

煤炭产业：开滦集团转型发展的坚实基础[*]

煤炭业是开滦集团"一基五线"产业新格局中的基础产业。作为中国近代煤炭工业的开山鼻祖，开滦集团近几年通过结构调整和优化，非煤产业已经占到其经济总量的72%，煤炭产业由130多年来的主导地位调整为基础产业，占经济总量的比重大幅下降。开滦提出煤炭产业与其他产业同步发展，并以煤炭产业为龙头，带动其他产业的发展。

以煤为基，加快结构调整

开滦转型，煤基和非煤产业呈现了良好的发展态势。

今年前三个季度，开滦集团的原煤产量、营业收入、利润总额同比分别增长了61.87%、83.64%和23.07%。

开滦集团董事长、党委书记张文学在接受《中国经济时报》记者采访时表示，要进一步加快发展方式转变，加大结构调整力度，注重提升产品竞争力和企业效能。

张文学说："开滦的转型，不是否定传统产业，不搞传统产业，而是立足煤、延伸煤、跳出煤来改造、提升和整合重组传统产业，培育发展替代产业和新兴产业，用这个来促发展和经济结构的转型。"

"煤炭产业是开滦转型的坚实基础。我们不能等资源枯竭了再转型。那个时候，成本高，转型时间长，代价大。"张文学强调，"做大煤炭基础产业是企业发展的内在要求。对于资源型企业来说，必须要有规模，煤炭业

---

　　*　注：本文是"转变发展方式看开滦·一基五线"系列报道第1篇。

作为开滦延伸产业链、转型发展的基础，更需要扩大资源储备；而且开滦发展煤炭产业具有传统优势，开滦132年专注于煤炭产业发展，具有独特的品牌、人才和管理优势；另一方面，国家高速发展对能源的需求增大，煤炭作为基础能源，十年之内仍然占据中国能源消费的主导地位，能源企业具有做大的外部条件。"

对此，开滦集团以发展战略规划为导向，比照全国煤炭系统的先进目标，做大做强基础产业。积极实施资源战略，保证资源对其他新型产业和替代产业的支撑；积极推进大精煤工程，扩大精煤规模，优化产品结构，提高产品附加值，为大力发展煤基产业、发展循环经济创造条件；加大洗煤技术改造，改革洗选工艺，优化入洗煤资源，合理配比，提高精煤回收率；积极收购外部资源，增加入洗量，提高精煤产量，立足当前，着眼长远，用大气魄、大手笔推进工作，以形成战略保证体系。

加快资源扩张，谋划老矿新生

张文学认为，资源型企业必须要控制资源，谁掌握资源谁就掌握未来。

"历史上，开滦对国家煤炭行业的技术、政策等都曾发挥过重要影响。今天，我们要保持开滦的品牌和地位，就必须进入大基地、大集团行列。"张文学说。

根据开滦集团"十一五"和"十二五"规划，到2010年底煤炭产量将达到5000万吨，2015年将达到1亿吨。而开滦本部资源的客观情况不容乐观。

开滦集团总经理殷作如在接受《中国经济时报》记者采访时透露，由于开采历史长达130多年，唐山矿区的资源储量不断缩减，已经进入资源储量的衰减期，呆滞储量多，发展后劲不足，2500万吨的产量难以支撑企业快速发展。

开采深度不断加大，灾害情况增多，生产成本和安全成本上升。开滦的平均井深超过854米，堪称全国之最，最深的矿井采到了负1157米，开采条件复杂，运输环节增加；同时，水、火、瓦斯、煤尘、顶板、矿压等自然灾害严重，安全管理难度加大。

开滦的精煤回收率比全国平均值低19个百分点，而且精煤产能低，精煤市场的话语权越来越少；原煤灰分达到40%左右，严重制约经济效益提高。

社会包袱沉重，安全欠账多，资金压力大。开滦现有离退休人员7.6万人，165个住宅小区，2009年生活后勤补贴高达12.5亿元，今年预计达到13亿元。

另外，老矿井周边资源几乎被开发殆尽，没有新的增量。2007年，开滦集团原煤产量仅为2882万吨。

对于一个资源将近枯竭的百年老矿来说，如何在短期内落实大煤炭战略？如何重新跨入大集团大基地的行列？张文学的答案是"内挖外扩"。

内部挖潜：老区资源储量增至41.58亿吨

所谓"内挖"，就是通过内部技术改造挖掘潜力，通过技术改造，围绕薄煤层开采和深部资源开发、呆滞煤量解放进行技术攻关，延长矿区寿命，稳定唐山本部和蔚州矿区产能。

张文学认为，企业发展要算大账，按照国家以前的技术标准，煤层厚度不足700毫米的就不采了，现在虽然没有调整这一标准，但是通过研究薄煤层开采工艺，提高装备水平，用先进的洗煤技术，可以把这块资源挖潜出来。

同时，通过现有矿井改革，加快技术攻关，研究深部开采的矿压治理，巷道支护改革，瓦斯治理，除个别矿井之外，大部分资源靠目前技术可以开采到负1500米，增加22亿吨储量，延续矿井30年至50年的发展，这对开滦稳定本部经济具有重要的作用。唐山本部除了14.5亿吨的可采储量，还有76.7%的村庄下压煤，一旦突破可以大幅度解放唐山矿区的资源储量。

为了加快内部资源扩张，开滦集团重点推进科技创新和技术进步。通过积极推广先进采煤工艺，提高装备和综合机械化开采水平，不断挖掘老矿生产潜力，原煤生产水平总体明显提高，资源开发、项目建设实现了快速推进。

目前，开滦集团生产矿井所属矿区的煤田面积达890平方公里，煤炭资源储量拓展到41.58亿吨，本部经济实现了可持续发展。

走出去：新增资源167亿吨

"外扩"就是利用经济低迷期从原有区域内资源挖潜和企业独立发展，转向区域外拓展空间、强强合作增强发展后劲。

在采访中记者注意到，与部分煤炭企业急功近利的短期行为不同，开滦集团从企业和职工的长远利益出发，把资源拓展的重点放在"走出去"，无论增产压力多大，不为提高总量而杀鸡取卵、超负荷开采，唐山矿区维持2500万吨现有产能不变，最大限度延长老矿井的寿命，维护总部经济的稳定和可持续发展。

殷作如表示，开滦集团130多年专注煤炭产业发展，具有技术和管理的优势，当前正充分利用这些优势到外面寻找新的发展地，把国内的新疆、内蒙古、山西等地以及加拿大、澳大利亚等国家纳入资源开发、储备体系，同时积极推进地方煤矿整合重组。

按照这一思路，开滦加快了地方煤矿整合，加大外部资源储备。

2009年4月2日，加拿大盖森煤田正式开钻。

2009年5月22日，面积为100多平方公里的开滦集团新疆准格尔盆地东部将军庙煤电化工业园区正式开工奠基。

2009年11月10日，开滦集团联合重组兴隆矿务局，在此基础上，加快推进地方煤矿整合，对河北省确定的唐山、张家口蔚县及承德区域89家地方煤矿分步实施整合，目前已签订托管协议的地方煤矿有69家。

2009年12月18日，开滦集团与加拿大德华公司在温哥华举行签约仪式，确定2010年双方合作勘探开发位于加拿大哥伦比亚省的墨玉河北部煤田。

2010年3月，开滦股份重组山西介休煤矿正式签约，开滦集团介入介休市煤矿股权重组拉开序幕。

2010年7月，加拿大盖森煤田项目矿井建设的前期准备以及默里河资源的勘探、并购工作同步展开。

2010年10月18日，加拿大开滦德华矿业有限公司2010年第一次董事会在北京召开。

......

"'内挖外扩'是战略上的安排。通过内部技术挖潜增加资源储备，延长总部经济，不搞短期行为。2007年开滦的煤炭产量仅为2882万吨，今年可以达到6000万吨，三年翻了一番多，但总部的产量基本没有增加，增产部分都在外埠，增长的潜力都放在外埠，这就是外扩开发资源。近两年来我们获得煤炭储量167亿吨，初步形成了五大煤炭区域和七大煤炭生产基地，把基础打得牢固一些。"张文学说。

通过"内挖外扩"，百年老矿已由一个资源枯竭型的矿区，变成了资源相对充足的企业集团，增强了企业的发展后劲——按照当前5000万吨年产量计算，百年老矿可延长寿命100年。

值得借鉴的是，在资源扩张过程中，开滦集团非常重视投资效益的评估，不为抢占资源而不惜一切代价，充分考虑资金需求量和企业的承受能力；考虑国家产业规划的趋势和当地发展能源的需求；考虑自身的优势，尤其是组织能力、开采的技术和开采成本。

中国煤炭工业协会副会长姜志敏在接受本报记者采访时表示，开滦集团拥有扎实的技术，形成了严谨的作风，走出去战略扩大了资源，符合科学发展观。

做好三篇文章，保障大煤炭战略全面落实

9月15日，开滦集团与中国银行签订授信总额度为210亿元的战略合作协议。

近年来，开滦集团的快速发展和经济的良性运转，引起了金融机构的广泛关注，赢得了高信誉度。中国银行副行长陈四清表示，开滦集团是中国的百年品牌，在中国历史进程的各个时期，特别是改革开放中，在国民经济中占有举足轻重的地位。中国银行将不遗余力地帮助、支持开滦集团的快速扩张和转型发展，实现双方合作共赢。

当前，对于开滦大煤炭战略来说，资金不仅是资源开发的前提和保证，更是开滦集团实现"双五"目标的关键。

对此，张文学表示，开滦重点在资本运营上下功夫，打造融资平台，拓宽融资渠道，坚持外部融资与内源性融资并重。

开滦集团业务总监、资本运营部主任张国才在接受本报记者采访时表示："开滦重点在资本运营上下功夫，打造融资平台，拓宽融资渠道。"

事实上，除了资金，技术和管理也是落实大煤炭战略的重要保障。

在技术保障方面，开滦集团总工程师张瑞玺表示，全面落实集团公司发展战略规划纲要，实现跨越式发展，科技技术系统将进一步加大创新力度，以科技创新战略规划为导向，以重大项目为突破口，为"双五"目标提供有力保证。

例如，加快研究和引进技术可行、经济合理的建筑物下煤炭开采新技术，力争在充填开采技术上有所突破，并快速推进薄煤层开采方案的实施。

同时，将依靠科技进步，推进安全高效矿井建设，进一步优化采煤设备选型配套，不断提升安全高效综合机械化配套技术。落实《自动化建设总体规划》，全力推进矿井自动化建设。积极开发、引进先进技术和装备，做好重大隐患治理工作。针对复杂开采条件，与科研院校联合开展煤矿井下水、火、瓦斯、顶板重大危险源安全监测，以及超前预警系统、网络和监测系统融合、瓦斯发电、瓦斯治理示范矿井等重大攻关项目，在安全生产中充分发挥技术的保障作用。

此外，突出抓好技术创新体系建设，为开滦发展提供技术保证。按照大集团的发展模式，尽快完善集团公司各层面技术管理和技术创新体系，加强宏观技术指导和科技研发工作。

还有，开滦集团以博士后工作站、院士工作站为引智载体，通过内培外引，锻造一支在行业内享有较高声誉的技术带头人和具有创新精神、勇于拼搏的科研技术队伍。

在管理保障方面，开滦集团进一步强化内部管理夯实大煤炭战略。尤其是成本和安全管理带动大煤炭战略全面落实。

在成本管理上，自集团战略规划调整以来，开滦加强集约化管理，简化环节、降低成本、节约资金，谋取更大的效益。强化物资供应和销售管理体制改革，推进物资采购"四集中"和煤炭销售"五统一"到位。健全矿井物资超市，降低采购成本和储备成本。解决好认知程度、基础工作、政策配套等方面的问题，做实市场化精细管理模式。

在安全管理上，开滦加强精细化管理，推行准军事化职业行为训练，规范手指口述、安全确认，不断创新和抓出新的成效。主要措施包括提高全员安全技术素质，规范管理和操作；持续开展安全生产隐患排查治理专项活动等等。

"2010年是开滦大煤炭战略'十一五'规划的收官之年，确保5000万吨产量不是难题。"张文学透露，"进入2010年，资源开发战略将根据煤种、市场、区位的具体情况有选择地推进。按照集团公司的安排，全年煤炭产能有望突破6000万吨。当储量问题和煤炭产能问题得到根本扭转之后，开滦就有了做大做强的基础。"

下一步，开滦集团将加快大项目核准，加快市场开发，以及加快煤炭产品结构调整，进一步提升经济运行质量。

"未来开滦将在内蒙古鄂尔多斯建立年产5000万吨的煤炭生产基地，另在呼伦贝尔建设年产不低于3000万吨的煤炭生产基地。如果加上唐山、承德、张家口区域，估计到2015年左右，开滦年生产能力将超过1亿吨，那将进入中国亿吨煤炭企业行列，而这还没算上山西和新疆区域。"

开滦集团在转变发展方式过程中，思路清晰，有极强的开放融入意识，通过对外部资源的扩张和占有，实现了借力发展，借智发展。

中国煤炭工业协会会长王显政认为，开滦集团近年来认真贯彻落实科学发展观，以建立现代企业制度为发展方向，加快企业内部改革，结构调整，加大管理创新和技术创新，推动企业全面发展和进步。开滦坚持绿色开采，生态矿山建设，矿区基础设施不断完善，矿容矿貌焕然一新，企业可持续发展的能力大幅度增强，呈现了欣欣向荣的动人景象。开滦集团的发展变化，充分体现煤矿工人特别能战斗的顽强毅力和拼搏精神，也为新时期煤炭工业创新发展进行了有益探索，对煤炭行业加快转变发展方式具有示范作用。全面走向市场的开滦人将以更加自豪的心情，进一步开拓思路，进一步加快发展步伐，创新生态矿区，打造世界领先的煤炭企业。

（本文刊登于2010年11月8日）

煤化工产业：开滦集团转型发展的新突破^{*}

煤化工产业是开滦集团"一基五线"产业新格局的重要组成部分，是开滦集团转型发展的新突破。近几年来，开滦集团倾力发展煤化工，从产业高端全身而进。开滦集团将产业延伸的战略目标定位为河北省煤化工产业的"领头羊"，全力打造符合循环、节能、先进、科学发展要求的绿色生态工业。

9月10日，由开滦集团单独起草的河北省地方《M15车用甲醇汽油标准》在唐山市顺利通过审定。这是由河北省质量技术监督局组织召开的审定会。标准审定委员会由全国醇醚燃料及醇醚清洁汽车专业委员会、全国醇醚燃料标准化技术委员会、北京化工大学、中石化石家庄炼化分公司、河北省腐蚀与防护协会等单位的8位专家组成。

经认真讨论和质疑答辩，最终，审定委员会专家一致通过了该标准。专家认为该标准是编制单位在大量的实验研究和验证的基础上制定的，标准规定的M15车用甲醇汽油的各项技术指标科学、合理，充分体现了汽油和甲醇的性能特点，具有技术先进和可行性等特点；标准编制依据充分，内容全面、具体，具有较好的适用性和可操作性；该标准与国内其他省地方标准相比，具有国内先进水平。

目前我国尚无低比例甲醇汽油国家标准、行业标准和地方标准，无法为河北省推广M15车用甲醇汽油提供质量保证。该地方标准的制定，可以规范和统一全省M15车用甲醇汽油的技术标准，为M15车用甲醇汽油产品的出厂检验、型式检验和用户的产品验收检验提供依据。为河北省M15车用甲醇汽

---

* 注：本文是"转变发展方式看开滦·一基五线"系列报道第2篇。

油的推广和应用提供了标准依据，对于优化全省能源结构、缓解石油资源短缺、改善大气环境和促进节能减排，对全省经济的可持续发展和环境质量的改善都具有十分重要的意义。

"河北省的M15甲醇汽油是由开滦的专利生产出来的，而且由企业来制定地方标准，这在业内是不多见的。"开滦集团董事长、党委书记张文学在接受本报记者采访时表示，"开滦抢抓国家能源结构调整的历史机遇，实现大型化、基地化、园区化发展，进行上下游产业对接，拉长煤基产业链条，形成了循环经济的科学发展模式，同时加快自主创新，提高自主知识产权。煤化工产业已经成为开滦集团转型发展的新突破。"

据了解，开滦因煤而生也因煤而困。资源型企业如何摆脱宿命，真正使开滦集团的百年基业常青，成为集团主要领导必须着手解决的战略选择问题。在开滦集团董事长、党委书记张文学的带领下，集团倾力打造煤化工，从产业高端全身而进。

融入区域经济发展

开滦集团副董事长、党委副书记、开滦能源化工股份有限公司董事长裴华向本报记者介绍，2009年开滦煤化工实现了营业收入77亿元，同比增长14%，盈利1.5亿元。开滦集团今年提出把煤化工作为集团转型发展最重要的产业之一，将加快煤—钢联合、煤—燃气联合，推进与石油企业、盐化企业的对接，进一步延伸煤化工产业价值链，使煤化工全年销售收入突破130亿元。

近年来，河北省提出了构建现代化产业体系、建设沿海经济强省的奋斗目标。在全省产业发展规划中，唐山煤化工发展的定位是以焦化产业和碳化工为重点。与此同时，唐山市也明确提出了以建设科学发展示范区为主导，建设蓝色新唐山的战略思路。这一切，再一次将发展的战略机遇摆到了开滦人面前。

为此，开滦集团将产业延伸的战略目标定位为河北省煤化工产业的"领头羊"，全力打造符合循环、节能、先进、科学发展要求的绿色生态工业。而要成为河北煤化工龙头企业，则必须高起点规划、高标准建设和高效益投产。

总体而言，河北省及唐山市焦化行业普遍存在产能分散、产业集中度比较低的问题，部分焦化企业规模偏小、装备落后、技术水平低、产品结构不合理，难以适应大型高炉炼铁对焦炭质量的要求。

开滦集团的产业延伸之路从一开始就以产业政策为导向，顺应产业和区域发展的趋势，成为开滦煤化工产业迅速发展的重要内因。

煤化工扩张版图

2010年1月，开滦苯加氢的二期工程开工，投资3亿元；3月，曹妃甸60万吨/年焦油初加工项目一期工程开工；4月，投资48亿元的6万吨聚甲醛项目和15万吨己二酸的项目开工；8月，开滦加快煤—钢联合，整合重组后的佳华公司拥有940万吨焦化产能，成为国内最大规模独立焦化企业。

在内蒙古，开滦与鄂尔多斯准格尔旗政府签订协议，计划投资31.7亿元建设40万吨/年甲醛项目、4万吨/年聚甲醛和40万吨/年醋酸项目，年利润可达6.85亿元；位于内蒙古的乙二醇项目计划近期开工，投资80亿元；将与北京燃气集团合作煤制天然气项目，天然气通过管路输送到北京，现已立项；煤制氢项目与燕山石化对接；建设甲醇制丙烯大型装置。

在新疆，准噶尔盆地东部将军庙煤电化工园区已于5月奠基，投资300亿元建设乙二醇、煤化多联产、煤制天然气以及煤焦化项目。

在河北，开滦与承钢集团协议组建合资公司，建设并运营焦化项目；在曹妃甸工业区投资30亿元兴建的60万吨/年焦油深加工项目一期临建工程于本月开工。

裴华介绍，与北京北燃实业公司唐山佳华公司进行整合后，开滦将在京唐港区的煤化工园区有6米以上大型焦炉10座，年设计规模为焦炭610万吨、甲醇80万吨、焦油加工100万吨、苯加氢20万吨、己二酸15万吨、聚甲醛6万吨。该园区将成为国内规模最大、技术最先进、产业链延伸完全、具有循环经济示范意义的绿色煤化工园区。

张文学向本报记者介绍，目前，开滦集团依托煤炭优势把煤化工产业做大做精做优，形成了京唐港中润、迁安中化、曹妃甸煤化工三大生产园区的产业布局，已成为年产千万吨焦炭、20万吨焦炉煤气制甲醇、10万吨粗苯加氢精制和30万吨煤焦油加工产能规模的河北省煤化工领军企业，并形成苯加氢、焦油深加工、甲醇—聚甲醛三条产业链。

同时，开滦集团煤化工产业坚持"循环经济、绿色化工"的发展方向，采用"减量化、再利用、资源化"的循环经济模式，实现了上下游产品链式连接及延伸、副产品回收复用和蒸汽、水资源的梯级利用，形成了资源互利互用、产业链条循环闭合的园区循环发展的绿色煤化工产业格局，达到国内先进水平。

高起点谋划产业延伸

按照循环经济的发展模式，靠园区化集约发展、强化节能环保机制和采用可持续发展体制，是开滦集团为自己选择的产业延伸准则。

张文学介绍，开滦集团煤化工产业的规划确立了两条路径，重点延伸煤基产业链，即以煤焦化为龙头，以焦油加工、焦炉煤气制甲醇、粗苯精制为代表的化工产品加工产业链；以煤气化为龙头、以煤基甲醇及其衍生物为代表的化工产品加工产业链。

以煤焦化为突破口，开滦集团开始了向煤化工产业的分步延伸。短短几年间，一系列煤化工项目的建设和启动，勾勒出了开滦产业延伸的战略前景和产业布局。

从对煤焦化产业延伸的战略规划，到对具体项目的分解定位；从对园区"减量化、再利用、资源化"循环经济模式的选择，到结合产业前景对产品衍生的研判，开滦集团以高起点的规划，迅速完成了向煤化工产业高端的平滑延伸。

目前，开滦集团一块煤卖出了32种产品，伴随大项目的快速落成，将有40种产品推向市场，在这个基础上继续延伸，向国际先进水平看齐，到"十二五"末生产出70种产品，并在一定时期与石油化工、盐化工对接。

据了解，开滦集团突破传统意义上的产业模式，在煤焦化产业的建设中，狠抓两个支点：一个是环保水平，一个是生产工艺。

已经开工和部分在建的唐山海港开发区煤化工园区，不仅在生产工艺选择、园区布局、基础设施建设和配套功能上全面采用高新技术，而且全部采用先进的生产管理和环境管理标准。

立足副产品的回收利用、能量和水资源梯级利用、各类资源的共享，唐山海港开发区煤化工园区着力推动不同项目的产业链条延伸，形成了不胜枚举的物质生态网络和循环利用产业链：粗焦油和粗苯作为精加工项目的原料，焦油加工产品洗油用作焦炉气洗苯；焦炉气用作制甲醇原料，甲醇项目施放气制氢用于苯加氢精制；干熄焦回收焦炭显热用于制蒸汽和发电自给于园区，同时减少湿熄焦带来的环境污染。

据统计，仅干熄焦回收的热能，就可解决园区1/4的蒸汽供应，同时可解决园区3/4的用电，每年可减排二氧化碳17万吨，可节约标煤8万吨。

循环经济构筑煤化工生命力

"从1吨煤到1吨焦炭，可增值3.5倍，再到1吨聚甲醛，增值至少5倍以上。"张文学说，"打造高层次循环经济产业链，向新能源新材料发展，依托技术进步实现产品的高附加值。"

据了解，当前制约煤化工发展的主要因素是：单位产品能源消耗高、成本高、企业竞争力差；环保问题，工业"三废"如何利用；新技术引进消化吸收，而且必须符合国家环保节能减排的要求。

对此，开滦集团认为只有采用循环经济的发展思路来解决上述问题，才是煤化工发展的唯一途径。为此，开滦中润公司于2007年成立了引进新技术建设新项目课题攻关组、循环经济攻关组和节能减排技术攻关组三个课题攻关小组，为煤化工园区发展循环经济提供了技术支撑和保障。

实践证明，开滦集团煤化工产业实现了节能减排、循环经济和可持续发展，其中循环经济是最大亮点，主要包括七大循环系统：

第一，干熄焦项目回收红焦显热产生大量蒸汽，用蒸汽进行发电，可满足园区75%的用电量和50%的用气量回用于整个园区，实现了能源的清洁利用。如果只有焦化而没有与之相配套的后续项目，就不能对蒸汽充分利用。

第二，甲醇项目需要从空气中分离出氧气用于生产，同时产生的氮气主要用于干熄焦冷却红焦的介质。如果没有甲醇项目，只能单独建设制氮系统，从而使干熄焦的成本上升。此外，氮气可用于油库、电捕焦油器等易燃易爆装置的保护，还可以代替部分压缩空气。

第三，甲醇项目产生的废气弛放气，将其回收后引入回炉煤气，一部分送到炼焦车间进行焦炉加热，节约下来的焦炉煤气用于生产甲醇，可年增产甲醇约3万吨，另一部分作为原料用于粗苯加氢精制。

第四，甲醇项目和苯加氢项目自身产生的大量蒸汽和热力车间提供的蒸汽一起并入公司蒸汽管网，通过蒸汽分配站供生产系统使用。

第五，净化车间鼓冷工段的产品焦油，经30万吨/年煤焦油加工项目加工处理后产生的洗油，又可作为净化车间粗苯工段洗苯的重要原料。

第六，从生产系统中回收工业废渣，全部送到备煤车间，再返回到焦炉炼焦。废渣与单种煤粉碎相结合，使配合煤的粒度得到了有效的控制，改善了非活性煤种的结焦性能，同时实现了废渣不落地和循环利用，做到了"变废为宝"。

第七，采用绿色低碳、环境友好的发展模式，焦化项目产生的有机废水通过污水生化处理后，再进入污水深度处理系统，处理后的水质指标远远高于国家的排放指标；中水回用工程对除盐水浓水、循环水排污水和深度处理后的生化污水进行工艺技术处理，使处理后的"工业废水"达到工业原水水质标准，从而作为循环冷却水系统的补充水再次利用每年可节约新鲜用水220万吨，实现了工业废水零排放。

通过以上七大循环系统，中润公司的"三废"得到了充分利用，废水、废渣及排放的气体资源全部实现"零排放"。同时，园区内循环水和除盐水分别由甲醇循环水系统和热力除盐水站供应，不用单独建设循环水和除盐水系统，充分发挥了公司整体平面布局及工艺运行的特点，此项目节约建设投资约800万元；30万吨焦油精制项目的介质资源分别来自公司氮气系统、蒸汽供应系统、电力系统，减少单独筹建相关项目投资预算。

中国煤炭工业协会会长王显政认为，开滦集团近年来认真贯彻落实科学发展观，以建立现代企业制度为发展方向，加快企业内部改革和结构调整，加大管理创新和技术创新，推动企业全面发展和进步。

河北省委副书记、省长陈全国表示，开滦集团是中国民族工业的摇篮，是河北省最大的煤炭企业。近年来面对资源匮乏的严峻形势，开滦集团深入贯彻落实科学发展观，紧紧围绕省委省政府的决策部署，全面推进结构调整，加快转变发展方式，做大做强煤炭产业，大力发展新兴产业，实现了百年开滦的跨越式发展，为我国经济社会发展做出了重要贡献。

"开滦集团是河北国资系统近两年发展模式最先进、经济增长最快的大型企业集团。"河北省国资委主任、党委书记周杰表示，"开滦集团学习借鉴国内外资源型企业成功转型的经验，制定了以煤炭为基础产业，以煤化工、现代物流、文化和房地产业、装备制造业、节能环保产业为新兴替代产业的转型发展战略，盈利能力和可持续发展能力大幅提高。就打造煤化工产业链来说，开滦集团通过吸引战略投资者，走合资合作的路子，成为全国综合规模最大、产业链最完整、节能减排技术最先进的独立煤化工企业，实现了科学发展和盈利发展。"

（本文刊登于2010年11月9日）

现代物流产业：开滦集团转型发展的新舞台 *

现代物流产业是开滦集团"一基五线"产业新格局的重要组成部分，是开滦集团转型发展的新舞台。近年来，开滦集团加快结构调整，培育新的经济增长点，借发展现代物流业实现从二产向三产的跨越。作为专业物流领域的开拓者、煤炭供应链管理的专家，开滦集团率先提出了煤炭供应链管理体系、煤炭交易市场体系、煤炭战略储备体系"三位一体"的新模式，引领了中国煤炭物流革命，带动了中国煤炭物流再升级。

2010年8月31日被称为"中国乃至世界煤炭发展史的重大时刻"——开滦曹妃甸5000万吨国家级数字化储配煤基地开工奠基，开滦唐山曹妃甸动力煤储备有限公司和开滦唐山湾炼焦煤储备有限公司同时成立（以下简称"两港"项目）。至此，经过两年酝酿、筹备的我国特大型标准化煤炭储备库正式诞生，成为建造我国现代化煤炭储备基地历史的新起点。

业内人士认为，这标志着我国大规模推进煤炭供应链管理新理念的开始，有利于促进我国煤炭体系的升级和煤炭行业的发展，为传统煤炭行业的改造建设提供示范。在中国煤炭体制的重大变革中，具有132年历史的中国煤炭工业源头企业——开滦集团，再一次走在了全国的前列。

开滦集团董事长、党委书记张文学在接受《中国经济时报》记者采访时表示，开滦集团是"两港"项目的控股企业，集团将以国际化一流标准，推进"两港"项目建设，提高工作效率，努力把"两港"项目打造成我国煤炭供应链管理的示范基地。

目前，开滦物流产业已形成了基于供应链管理、以煤路港行一体化网络为依托，以"专业化煤炭物流"为特色，以"唐山古冶物流中心、曹妃甸国

---

* 注：本文是"转变发展方式看开滦·一基五线"系列报道第3篇。

家级数字化煤炭储配基地、唐山海港开发区煤化工产业物流配送中心、空港国际物流园区"为载体，以信息技术为支撑的现代物流发展新模式。形成了煤炭专业物流、物资仓储加工配送和逆向物流、运输服务、汽车物流、空港物流、国际物流等六大业务板块；创立了煤炭供应链管理、煤炭市场交易体系、煤炭战略储备"三位一体"新管理体系。同时，推进煤炭物流向现代化的科学方向发展。

张文学表示，"现代物流是开滦集团转型发展重点培育的新兴产业，是企业转型发展的新舞台。开滦物流在学习和实践中不断创新发展模式，推动产业升级，力求在更高层次谋划物流产业的可持续发展。"

立足优势培育新兴产业　现代物流加快转型发展

近年来，物流业在国民经济中的重要性逐步凸显，成为转变经济增长方式不可或缺的基础性支撑。

开滦集团不仅是中国煤炭工业的源头，也是中国物流产业发展源头。进入新世纪特别是最近两年来，这家"百年老店"率先为中国工业企业发展现代物流探索出一条可资借鉴的发展之路。

张文学说："煤炭企业发展煤炭物流的空间很大，每一个煤炭企业都可以发展煤炭物流，甚至每一个工业企业都可以把物流业发展起来，不仅可以降低制造成本、增加销售收入，还可以优化产业结构。"

据了解，开滦集团经历132年发展，资源匮乏问题逐步凸显，转型发展如箭在弦。

2008年7月，开滦集团重新调整企业发展战略，充分发挥自身比较优势和产业基础；立足于国家的宏观经济和产业政策并融入区域经济发展大局；学习借鉴国内外资源型城市和企业的成功转型经验，确立了"开放融入，调整转型，科学发展，做大做强"的发展思路，把现代物流、煤化工、装备制造、文化和房地产、节能环保等产业作为百年资源型企业结构调整、转型发展的接续和替代产业。

2009年，尽管面临国际金融危机的不利影响，开滦集团营业收入还是达到559.3亿元，比2007年增长了2.5倍，其中现代物流产业收入达到275亿元，比2007年增长了7.6倍，成为开滦转型发展的最大亮点。

打造现代化专业物流，开滦走内涵式发展之路

作为跨越了三个世纪的"百年老店"，开滦集团在不同时期均成为行业发展的样板和标杆，物流产业也不例外。

开滦作为中国民族工业的摇篮，中国最早铺就的准轨铁路、最早使用的蒸汽机车、最早的通商码头，都诞生在开滦。这些百年前因开滦采煤而生的物流设施，是开滦发展物流的感悟和积淀。可以说，中国的煤炭物流始于开滦。

开滦集团副总经理、国际物流公司执行董事李敏在接受《中国经济时报》记者采访时表示，从2002年把传统物流与采掘生产剥离出来，到2007年组建专业化物流公司，开滦集团在物流领域进行了一些有益的探索和实践。特别是2008年，张文学董事长来到开滦以后，及时调整企业发展战略，对各个产业准确定位，科学发展，按照"立足开滦、融入区域、物商互动、服务内外、以煤为基、关联发展"的总体思路，打造现代化专业物流企业，走内涵式发展之路，使物流产业真正有了明晰的发展方向。

据了解，从企业物流到物流企业，再到专业化现代物流，开滦物流产业经历了三次质的飞跃，堪称中国煤炭专业物流发展的缩影。

2002年，传统物流与采掘生产的剥离，成立了开滦经济贸易分公司，至此，以专业化重组为标志的企业物流剥离整合阶段是开滦企业物流建设阶段；2004年~2007年是物流企业建设阶段，实现了企业物流向社会物流的转变；2008年，企业进入专业化物流发展阶段，也是开滦物流实施战略调整、产业升级、快速发展阶段。2008年7月，现代物流调整定位为集团支柱产业，成立了国际物流公司。接下来重组了河北汽车集团、谋划唐山空港物流；推进唐山古冶物流中心、曹妃甸国家级数字化储配基地、唐山港煤化工产业物流园区、空港国际物流等园区建设。按照综合服务型产业定位，实现多元发展；对煤炭、钢铁、汽车等产业物流实现专业发展；通过延伸服务范围、广泛布点、输出管理模式，实现网络发展。

经过以上三个发展阶段，开滦集团实现了由传统物流向现代物流的转

变，即由传统企业产供销一体化向生产与物流剥离的转变，由企业物流向社会物流、再向专业化物流的转变，由传统单一的煤炭产品提供商向全球资源整合供应链管理服务商的转变。过程中通过理念先行，实现开滦物流发展高起点；体制先行、推进企业物流社会化发展；规划先行，促进区域经济协调发展；信息先行，搭建社会物流公共服务平台；人才先行，提供物流产业发展的智力支持。

这"五个先行"带动了开滦物流产业实现超常规跨越式发展——从2007年的32亿元到2009年的275亿元，再到今年的400亿元，3年时间开滦集团物流产业的营业收入将增长近12倍。开滦物流品牌影响力得到极大提升，先后被权威单位评选为煤炭行业首家"国家5A级综合服务型物流企业""中国物流实验基地""中国煤炭物流领军企业""全国物流行业首届劳模单位"、全国物流百强企业第九名、"河北省现代物流领军企业"。

首创"三位一体"发展新模式，引领中国煤炭物流革命

现代物流产业作为开滦集团转型发展的新舞台，已经占到了企业经济总量的半壁江山，张文学提出下一步要向更高层次谋划物流产业的发展。

"任何一个产业都有一个产业升级、结构调整和转变发展方式的问题，开滦物流业不例外。"张文学说，"开滦物流有一定的产业基础和比较优势，但是现代物流业真正大发展还需要靠信息流、资金流来支撑，走专业化道路，提高核心竞争力，把现代物流产业做大做强。即进一步扩大物流产业规模，保持河北物流企业最大、全国物流企业前列水平；提高技术含量、管理水平、信息化、自动化程度，实现产业升级；抓好重点项目和技术支撑，努力发展第三方物流，培育新的经济增长点，推进物流产业的纵向延伸和横向拓展。"

根据这一思路，开滦提出了"转变经济发展方式，实现煤炭物流科学发展"的理念，并探索出"三位一体"的煤炭专业物流发展新模式。即煤炭供应链管理体系、煤炭交易市场体系、煤炭战略储备体系"三位一体"，同步运行。

李敏介绍，"三位一体"模式是立足于资源型企业转型发展、煤炭产

业升级，经国务院发展研究中心、中国社科院、中国煤炭工业协会、中国煤炭运销协会、开滦集团、泰德煤网等多家机构，在对煤炭供运需现状深入研究分析的基础上诞生的。核心是用户需求为中心；基础是构建煤炭供应链管理体系，为用户提供个性化、一体化解决方案；载体是推进数字化配煤场为单元的国家战略煤炭储备体系建设，日常实行供应链管理，保证常态均衡供煤，关键时候能应急；手段是建设现代煤炭交易市场，提供系统的煤炭供应链服务，实现标准化产品交割，引导理性交易，优化资源配置，提高煤炭战略储备保障能力。

具体来说，煤炭供应链管理就是在煤炭生产企业与终端用户需求之间，通过配煤加工、库存管理，提供标准化产品和个性化解决方案，创造匹配性、一致性、可靠性和经济性等高附加值的管理活动，通过供应链管理，实现从坑口到炉口之间价值逐级增加，提升客户满意度。

煤炭储备体系是煤炭供运需各环节间的蓄水池，是"三位一体"模式中的供应链服务增值转换器。开滦依托自有矿井配套洗煤厂、契约化托管洗煤厂、京唐港业主码头，形成了自身的储配加工体系，按照国家煤炭储备体系的建设思路，重点建设曹妃甸国家级数字化煤炭储配基地、唐山湾炼焦煤储配基地，与开滦六大生产基地配套煤炭物流体系对接，连接战略联盟合作单位的煤炭集运站、物流园，加强与主要中转港、接卸港等协作企业的合作，共同形成网络体系，关键时候服务国家战略储备应急需求，日常实施供应链管理经营。

煤炭市场交易体系是衔接产运需的高效交易平台，基于供应链管理，与煤炭储备体系配合为用户提供个性化、一体化解决方案。

业内专家认为，开滦物流的"三位一体"发展新模式，在煤炭流通领域引入供应链管理思想，依托供应链联盟，突破单纯以资本为纽带整合扩张的方式，形成一种全新的商业模式和经营理念，促进成员企业间信息沟通、资源共享、业务合作、形成互惠多赢局面，引领中国煤炭行业走向集约、高效、低碳之路，引领煤炭物流产业升级。

加快大项目建设，带动区域经济转型

8月31日，由开滦集团发起建立的曹妃甸5000万吨储配煤基地的开工暨

曹妃甸动力煤储配基地和京唐港炼焦煤储配基地项目同时开工，正是"三位一体"全新模式的重要载体和具体体现。

近年来，各种极端气候和局部运力短缺带来的煤炭供求失衡使得建立煤炭储备的必要性越来越凸显。"两港"项目不仅为开滦集团物流再增新的强力引擎，更重要的是满足国家应急的要求、稳定市场供需、助推国家产运销衔接。

李敏介绍，开滦曹妃甸数字化煤炭储配基地项目位于曹妃甸港物流港区西侧，总投资27.1亿元，总占地面积1481亩，流通量定位为5000万吨，动态库存不少于416万吨；唐山湾炼焦煤储配基地项目位于京唐港，总投资11.56亿元，总占地面积1073亩，一期流通量定位为2000万吨，动态库存不少于100万吨。

"两港"项目建成后都将具备煤炭储备、数字化配煤、物流配送、交易结算、物流服务方案设计咨询等多重功能，整体规模将达到亿吨级，营业收入达到600亿元以上；在配煤过程中还集成了标准化的物流、资金流、信息流服务，该模式是以商流为载体的服务创新，这种商业模式是开滦物流的盈利模式，煤炭供应链管理能力也将成为开滦物流的核心竞争力。

目前，开滦物流"煤路港行一体化，三位一体，国有特大型企业生产服务性物流业务剥离，支撑企业转型发展"等四个方面综合服务型物流企业发展特色引起社会的广泛关注。

国务院发展研究中心产业经济研究部钱平凡博士在接受中国经济时报记者采访时表示，这些新理念和新举措是开滦集团践行科学发展观的充分体现。再次把开滦集团建成行业的标杆。

"开滦集团是我国历史最悠久的国有特大型煤炭企业，长期是我国煤炭行业的一面旗帜，在新的历史时期，以张文学董事长为核心的领导班子，审时度势，敏锐地抓住历史新机遇，充分利用开滦集团的独特优势，积极承担时代赋予的使命。借助优势，将其打造成开滦集团新的业务增长点，转变经济发展方式，实现传统煤炭企业的升级与战略转型。尤其可喜的是，在这个过程中，开滦集团打破了传统的封闭式发展方式，着力塑造强大的资源集结能力，联合多家相关企业共同投资，形成战略联盟，探索开发式发展新模式，建设无边界型的企业组织新形态，为百年开滦的基业长青夯实了新的基础。"钱平凡说。

中国煤炭工业协会会长王显政说："开滦集团'两港'储配煤基地项目发挥区位优势，发挥股东互补优势，进行数字化配煤，个性化服务，实施供应链管理，对煤炭工业循环经济建设，为我国煤炭战略储备体系建设，推动煤炭行业市场化改革探索出一条有效的发展模式。"

中国煤炭工业协会副会长姜志敏在接受本报记者采访时表示，开滦转型发展的思路很科学，符合煤炭企业发展的实际。特别是多元化经营思路清晰，并形成了严谨的作风。在煤炭行业，开滦集团发展现代物流可谓先人一步，具有典型的代表意义。

中国煤炭运销协会秘书长杨显峰认为，开滦煤矿在各个时期都为中国经济的发展做出过重大贡献，现阶段，企业在资源转型方面取得重大成功。最大亮点是立足产业优势，发展现代物流业，并迅速成为煤炭专业物流领域的领军企业，其"三位一体"的发展模式走在了中国煤炭物流发展的前沿。

河北省委副书记、省长陈全国认为，"两港"项目是开滦集团推动经济转型和加快煤炭物流新型产业发展的重要载体，对深化我国煤炭市场化改革，以及煤炭储备基地建设具有积极的示范作用，对全省加快方式转变和实现经济又好又快发展具有促进作用。

河北省副省长张杰辉表示，开滦集团作为132年光辉历史的特大型煤炭企业集团，是河北省煤炭工业煤炭物流的重要支柱。当前河北省处于加快转变发展方式，推动经济结构调整的关键时期，发展现代物流是产业结构优化升级的重要内容，河北省委省政府对"两港"项目非常重视，希望开滦集团和各方股东以公司成立项目开工为契机，按照国际一流标志全力加快项目建设，把项目建设成为发展模式最优、信息化程度最高、在国内具有影响最大的煤炭物理示范基地，河北省政府各部门和唐山市全力支持，为项目建设和公司运营提供优势高效的服务。

河北省国资委主任、党委书记周杰表示，开滦集团物流公司"三位一体"管理体系新模式，适应了市场要求，提高了企业的市场占有率，实现了由传统物流向现代物流的跨越。

河北省国资委副主任韩志远在接受《中国经济时报》记者采访时说："开滦集团在转型发展上，是河北省的典范，也是国资委监管企业的领军企业。开滦作为一个百年老企业，面临着煤炭资源枯竭、经济结构转型的紧迫任务。集团决策层审时度势，确定战略转型的发展思路，从运行两年来看，成效显著，非煤产业的销售收入已经达到了72%以上，特别是物流产业发展迅速。开滦物流产业的发展不仅对全省工业企业转变发展方式是一个很好的启迪，而且对构建现代产业体系，也有示范作用。我们对开滦的转型发展，充满希望，国资委也会全力支持他们的转型发展。"

唐山市市长陈国鹰说，近年来开滦集团主动融入唐山科学发展示范区建设，在做大做强煤炭产业的同时，大力发展非煤产业，加快企业转型步伐。开滦两个公司成立和曹妃甸储配煤基地项目开工标志开滦集团现代物流产业又迈上新的起点，将有力促进曹妃甸开发建设和唐山市产业结构的转型升级。

更高层次谋划物流发展，"十二五"末销售收入超千亿

据开滦集团最新数据统计，通过大力拓展业务领域，现代物流产业保持了快速发展的良好势头，今年1～9月份，营业收入达到313.6亿元，实现利润1.0889亿元。

"开滦物流的发展定位是做大做高做强，即规模在河北省最大；技术含量高，管理水平高，信息化程度高；优化结构，利用外部资源市场进行优化配置，可持续发展能力强。"张文学说，"下一步将依托集团产品、资源、市场、人才等整体优势，'煤路港行'物流设施优势，纵向、横向供应链管理优势，充分利用唐山市区域经济迅猛发展契机，积极构建现代服务业国际化物流企业，成为环渤海大物流系统中的一个重要节点和国际性煤炭专业储配中心。

李敏表示，开滦集团加快煤炭专业物流，实现供应链管理运营核心企业的角色转变，推进生产服务性、综合服务型物流业务多元发展，形成符合国家产业政策导向的现代物流产业体系，将开滦物流打造成专业化、煤路港行一体化、国际化、网络化的大型物流企业集团，进而推动企业转型。

"今年末，物流产业收入将达到400亿元，实现利润2亿元；2012年收入达到600亿元，实现利润4亿元；2015年收入达到1000亿元、实现利润10亿元。"李敏说。

（本文刊登于2010年11月12日）

装备制造业：开滦集团转型发展的新优势 [*]

装备制造业是开滦集团"一基五线"产业格局的重要组成部分，是开滦集团转型发展的新优势。按照开滦集团的战略部署，"十二五"期间，开滦集团装备制造业要实现经济规模50亿元，进入河北省装备制造"三甲"企业行列，并形成拥有先进技术、综合服务和国家级煤矿机械试验检测基地为引领，以煤矿机械、冶金装备两大支柱产业为核心业务的北方矿山机械研发、试验、制造、租赁、修理基地。

近几年来，开滦集团充分发挥装备制造技术、人才、资源等优势，抓住唐山钢铁产业迅猛发展和开滦煤炭扩张、煤化工发展的机遇，以开滦铁拓重型机械制造公司为核心，整合集团内部制造企业，实现产业集聚；联合中国煤科总院等研究机构，建设集煤炭开采、装备研发、综合配套试验为一体的研试基地，形成煤矿、煤化工、钢铁、节能环保装备四个主业板块，全面进入装备制造的高端领域。

提升：装备制造为战略产业

2010年初，开滦集团按照构建现代产业体系的新思维，对发展战略进行了重新梳理和调整。在"134"产业格局的基础上，提出构建"一基五线"产业格局。装备制造业作为其中的"一线"，第一次被提升到了产业的高度。

然而，开滦人对此并不满足。开滦集团总经理殷作如向《中国经济时

---

* 注：本文是"转变发展方式看开滦·一基五线"系列报道第4篇。

报》记者表示，作为"一基五线"现代产业体系中的"一线"，目前装备制造业6亿元的产值，对于开滦集团2009年全年整体营业收入559亿元来说只是沧海一粟，对于开滦集团2010年"双五"目标营业收入800亿元来说更是微乎其微。

殷作如说："开滦集团装备制造业要想做大、做新，就必须抓住唐山钢铁产业迅猛发展和开滦煤炭扩张、煤化工发展的机遇，通过整合重组、引进战略投资者、实施股权多元化等方式提高产业集中度做大；要大力推进技术创新，提高技术研发能力，实施结构调整，发展拳头产品，实现产业升级。"

本报记者获悉，开滦集团将按照装备管理、制造、租赁、修理系统化经营的产业格局，整合开滦集团设备分公司、开滦铁拓重机公司和内部具有一定规模的制造修理厂点，组建开滦重型装备集团。殷作如表示，通过内部重组，提升开滦装备制造产业集中度和经济规模，实现装备管理集中化、产品制造专业化、修理检验标准化、租赁经营规范化。

同时，通过并购河北省属、唐山市属国有企业，使开滦装备制造形成煤矿、煤化工、钢铁、环保装备四个主业板块，并具有产品研发能力、一定的生产规模和相应的营销网络；以集团内部巨大的市场为基础，与行业领先企业、专业研发单位建立战略联盟，通过引进、消化、创新，形成自主技术创新能力，提升市场竞争力。

谋划：装备制造业蓝图

围绕装备制造业的整体规划，开滦集团将着力加强五个方面的项目建设。

在煤矿用产品研发生产方面，着力构建煤矿用"三机一架"（采煤机、掘进机、刮板运输机和液压支架）的生产格局。

在煤化工用产品研发生产方面，主要研究和开发以气化炉和废热锅炉为代表的粉煤气化成套设备，即以年产20万~50万吨合成氨工程为依托，完成日投煤量1000~2000吨粉煤气化装置工艺技术和成套设备的研制。

在钢铁装备用产品研发生产方面，将进军冶金装备制造领域，开工建设高频直缝焊接无缝化石油管线钢管项目。

在专业化改造项目方面，以现有液压支架、运输设备、洗选设备、大修产品的专业化生产为依托，加大关键设备的投入力度，对设备资源等生产要素及生产布局、工艺流程等进行整合、调整，实施专业化改造工程，促进专业化生产程度的提高。

在煤炭生产基地设备租修服务部建设方面，在开滦集团规划建设的煤炭生产基地设立煤机设备租修服务站，为矿用设备提供租赁和修理服务；同时在内蒙古鄂尔多斯、呼伦贝尔和新疆准东等拥有煤化工项目的地点，设立化工设备维修服务站，提供化工设备维修服务。

引领：以铁拓龙头推进装备制造业

2010年是"十一五"收官之年，也是开滦集团结构调整、转型发展的关键一年。为了加快生产系统改造和项目实施步伐，铁拓公司作为开滦集团装备制造业的龙头企业，今年以来可谓浓墨重彩，铁拓公司按照发展定位，加快技术引进和兴企项目建设步伐，重点打造开滦制造品牌和具有开滦特色的产业和产品格局。

在技术引进方面，铁拓公司将抓好与西安煤机厂、沈阳北方交通重工集团、德国达姆斯·埃仁博格公司的洽谈、合资合作方案制定、项目实施等工作的落实，为提高企业产品技术含量和产业水平创造条件。

在项目建设上，铁拓公司在巩固现有产品的基础上，重点研制大型、重型刮板输送机，提升产品技术含量；在巩固现有轻放、大倾角、薄煤层、电液控等系列产品的基础上，完善现有高端支架制造技术，重点研制5米及以上电液控高端支架，形成年产2000组液压支架及10000套液压缸、液压阀配件的生产能力。

通过购置专业化加工装备，开展大口径、高清洁度液压千斤顶制造，开拓工程用液压千斤顶产品，打造国内一流的液压千斤顶制造中心；通过引进德国技术和资金，先期建设国内一流的电液阀维修中心，逐步打造液压阀、电液阀制造中心，形成开滦装备制造品牌产品。

充分发挥现有钢材加工已具有相当规模的工业基础优势，通过整合钢材加工资源，争取年钢材加工量扩大到5万吨；联系整合社会资源的实际，通过引进技术、人才拓展产品领域，形成成套冶金装备制造的产品体系，加快培育支柱产业。

打造：市场竞争高端产品

开滦铁拓公司董事长李友谊说："对于开滦装备制造业的优势产品，铁拓公司还是有一定基础的。目前，我们正在积极推进核心部件制造项目的建设，争取创出装备制造的拳头产品，打出开滦的品牌。"

通过购置专业化加工装备，进行科学的制造工艺布局，开展大口径、高清洁度液压千斤顶制造，开拓工程用液压千斤顶产品，打造国内一流的液压千斤顶制造中心。

通过引进德国技术和资金，先期建设国内一流的电液阀维修中心，逐步打造国际领先液压阀、电液阀制造中心，形成开滦装备制造品牌产品。

在加强对外合作方面，与日本钏路煤矿合作的矿用小型卧底机产品，在国内拥有独家技术，现已顺利完成开滦内部样机现场演示和产品推介，具备批量制造条件，下一步将进行批量生产。

在目前已成为德国KHD公司亚洲洗选设备制造基地的基础上，争取联合开发振动筛、离心机等产品，打造国内洗选设备制造中心。

据李友谊介绍，铁拓公司共确立了以上四项推进核心部件制造项目，这些项目的实施将大大提高开滦装备制造业的核心竞争力，而且开滦集团正在积极筹措扩大装备制造产业基地，进而扩展发展空间。

按照开滦集团装备制造业的战略部署，到"十二五"期间，开滦集团装备制造业要实现经济规模50亿元，进入河北装备制造三甲企业，并形成以拥有先进技术、综合服务和国家级煤矿机械试验检测基地为引领，以煤矿机械、冶金装备两大支柱产业为核心业务的北方矿山机械研发、试验、制造、租赁、修理基地。作为开滦装备制造业这场大戏的主角，铁拓公司已经开始蓄势，为演好发展大戏做好充分准备。

（本文刊登于2010年11月15日）

文化和房地产业：开滦集团转型发展的新亮点[*]

文化创意和房地产业是开滦集团"一基五线"产业新格局的重要组成部分，是开滦集团转型发展的新亮点。开滦人不仅要开掘煤炭资源以为国人造福，还要挖掘其独特而丰厚的煤炭文化资源以为中华精神文明宝库增光涂彩。由于看到了文化产业的巨大潜力，开滦立足自身丰富的文化资源，借鉴国际资源型城市转型的经验，抓住国家和当地政府倾力打造文化产业的政策机遇，以开滦国家矿山公园为依托，把文化创意和房地产开发结合列为集团转型发展的战略产业。

走进坐落于唐山市中心繁华地带的开滦国家矿山公园博物馆，宛如进入了一条黑色的煤炭历史文化长廊。在这里，从地球在旷远地质年代的沧桑沉浮中如何形成煤炭，到人类诞生之后如何发现、认识并使用煤炭，从与中国近代洋务运动相伴而生的中国煤炭工业的滥觞与发展，到乌飞兔走的白云苍狗间一家百年基业又绽新枝……这一切无不生动可触地呈现在游客的眼前。

"中国煤炭活化石"

开滦国家矿山公园坐落在唐山矿A区西侧，是2005年8月获国土资源部批准建设的首批国家矿山公园之一。该公园既具备一般公园的休闲、娱乐功能，又具备深刻的理性元素，能引导来园游客追忆、回味、体验中国近代工业文明走过的不平凡历程，为游客呈现关于中国近代工业文明的完整追忆，将一座百年老矿变身为具有强烈现代气息的国家矿山公园。

从公园南大门进入园区，首先映入人们眼帘的是国家矿山公园主碑——"世纪追梦"。主碑采用黑色优质花岗岩石料雕刻而成，象征着煤炭与矿工。

主碑身后，是总建筑面积为7400多平方米的开滦博物馆。展览和陈列面积3000多平方米，展线长600多米。博物馆的主题风格为新古典主义，造型设计既注重整体风貌的稳重典雅，也力求线脚细部的整洁利落，与重工业主题相吻合。

展览内容分为六大部分："序厅""煤的史话""洋务运动与中国近代煤炭工业兴起""一座煤矿托起两座城市（唐山和秦皇岛）""他们特别能战斗"和"百年基业常青"。

整个展览（从远古、古代、近代到现当代）贯穿一条煤文化主线。从石炭二叠纪"森林与海洋的曼舞"，到女娲燃煤炼石补天，从工业革命的蒸汽机车，到唐廷枢、金达等洋务先驱们开最早的路矿之源，溯本追源，树立和解读影响着唐山这座历史名城的文化基因。

展览中还有使人有身临其境之感的大型多媒体景观——"森林与海洋的曼舞"；博物馆的镇馆之宝——中国迄今存世最早的"开平老股票"；同时还复原了曾任开平矿师、后任美国第31届总统的胡佛办公室。

开滦矿山公园艺术地整体重现了中国近代煤炭工业源头，形象生动地留存了开滦煤矿这个"中国煤炭活化石"，并成为开滦集团的精美企业名片和唐山市的城市名片。

开滦国家矿山公园的建设将分三期完成。一期工程"中国北方近代工业博览园"，分"矿业文化博览区"和"矿业遗迹展示区"两大部分，包括博物馆、主碑、副碑、三大工业遗迹等景观。矿山公园以唐山矿老井区作为"中国北方近代工业博览园"主园区。除开滦博物馆外，在博物馆东侧的"矿业遗迹展示区"正在建设"中国第一佳矿1878""蒸汽时代1881"和"电力纪元1906"等三大工业遗迹展馆，不久将形成以开滦博物馆和三个分展馆为中心、以"工业文化旅游"为特色的一座"中国北方近代工业博览园"，稀有的工业遗迹以及旧厂房、机器设备等亦将成为这座博览园的重要组成部分。博物馆二期工程建成后，观众还可以从博物馆四层乘坐模拟罐笼直达井下，做"井下探秘游"，亲自感受、体验和了解煤矿地质构造和煤炭开采知识。

作为开滦国家矿山公园一期工程中的一部分，开滦博物馆自2008年9月预展至今已接待社会各界来宾4万余人，其中包括王兆国、刘云山、梁光烈、厉无畏等党和国家领导人；先后荣获代表目前国内博物馆展览方面最高水平的"全国博物馆十大精品陈列最佳综合效益奖""中国环境艺术奖"和河北省首批"文化产业示范基地""河北省爱国主义教育基地""全国科普教育基地"等称号，堪称全国28个矿山公园建设之最，2009年营业收入近7000万元。

丰厚的历史人文资源成为开滦文化产业的源泉

近些年，开滦集团开启以国家矿山公园为代表的文化和房地产业，是基于其与煤炭资源一样丰厚的煤炭历史文化资源。开滦人不仅要开掘煤炭资源以为国人造福，还要挖掘其独特的煤炭文化资源以为中华精神文明宝库添砖加瓦、增光添彩。

开滦有"近代中国煤炭工业的源头"和"北方民族工业摇篮"之誉，是中国早期工业化的一个重要坐标。"开滦"之名，源于1878年始建的开平煤矿和晚些时候创办的滦州煤矿。

19世纪70年代后，"洋务运动"在中国大地兴起。1876年，唐廷枢受命到开平一带勘察煤铁矿情况，拉开了创建开平煤矿的帷幕。1878年，开平矿务局成立，开始了唐山矿1号井开凿。开平煤矿率先采用资本主义经营方式并首开机器采煤的先河，结束了中国沿袭上千年土窑采煤的历史，成为中国土法采煤与近代采煤的一道分水岭。

1881年，唐廷枢主持修建唐山至胥各庄段铁路。同时，开平煤矿在所属胥各庄修车厂内制造了中国第一台蒸汽机车，拉响了中国铁路运输史上的第一声汽笛。

在企业运营中，开滦煤矿还是中国近代煤炭工业中最早实行股份制经营的企业之一，并建立起与社会化大生产相联系的经营管理制度。

20世纪初，开滦被英国人骗占，此后，其经营权掌握在英国人手里。

1948年12月12日，唐山解放。12月21日，唐山军事管制委员会代表进驻开滦煤矿。人民政府代管开滦后，很快建立起新型的生产关系，随之带来了矿山生产力的新飞跃。

改革开放后，1986年，开滦出现亏损，到1990年，亏损达到2.97亿元。从1992年至1996年，开滦抓住机遇，深化企业内部改革，迈出了具有决定意义的三大步：实行模拟法人运转，改变高度集中的计划管理体制；实行效益承包，建立内部市场运行机制；实行煤与非煤分离，改变企业"大而全"的组织结构。

1999年12月8日，开滦矿务局改建为国有独资公司，更名为"开滦（集团）有限责任公司"。现代企业制度的建立，使开滦的企业组织形式、治理结构、经营战略、管理方式都开始发生重大变化。

虽然经历了几次大的改革，开滦的经济实力不断增强，但由于多年的思维惯性，其管理体制仍然滞后，严重制约了企业发展。在此背景下，开滦进行专业化重组，成立五大公司，打破沿用了50多年的以块为主、条块分割的管理体制，形成与现代企业制度相适应的新的管理模式。

2004年6月，开滦股份正式上市，实现了融资10亿元的目标。同时，开滦加大改革力度，积极推进煤炭大基地建设，增扩了开滦的后备资源，煤电路、煤焦化、煤路港一体化开发建设进入全面运作阶段。

进入2008年，宏观经济形势和煤炭行业发生了深刻变化。开滦集团适时提出新目标，到2010年煤炭产量达到5000万吨、营业收入达到500亿元。自2007年至2009年，开滦集团的营业收入由157亿元增至559.3亿元，利润由3亿元增至10.5亿元，在全国500强和煤企100强中的排名大幅提升。目前，非煤产业收入占开滦集团总收入的比重已逾七成，一个现代化的综合性能源集团日益成型。

目前，在更为成熟的"六个转向"和"一基五线"战略的引领下，开滦集团正步入全面转型发展的快车道。

开滦文化产业应运而生、方兴未艾

开滦集团董事长、党委书记张文学在接受《中国经济时报》记者采访时，专门谈到了发展文化产业的必要性和重要性。

他说，开滦发展文化产业可以更好地弘扬百年老店的悠久品牌，文化产业也是增强企业凝聚力和战斗力的一个重要环节。开滦有自己独特的企业文化优势和价值，把这些优势挖掘、提炼、整合，可以进一步提升开滦的软实力。

张文学接着说，开滦有优秀的文化，开滦人不仅仅是"特别能战斗"，开滦的文化有包容性，有多元性，开滦人很有大局意识。当初建井的时候开滦用的是德国、比利时、英国的技术，中国广东的技术工人，这说明开滦建矿伊始就体现了开放的文化；开滦创造了中国煤炭行业很多的第一，归煤炭部管时，煤炭行业大部分技术标准或者政策出台，首先在开滦搞实验，说明我们有改革创新的精神；抗战时期我们有抗日民族英雄，说明开滦人爱国爱民族；大地震、大透水的时候，我们能承担重要责任，迅速恢复生产，说明我们"特别能战斗"；抗美援朝时期开滦有两个医疗队到朝鲜前线，2008年汶川地震时我们派了5支队伍到抗震前线，是我们自发组织的，这体现了开滦人的大局意识、社会责任意识……这些文化都需要进一步挖掘和提炼，激励我们奋发向上、再创辉煌。

张文学最后提出了进一步壮大开滦文化产业的几点思路：一是对开滦文化的精髓继续整合提炼；二是开拓思路，引入资金，把文化产业和房地产开发结合起来，充分发挥文化产业的文化价值和商业价值；三是要培养懂文化、热爱此项工作的人才，集中人才，挖掘文化；四是整合文化资源，让开滦周边的文化资源形成产业链。

文化和房地产业：再现老唐山百余年历史风情

2009年，国务院正式发布《文化产业振兴规划》，发展文化产业已经上升到国家战略层面，2010年3月8日，河北省政府出台了《河北省文化产业振兴规划（2010~2015年）》，文化产业正在成为国家和社会关注的朝阳产业。

正是看到了文化产业的巨大潜力，开滦立足自身丰富的文化资源，借鉴国际资源型城市转型的经验，抓住国家和当地政府倾力打造文化产业的政策机遇，以开滦国家矿山公园为依托，把文化与房地产开发结合列为集团转型发展的战略产业。

本文篇首所说的开滦国家矿山公园是中国最大、文化底蕴最深厚、经济转型最具示范意义的矿山公园，但这仅仅是开滦整个文化和房地产业的第一期工程，而更为宏大的第二期工程——老唐山风情小镇建设已经启动，第三期工程也已进入紧锣密鼓的筹措之中。

据了解，按照文化和房地产业的发展规划，开滦以开滦国家矿山公园的旅游产业为龙头，拉动与之相关的房地产业、配套商业、服务业的发展，将形成一个大的文化产业集群。

"开滦将以开滦国家矿山公园一期工程为开端，进行二期、三期捆绑开发，包括唐山市风情小镇、商业旅游、井下工业旅游开发等，把周边房地产、文化旅游、酒店、餐饮资源进行整合，实现娱乐、旅游、购物、会展、居住于一体。"开滦集团党委副书记李全兴在接受本报记者采访时说，"作为企业转型发展的替代产业，开滦文化和房地产以矿山公园为载体，将重点建设'三点一线'。就是将坐落于唐山矿老区A区的中国近代工业博览园和坐落在南湖生态城区域的"老唐山风情小镇"与坐落在唐山矿新区B区的现代矿山工业示范园区三个点，用代表中国第一条铁路、第一台蒸汽机车、中国铁路源头历史文化的龙脉铁路线衔接，并带动周边城市面貌改观。"

"从第一座矿井，到老唐山风貌，再到现代化绿色开滦，这三点连起来贯穿了我们一百多年的历史，形成完整的架构。这个架构用3年到5年就能完全建成。"李全兴介绍说，"目前，我们已经建成了以博物馆为核心的工业博览区；正在建设第二个点——集休闲娱乐欣赏为一体的'老唐山风情小镇'，利用老唐山矿原来的储煤场改造建设，总投资30多亿元，占地460亩，规划建设面积50万平方米，与茂华联合开发，今年7月已经开工，年底一期工程竣工。"

李全兴说："开滦开发建设老唐山风情小镇就是要再现唐山和开滦的历史，唤起人们对老唐山的记忆。"

今年年初，唐山市已将开滦国家矿山公园二期工程中的"老唐山风情小镇"列为全市十大标志性建筑之一。开滦博物馆馆长李军告诉本报记者，老唐山风情小镇以清末民初老唐山的历史文化为背景，以矿山风情街、老开滦酒店、洋房子、广东会馆、永盛茶园、窑神庙以及婚庆广场为主要吸引物，在娱乐、休闲、购物、体验、鉴赏的多重内容中，巧妙地将商业元素嵌入文化元素之中，打造一个新型的休闲娱乐场所，满足不同人群不同层次、不同取向的需求。唐山小镇最终将形成南土熏风、民俗风情、西洋风韵、婚庆广场和露天剧场五个板块。

今年3月，开滦矿山公园二期工程"老唐山风情小镇"开工建设，项目占地面积450亩，总投资20多亿元。建成后不仅将成为唐山市中心旅游区的龙头景观，并且可以带动以陶瓷、水泥、钢铁、机车制造为主要内容的系列工业文化遗产旅游。

6月18日，开滦棚户区改造又上新项目，唐山市古冶金山安置住房示范小区开工奠基，以此为标志，开滦集团利用三年时间全部完成棚户区改造任务的重大惠民建设工程拉开序幕。

"利用开滦丰富的土地资源，特别是企业转型、退二进三腾空的土地，矿山公园三期工程将进行棚户区改造和商业住宅开发，以此拓展项目融资渠道，提高经济效益，拉动第三产业发展。"李全兴透露，"今年全部开工的就有50万平方米、3个项目：一是利用老风景工业区，建300平方米的连体别墅。二是与风情小镇配套的开滦老洋房，唤起人们对开滦别墅的记忆。三是建筑节能和开发改造相结合，建设30多万平方米老唐山风格建筑。开滦集团共有棚户区140个，建筑面积154万平方米、36709户，经过多年努力，目前还有118万平方米、27227户没有改造。我们规划投资21.6亿元，将用3年时间，完成100万平方米老旧住宅的改造，改善家属的居住条件"。

开滦集团副总经理付贵祥在接受本报记者采访时说："文化是企业发展的命运所系，也是城市发展的命运所系。目前，开滦文化创业产业的发展不仅使唐山矿有机地融入城市，还会成为唐山市中心旅游区的龙头景观。老唐山风情的再现，让唐山人有了回忆，也让外地游客有了看点。"

（本文刊登于2010年11月17日）

节能环保产业：开滦集团转型发展的新成果[*]

节能环保产业是开滦集团"一基五线"产业新格局的重要组成部分，是开滦集团转型发展的新成果。开滦集团不仅把节能环保作为一项责任目标来完成，还把节能环保作为一个新兴产业重点培育。2009年，开滦集团不仅提前一年完成"十一五"考核目标，还形成了循环经济产业链，节能环保产业格局初步成形。

在开滦集团董事长、党委书记张文学办公室的窗台上，记者看到装有黄褐色、浅黄色、无色三种不同颜色液体的玻璃瓶一字排开。

张文学告诉记者："这个呈黄褐色的水是煤化工企业没有经过处理的污水，中间这个是经过一级生化处理后的水，COD(化学需氧量)降到150mg/L以下，按照国家标准是可以排放的，后面这个是我们在此基础上进一步深化处理后的水，COD降到了30~50mg/L，是可以种花养鱼的。这项技术我们申报了专利，年可节约新鲜水110万吨。"

河北省作为传统工业大省，节能减排形势相对更加紧迫。为实现今年和"十一五"节能减排目标，今年以来，河北省委、省政府坚持把节能减排作为一项重大的政治任务和事关全局的大事、急事来抓，重视程度之高、推进力度之大、工作要求之严，前所未有。为了使节能减排效果更加持久稳定可靠，河北强力推进节能减排，在全省选择30个重点县(市、区)和30家重点企业(以下简称"双三十")，就其节能减排工作做出承诺，并实行省政府直接考核。要求在"十一五"末必须完成节能减排任务，否则县(市、区)长自动引咎辞职，国有企业法人代表就地免职，民营企业停产整顿。

---

* 注：本文是"转变发展方式看开滦·一基五线"系列报道第6篇。

开滦集团是"双三十"考核单位，开滦不仅把节能减排作为一项任务来完成，还在全省率先把节能环保作为一个新兴产业重点发展。2009年，开滦集团提前一年完成"十一五"考核目标，还形成了五条循环经济产业链，节能环保产业格局初步形成。

2009年总节能量达到13.46万吨标准煤，提前一年完成"十一五"节能目标

按照河北省"双三十"工作的进展安排，开滦集团"十一五"要实现总节能量9.65万吨标准煤，化学需氧量和二氧化硫目标分别比2005年削减10%。

"开滦集团针对企业特点，以科学发展观为指导，大力发展循环经济，促进企业可持续发展。"开滦集团总经理殷作如在接受本报记者采访时表示，"节能减排是个长久的工作，也是一个日常性的工作，集团内部从领导到职工对节能减排工作都很重视，两年投入8个亿，搞了242个项目。"

殷作如说，在实现节能减排目标过程中，开滦通过健全体制，不断完善节能减排机制，集团公司成立了以董事长、总经理为组长的节能减排工作领导小组，组建节能环保管理办公室，负责全集团节能减排工作的组织领导。各专业公司及所属生产经营单位也相继设立了节能减排工作领导小组和节能环保管理办公室，确定责任体系，并充实了管理和技术人员。同时先后制定实施了《开滦集团能源消耗统计管理办法》《开滦集团节约能源管理办法》《开滦集团节约用水管理办法》《开滦集团环境保护管理办法》《开滦集团节能减排奖惩办法》《开滦集团环保设施现场运行管理办法》等规章制度41项。在考核奖惩方面，将节能减排绩效评价权重由5%提高到了10%，同时本着压力层层传递的原则，强力推行节能减排经济、人事、纪律考核并建立责任体系，有效推进"十一五"期间节能减排承诺指标任务分解落实。将节能减排工作纳入企业每周早调会、每月总经理办公会、每季经济运行调度会内容，调度研究节能减排工作，及时协调解决节能减排工作进展问题。

通过强化管理，进一步抓好节能减排设施设备的现场运行，在对节能减排设施设备、污染物排放口的位置和排放情况进行摸底调研的基础上，加强

污染源在线监测有关配套设施建设，努力抓好监测信息接收、分析处理、发布和应用，指导和协调好全局污染源在线监测监控系统建设和运行工作。另外，延续周、月、季调度机制，实施污染物治理周报机制，加强现场督导检查的频次，确保了污染物达标排放。

正确处理资金投入与节能减排的关系，抓住投入产出效果好的关键项目，逐年增加节能减排资金，先后投入资金近9亿元，组织实施节能减排工程项目364项，收到了显著效果。

依靠技术创新，提升节能减排效率和档次。在技术创新方面，开滦集团已成功引入了SVC高压电网无功补偿技术、提升控制系统变频改造技术、水源空气源热泵技术、锅炉红外线新型节能涂料技术、锅炉高效燃烧分层燃烧新技术、干熄焦技术、脱硫技术等，所创造的经济效益、生态效益和社会效益十分可观。

积极推进节能减排项目管理创新。几年来，根据节能减排工程项目数量多、矿区地域分布散、投资规模大、工期要求紧且完工时限相对集中的实际，采取项目集管理的方式，不仅调动了各级各层面的积极性，而且也最大限度利用了各种相关资源，使项目管理取得显著效果，提升和创新了项目管理方式。2009年，《开滦集团的节能减排项目集管理模式》被河北省煤炭协会、河北省企业联合会、中国煤炭工业协会、中国企业联合会评为企业管理创新成果奖。

2009年，开滦集团完成总节能量13.46万吨标准煤，超额"十一五"总节能量39.52%；实现化学需氧量减排量2510.4吨，二氧化硫减排量5288.6吨；累计淘汰电机8台、空压机6台、锅炉18台；吨原煤生产综合能耗完成6.74千克标煤；吨原煤化学需氧量排放量完成0.087千克，吨原煤二氧化硫排放量完成0.522千克；吨原煤烟尘排放量为0.077千克，吨原煤粉尘排放量为0.114千克。不仅全面完成了当年的节能减排目标，而且提前完成向省政府承诺的"双三十"节能承诺目标。

目前，企业万元产值综合能耗、万元产值综合电耗及万元工业增加值能耗均优于国家及河北省平均水平，原煤生产综合能耗在河北省同类型矿井中位于先进行列，获得了"全国煤炭行业节能减排先进企业"荣誉称号。经河北省"双三十"2009年度目标考核，开滦集团以总分第一名的成绩获得节能减排目标考核优秀单位，受到省委、省政府的表彰奖励。

综合收入超过20亿，节能环保成为企业转型发展的替代产业之一

"节能环保工作中蕴藏着巨大商机和发展空间。"张文学说，"节能环保不仅有社会效益，而且有经济效益，我们把节能环保作为一个新兴产业来培育，我相信这个产业的前景非常好。"

2008年7月，开滦集团调整企业发展战略，构筑"一基五线"产业新格局，以煤炭为基础，大力发展煤化工、现代物流、装备制造、文化和房地产、节能环保等接续和替代产业。研究制定了《开滦集团2009~2010年及"十二五"节能减排规划》，在新建、改建、扩建等项目中设立节能环保内容。明确节能减排是一把手工程，将节能减排工作纳入到企业的日常管理工作中，与安全生产经营工作同步考虑、同步建设、同步管理、同步考核。

2009年，以煤矸石、矿井水、瓦斯等"三废"处理再利用为内容的产业投入4.2亿元，实现综合收入20多亿元。

全年集团营业收入达到559.3亿元，同比增长64%，高于全国先进企业49个百分点，提前一年实现"十一五"战略目标；利润同比增长37.98%，高于全国先进企业30个百分点。两年内在全国500强企业排名中提升188位，位居第103位，上升位次最大；在全国煤炭企业百强排名中居第八名。截至目前，非煤产业占到营业收入的七成以上。

北京大学地方政府研究院院长彭真怀认为："资源型企业普遍面临从开采资源到走向繁荣，再到资源逐渐枯竭、企业衰败的过程，很多企业都难逃这样的宿命。而具有132年历史的中国煤炭工业源头企业开滦集团通过加快发展方式转变、结构调整，大力发展接续和替代产业，打破了因资源而兴、因资源枯竭而退出历史的惯例，给8万在岗职工以及50万职工家属一个免于恐惧的未来。"

做强五条循环经济产业链，构建节能减排产业格局

初到唐山的外地人很难想象，绿树成荫、烟波浩渺的唐山大南湖风景

区的中心会有一座煤矿还在紧张有序生产，这就是中国第一佳矿唐山矿的B区。

开滦集团纪委书记李国介绍，唐山市因煤建市，随着城市的发展，开滦唐山矿渐渐被包围在了城市中间。

历经百年，唐山矿仍然是开滦年产400万吨优质煤的主力矿井，这个矿所产的1/3瘦煤被称为"工业味精"，是配煤不可或缺的稀有煤种。作为开滦总部经济的重要支撑，唐山矿不能停；而其所在的城市要转型，工业重镇要变身生态新城，按照唐山市规划，28平方公里的城市中央公园将成为集生态保护、休闲娱乐、旅游度假、文化会展、住宅建设、商业购物、高新技术产业为一体的新城区，而煤矿的存在凸显城市尴尬——城企矛盾亟待破解。

李国告诉记者，按照集团要求，从着眼企业自身发展转向融入区域经济的城市互动发展，唐山矿选择发展循环经济。

走进唐山矿B区，整洁的厂区内看不到堆积的煤炭，听不到刺耳的噪音。"B区采出的煤不升井，而是经过地下采掘巷道传送到4公里之外的A井，从A井升井后迅速通过传送带传送到一墙之隔的洗煤厂，进行精选加工。"李国说，"我们这里矸石不上井、生产不见煤、生活不燃煤，瓦斯和矿井水全利用。"

矸石不升井，就是创新采煤方式，将大量矸石回填地下，使被压在建筑物之下的资源能够得以开采，并且避免了地面塌陷。

产煤不烧煤，利用瓦斯发电实现清洁生产。今年初，一座拥有4台500千瓦发电机组的瓦斯发电厂开始运转，先进的燃爆技术使矿井中高低浓度的瓦斯都能得到有效利用。

生活不燃煤，即将上马的水源热泵项目，提取矿井水热量作为职工洗浴的热源，以逐步取消燃煤锅炉。远景规划中，还将上马太阳能项目。

"唐山矿的'三废'治理是作为产业来发展的，许多项目不仅是在完成节能减排的指标，更是在为矿井的长远发展寻找替代产业。"李国介绍，"在开滦唐山矿，探明的可采储量只剩1.3亿吨，而且采深已达地下千米，同时大量资源被压在建筑物、水体、铁路之下，开采难度极大。面临资源即将枯竭的现实问题，唐山矿正在由生产型矿井向服务型矿井转变。未来唐山矿B区将建成'开滦集团现代矿山工业示范园'。项目位于唐山矿B区工业广场，井口及井下改造工程已基本结束，地面工业广场整体规划方案已经申报待批，37项园区建设难点攻关课题已完成90%以上。2010年，唐山矿将初步建成"最能体现科学发展、最能体现百年开滦文化、最能体现科技进步、最能体现城市文化品位"的国内一流工业园区，成为开滦三点一线工业旅游项目的重要内容。"

按照发展规划，未来唐山矿将形成多项产业：以瓦斯、矿井水、矸石回收利用为内容的副产品开发产业，以现实井下生产流程为内容的工业旅游产业，以基于现场而非理论的技工培训产业，以人力和技术资源为内容的对外技术服务产业……

唐山矿只是开滦集团发展循环经济的一个缩影，近年来，开滦集团遵循循环经济理念，围绕煤炭、煤化工企业废气、废物、废水处理再利用和土地塌陷治理等，建成了采煤—抽放瓦斯—工业发电和民用产业链；采煤—排放矿井水—精华处理再利用产业链；采煤—排放矿井水—余热回收利用制冷制热产业链；采煤—煤矸石—发电综合利用、建材产品产业链；采煤—土地塌陷—充填—回复土地功能产业链等五条循环经济产业链。

截至目前，开滦煤层气利用率达到60%，矿井水利用率达到64%，煤矸石利用率达到100%，已治理土地19063亩，初步形成节能环保产业格局。

一是煤矸石产业格局。初步形成了采煤—产生矸石—矸石综合利用(发电、建材材料、充填材料产业链，从而减少矸石排放占地、矸石自燃对大气污染)，煤矸石年产出量800万吨，利用率100%，制砖年创效益3024万元，年发电量16亿千瓦时，年供热量290万吉焦，年产值9.2亿元。

二是矿井瓦斯产业格局。初步形成了采煤—抽放瓦斯—燃烧利用或发电链(解决煤炭生产过程中安全和排放地面后对大气污染问题)，年瓦斯抽放量2800万米，利用率60%，年产值800万元。矿井水产业格局，初步形成了采煤—抽放矿井水—净化—工、民用水(减少矿井水外排量和利用水资源)，年矿井水排出量9671万吨，利用率70.2%，年产值2亿多元。

三是地表塌陷区治理产业格局。加强"三下"采煤的研究和岩层地表观测工作，开展巷旁充填试验，最大限度地减少地表下沉。地表塌陷后加强土地整治工作，恢复生态环境，防止水土流失。

四是煤化工产业格局。在焦炉煤气综合利用方面，开滦煤化工现有焦化产能550万吨，副产大量的焦炉煤气，除去焦炉自用外，还剩余焦炉煤气15万M^3/H，目前全部得到了综合利用，年产值近10亿元。在焦炭显热的综合利用方面，采用干熄焦技术回收焦炭显热，用于生产蒸汽和发电。现有5套140吨/小时干熄焦装置，年可回收能源折标煤20万余吨；利用余热可产生蒸汽332.5万吨，可发电6.25亿度，年创收3.25亿元。在焦化废水的综合利用方面，采用先进的内循环生物脱氮和超滤＋纳滤为核心的双膜法两级深度处理工艺技术，对焦化废水进行深度处理。

"产煤不露煤、产煤不烧煤""向外排污染物要效益"，节能环保产业格局成为企业新的经济增长点。

张文学表示，下一步加快整合和拓展目前的矿井水利用和矸石利用、瓦斯利用等产业，以便形成规模效益。并从技术、资源、人才等方面形成优势，不断发展壮大节能减排管理和技术人员的队伍，引进和消化先进技术并和本企业实际相融合，为节能环保产业提供技术支撑。

对于开滦集团的转型之路，彭真怀说："从中国传统的农耕文明到近代工业文明的转型，开滦是一个里程碑；从资源型企业到现代化的综合性能源集团的转型，开滦又是一个典型的样板。""开滦集团的发展史就是一个转型史，特别是当前，集团依靠以张文学董事长为班长的领导班子和员工队伍的奋力拼搏，探索出一条可贵的转型之路，对全国企业具有典型的借鉴意义。"

（本文刊登于2010年11月19日）

开滦战略调整带动百年资源型企业主动转型[*]

"开滦的发展之所以让人感到震撼，就在于开滦在经济发展的大潮中能够未雨绸缪。"开滦集团转型发展研究联合课题组专家、中央政策研究室经济局副局长白津夫对开滦主动转型发出由衷的赞叹，开滦在日子过得还不错的情况下积极主动转型发展，这对一个企业来说是难能可贵的，让我们很感慨！

"130年前，开滦揭开了中国近代工业的第一页。130年后，开滦在新型工业化道路上转型，是非常有意义的。"开滦集团转型发展研究联合课题组专家、国家科技部调研室主任胥和平提出，开滦在转型发展这件事情上"特别能战斗"，开滦集团经过这三五年的努力，直接回答了中央十七届五中全会提出的一系列重大问题，践行了"十二五"规划所提出的重大思路，意义重大。

开滦集团具有130多年的煤炭开采历史，近年来，资源枯竭问题正逐步凸显。但是，同其他一些资源型企业相比，开滦的转型压力并非最紧迫，即使面临萎缩的唐山老矿区，其资源储量也仍有14.5亿吨，还能再支撑20年。

但为了再造百年名企，实现基业长青，2008年下半年开始，开滦集团党政班子居安思危、未雨绸缪，以积极的态度主动提出了转型发展。

百年开滦，书写中国民族工业史的辉煌一页

开滦集团转型发展研究联合课题组专家、国务院研究室综合司司长陈文

---

[*] 注：本文是"开滦集团转型发展启示录"系列报道第 1 篇。

玲对开滦的发展史感慨万千：开滦是一个历史厚重沧桑的企业。一百多年的历史伴随了整个中国近代工业发展历史。

开滦集团转型发展研究联合课题组专家、国家工信部节能与综合利用司司长周长益说："开滦名气很大，从小我们就听说过开滦。上个世纪70年代《人民日报》上《他们特别能战斗》那篇文章，我上高中的时候还学过。"

客观上，提到中国民族工业史就不能不提开滦。开滦集团享有"中国近代煤炭工业源头""中国北方民族工业摇篮"的盛誉。开滦为中国的煤炭工业发展作出了巨大贡献，是中国民族工业的一面旗帜，曾在中国民族工业史上书写了辉煌的一页。

1877年，清政府洋务派代表人士李鸿章推动创办开平矿务局，引进西方先进技术和人员开采煤炭；1906年滦州煤矿公司成立；1912年两者合并，开滦煤矿由此诞生。随后的不同时期，开滦作为中国近代民族工业发展先锋、中国近代煤炭工业源头和中国北方民族工业摇篮，诞生出了中国民族工业的诸多第一：最早使用机器开采、最早实行股份制经营、最早准轨铁路——唐胥铁路、最早蒸汽机车——龙号机车、第一桶水泥——麒麟牌水泥以及中国企业第一个煤炭码头——秦皇岛港。

开滦集团不仅在中国民族工业发展史上书写了浓墨重彩的一笔，在中国新民主主义革命的洪流中，开滦集团同样留下了可歌可泣的篇章。1922年，开滦煤矿爆发震惊中外的开滦五矿同盟大罢工。1925年12月，毛泽东同志在《中国社会各阶级分析》一文中，高度评价了开滦煤矿工人阶级："他们特别能战斗。"

在新中国建设时期，开滦集团在国民经济恢复和发展中也发挥了主力军作用。即使在国民经济几乎停滞的"文化大革命"时期，开滦煤矿依然顶住多种因素干扰，努力照常生产。在工业生产基本停滞的"四五"期间，开滦煤矿的煤炭产量实现翻番，1975年，其产量已经占据了全国统配煤矿产量的十分之一。周恩来总理曾两次表扬开滦煤矿为国家"出了力、立了功、救了急"。全国工业战线曾开展"学大庆、赶开滦"的群众运动。

改革开放新时期，开滦集团锐意改革，不断创新，推出许多具有煤炭行业示范作用的经验。上世纪80年代以来，开滦在全国煤矿率先进行吨煤工资承包，推行模拟法人运转，实施了煤炭生产、多种经营、后勤服务"三条线"管理体制,创造了市场化精细管理模式等。1999年12月8日,开滦(集团)有限责任公司宣告成立,开滦煤矿打破了延续50年的工厂制历史,正式建立了现代企业制度。2004年6月,开滦精煤股份公司成功上市,企业进入新的发展阶段。2009年1月21日,"开滦精煤股份有限公司"正式更名为"开滦能源化工股份有限公司",标志着开滦股份公司由开采类公司转变为能源化工类公司。

主动转型,适应转变经济发展方式大趋势

进入新的历史发展时期,企业发展正面临世界性的经济大变革。特别是2008年以来,国际金融危机爆发,推动了全球性经济格局的大变动、大调整、大改组,加剧了产业结构的变革,使得产业竞争进一步加剧、产业转型进一步加速、企业发展环境也更加严峻。如何在经济变革的背景下,加快发展成为各国企业关注的焦点。

党的十七大报告明确提出"加快转变经济发展方式,推动产业结构优化升级,这是关系国民经济全局紧迫而重大的战略任务"。进入"十二五"时期,我国将突出科学发展的主题,以转变经济发展方式为主线,这意味着中国至少在"十二五"期间都面临着经济的重大变革。

在煤炭作为我国主体能源地位短期内不会转变的背景下,煤炭资源型企业转型也就不仅是一个企业自身生存发展的问题,而是关乎全国经济结构调整与发展方式转变的战略性问题。

2008年下半年,开滦集团立足我国大力实施经济结构调整、推进发展方式转变的历史机遇,科学分析形势、超前预测企业发展危机、准确把握企业发展方向,调整了企业发展战略,明确提出了转型发展。百年企业也因此迈向重大历史转折点。

事实上,开滦集团作为绵延百余年的国有大型资源型企业,尽管进入新世纪之后发展速度和经济效益受到多重因素的叠加影响,但其在全国煤炭行业仍能保持一定的规模优势,甘于现状依然可以平稳发展。如果对固有发展方式实施改革,在体制机制上进行突破,无疑会存在选择性风险,这对企业领导者而言可谓艰难抉择,也是对企业发展的一次艰难挑战。

对此，开滦集团董事长、党委书记张文学认为，光荣属于历史，现在决定未来，要把光荣历史演化为推进企业发展的动力，必须要加快结构调整和经济转型。

"转型首先是由资源型企业特点决定的。开滦煤矿现在还可以挖20年，但20年之后怎么办？今天不出煤，今天没有饭吃；今天不转型，明天没有饭吃。同时，转型需要时间，如果等资源彻底枯竭、工人失业之后再寻求转型就晚了。"谈及转型的初衷，张文学语重心长。

经过分析比较，开滦集团领导班子一致认识到：纵向与自己比，开滦集团确实不断发展壮大，而且仍具有一定比较优势；但横向比较，开滦集团不仅落后于一批新兴企业，而且落后于一些老牌的国有企业。在新的发展时期，必须要承担起国家和广大干部职工所赋予的历史重任，只有实施发展战略转型，才能实现百年开滦的持续发展，基业长青，再创百年辉煌。

2008年7月，《开滦集团2008~2010年及"十二五"发展战略规划》正式出炉。明确提出了"开放融入、调整转型、科学发展、做大做强"的战略方针，确定了转型发展目标和工作重点，百年煤炭企业走上了转型发展的新征程。

"开滦集团转型发展走在了前面。"白津夫对开滦的转型决策给予了肯定。

立足实际，探索企业转型之路

资源型城市以及资源型企业转型是世界性难题。据了解，美国、德国、法国、日本、加拿大等都有许多城市属于资源型城市，他们都曾在转型的阵痛中艰难探索。其中，德国的鲁尔、美国的匹兹堡和法国的洛林转型都用了30年以上的时间才获得成功，继而成为全世界资源型企业转型的榜样。

据统计，全国现有矿业城镇426座，其中，处于衰退期的有51座。资源枯竭城市也有12座。

这些城市在艰难的转型过程中，不仅要调整产业结构，还要克服地面沉陷等地质灾害和数十万矿工及其家属就业等难题。

当前，我国资源型城市和资源型企业转型仍然处于探索阶段。从过去的转型实践来看，国内资源型城市和企业转型的现状不容乐观。

　　纵观国内外资源型企业转型发展模式，选择怎样一条转型发展道路，正成为开滦集团必须面对的重要课题，尤其是对于开滦集团这样具有百年历史的老国有企业，战略的制定不仅决定了企业发展方向，更涉及15万多在职和离退休职工，直接影响到开滦集团矿区近50万人的社会稳定问题，甚至影响着所在城市的未来。

　　与此同时，转型之初开滦的发展实际不得不面对严峻现实。2002年至2007年，开滦集团在中国煤炭企业100强排名中名次逐年后移；全国500强排名中，五年后移了30位。

　　由于企业开采历史长，资源枯竭、产业单一、增长方式粗放、企业抗风向能力弱以及之后席卷全球的金融危机，让这个百年老企的可持续发展逐渐陷入困境，发展压力也不断增大。

　　产业结构单一的经营风险压力。2002年至2007年，开滦集团煤炭产业收入占总收入的72%以上，"一业独大"和非煤产业发展缓慢的矛盾突出。

　　开采条件困难给煤炭生产、安全管理造成压力。唐山矿区平均开采深度达到854米，最深处达到1257米，单翼运输距离最长达9公里，是全国开采深度最大的矿区。水、火、瓦斯、煤尘、矿压等自然灾害威胁越来越大，开采成本越来越高。

　　企业办社会压力。开滦集团离退休和生活后勤人员近10万人，同时还承担着165个住宅小区的供水、供电、供气、供暖等"四供"系统的运转费用，年用生活后勤补贴高达13亿元以上。

　　资源赋存条件差带来的经营压力。开滦原煤灰分高达40%，动力煤发热量仅为4000大卡左右，精煤回收率仅为35%左右，比全国平均水平低20个百分点，严重影响经济效益的提高。

　　对于转型发展面临的风险和压力，开滦集团领导班子进行了客观分析。虽然开滦集团发展面临多重压力，转型发展会存在诸多不可预测的风险，但作为一个老资源型国有企业，开滦集团也具有许多"优势"。

　　首先，经过130多年的历史积淀，开滦集团形成了"特别能战斗"的企业精神，锻炼出了一支具有历史责任感的干部职工队伍。从开滦集团的发展历史看，开滦人时刻把自身发展与国家民族的命运紧密相连，始终处于时代发展的潮头。

其次，企业具有独特的区位优势。开滦地处环渤海经济开发区腹地，毗邻京津大城市群，京沈、通坨、大秦、坨港四条铁路干线，京沈、唐津、唐港三条高速公路纵横其中，距秦皇岛港、塘沽港、曹妃甸港均在百里左右，交通十分便利，区位优势得天独厚。

第三，存量资产雄厚。企业有2500亩闲置土地，847万平方米的闲置房产；有完善的供水、供电、供暖、供气系统，上千台、原值上亿元的闲置设备，拥有自己的业主码头和自营铁路等。

第四，有较强的融资能力。凭借开滦品牌、资源和发展强劲的势头，集团公司利用上市公司融资、股权融资、发债融资等资本运作能力明显提高，融资空间比较大。

第五，开滦品牌享誉中外。与上下游产业形成了稳固的产业链关系，134年的企业发展历史，积淀了深厚的传统文化，在用户中有着极高的诚信度和美誉度。

第六，拥有坚强有力的企业党组织。开滦党委是全国优秀基层党组织，党组织的坚强领导和科学决策，为实施转型发展战略发挥了政治核心和保障作用。

为了顺应转变经济发展方式大势，开滦集团在认真分析自身优劣势的基础上，增强了转型发展的信心，转型大戏全面拉开，一个个接续产业和替代产业、新兴产业走上了百年企业的舞台中心，并逐步成为企业转型发展的主体产业。

开滦集团转型发展研究联合课题组成员一致认为，正是开滦集团自觉的忧患意识和强烈的时代发展意识与党组织的坚强领导，才形成了战略转型的精神基础和强大保障。这也是开滦集团战略转型具有自身特色的关键因素之一。

（本文刊登于2012年3月14日）

开滦转型：开辟中国资源型企业转型新路径 *

　　由中共中央政策研究室、国务院研究室等十多个中央机关、国家部委及研究机构二十多名专家组成的"开滦集团转型发展研究联合课题组"完成的《开滦集团转型发展调研报告》认为：开滦集团在转型发展中，以科学发展观为指导，依托自身资源，围绕"产业转型有主线，转型发展有战略，转型目标有阶段，转型发展有保障"的原则，走出了具有开滦特色的转型发展道路。

　　据了解，开滦集团2008年7月调整企业发展战略，确定转型发展以来，短短四年时间，营业收入增长了7倍多，彻底改变了靠增加煤炭产量提高效益、局限于煤炭生产寻求发展、靠自我积累投资上项目的传统观念，走出了一条以煤为基础，产品深加工，延伸产业链，循环发展、集约发展、多元发展的新路子，为资源型企业转型探出一条新路径。

以战略转型引导发展思路和发展模式转型

　　开滦转型的关键是以战略的转型带动企业发展思路和发展模式的转型。

　　据介绍，开滦集团在选择转型发展路径方面，首先从战略层面着手，转型不是简单地以转型促发展，而是企业发展战略上的转型。因此，开滦集团把"开放融入、调整转型、科学发展、做大做强，以资源型企业转型为突破口，以做大企业规模为基础，进而把企业做精做强"作为转型发展的指导思想。

---

　　*　注：本文是"开滦集团转型发展启示录"系列报道第 2 篇。

开滦集团董事长、党委书记张文学表示,在制定转型战略方面,开滦集团重点把握了四个原则:一是立足企业比较优势;二是顺应产业发展大势;三是与区域经济协同互动;四是他山之石为我所用。

按照以上四个原则,2008年开滦集团制定了《开滦集团2008~2010年及"十二五"发展规划》,从指导思想、战略目标、产业定位、产业布局、改革改制、体制创新、开放策略、技术进步、节能减排、和谐企业建设等10个方面对开滦集团的发展战略做出了重大调整。形成"做大做强主业、稳固壮大总部,实施资源拓展战略,发展接续产业,着力培养替代产业"的战略思路。确定了把开滦集团建设成为主业突出、结构合理、多元经营、科学发展的跨地区、跨行业、跨所有制、跨国的国际领先、国内一流的现代化大型企业集团的发展目标。

在转型发展过程中,开滦集团立足自身实践,探索了独具开滦特色的"六大转型模式"。一是从以煤为主的一元发展战略转向以比较优势为基础的多元发展战略;二是从以产量增长为导向的资源驱动型发展模式转向以循环经济为导向的科技创新驱动型发展模式;三是从着眼企业自身的发展模式转向融入区域经济的城企互动发展模式;四是从单区域挖潜型发展模式转向以总部经济为基础的多区域发展模式;五是从封闭式整合发展模式转向开放式横向战略合作发展模式;六是从传统粗放型管理方式转向以精细化、科学化为特征的现代企业管理体系。

六个方面推进企业战略转型

张文学介绍,在2008年开始的开滦转型发展过程中,对强化战略的引导和落实都有具体的要求,重点从六个方面着手实践战略转型。

第一方面,依托煤炭产业,实现产业格局多元化。

中央和河北省委省政府提出以加快转变经济发展方式为主线,加快转变经济发展方式,其核心是调整产业结构。开滦集团作为资源型老企业,最突出的问题是"产业结构单一","一煤独大"。因此,开滦在推进转型发展过程中,牢牢抓住产业结构调整这个主要矛盾,坚持立足自身比较优势和产业基础,既考虑长远,培育替代产业,更着眼当前,改造提升传统产业,分七条线进行了产业结构的调整。

即：支柱产业向产业基础转变，煤炭生产向煤化工产业转变，煤基工业向煤基服务业转变，工业遗产向文化旅游产业转变，配套装备向装备制造产业转变，废弃物利用向节能环保产业发展转变，传统产业向替代产业和战略性新兴产业转变。

第二个方面是提高科技创新能力，实现产业发展高端化。

技术和人才是开滦转型的支撑，决定企业转型发展的前途。开滦建立完善了技术创新的保证体系，加大技术创新投入，其中基础产业技术创新投入占营业收入的2%以上，煤化工和装备制造产业技术创新投入占到了3%~5%。

第三个方面是树立开放式思维，实现资源整合全球化。

开滦集团把内外部资源整合作为促进转型发展的重要推动力，跳出企业求发展。在煤炭资源的整合上，用世界的眼光，开放的思维，未雨绸缪，抢抓机遇。开滦集团从2008年开始，加大"走出去"步伐，先后在山西、内蒙古、新疆、加拿大开发占有煤炭资源量达到167亿吨，大大增强了煤炭产业发展后劲。

同时，积极利用国内外两种资源，两个市场，加强横向战略合作，与美国考伯斯公司、加拿大德华公司、首钢、河钢、沙钢、国电、大唐、北燃集团、北京茂华等国内外著名大公司建立了战略合作关系，一批重大项目相继落地、建成投产，从而实现借势借力发展。

第四个方面是提高资本运营水平，实现融资渠道多样化。

现代市场经济是资本经济，企业要提升价值增值能力，不仅要注重生产经营，更要重视资本运营。企业转型需要资金支持，要改变企业靠自有资金发展的传统思路，走资产资源化、资源资本化、资本证券化的路子。利用上市公司再融资，迅速扩大企业规模。

第五个方面是推进产业集群建设，实现产业发展方式集约化。

从粗放分散式发展转向园区集群式发展。开滦集团抓住河北省推进"四个一"战略重点、加快建设沿海经济隆起带的机遇，按照产业集群，管理集约，规模化、园区化、基地化、低碳化的绿色可持续发展模式，利用临海优势，分别在京唐港和曹妃甸建设七大临港工业园区。

从着眼企业自身发展转向融入区域城企互动发展。坚持把企业转型发展融入区域经济发展，搞好规划对接、产业对接。实现了企业与区域发展的多层次、全方位互动，拓展了转型发展的空间，实现企业与城市共赢发展。

从单区域挖潜型发展转向以总部经济为基础的多区域发展。开滦煤炭产业发展定位是稳定总部，开发外埠。要保证企业在岗、离退休近20万名员工和近30万家属的生存，还要依托总部经济，有序开采，均衡生产，延长老区开采寿命，为转型提供时间空间。绝不能搞急功近利，短期行为。把煤炭增产的出路放在加大外埠资源扩张上，形成了河北、山西、内蒙古、新疆、加拿大"五大区域""七大基地"的煤炭生产格局，形成了以唐山总部为"头"、以外埠煤炭开发为"脚"的多区域煤炭产业发展格局。

第六个方面是推进企业文化升级，实现转型发展认同化。

企业文化是企业的灵魂和精神支柱，是企业获得持久发展的动力源泉。企业调结构、转方式，实现单一产业向多元化发展等转型，必须在思想观念、行为方式等方面进行调整，形成文化支撑力。开滦根据转型中出现的文化冲突问题，企业扩张中出现的文化融合问题，战略发展中出现的文化支持问题，全面推进企业文化升级。将体制优势、制度优势、文化优势相融合，凝聚了全体员工的力量，形成了企业转型发展的合力，为落实发展战略提供了坚实的文化支撑。

四年巨变：开滦成功转型成为中国典范

2008年至2011年，开滦转型带来连年跨越，转型战略成效突出，初步实现了资源型企业的成功转型，至此，中国资源型企业转型有了好样本。

据了解，开滦集团至少在四个方面取得阶段性的成果。

一是企业综合效率明显提高。2008年至2011年连年实现经济跨越式发展，原煤产量增长145%，营业收入增长824%，利润总额增长486%，资产总额增长138%，在岗员工收入增长105%。企业实力显著增强。

二是产业结构趋向合理。产业结构从"一业独大"实现"一基多元"转化，从根本上转变了煤炭"一业独大"的产业格局。非煤产业占总收入的比重由2005年的20%上升到75%以上，接续产业和替代产业已经形成了主体产业，现代煤化工、现代物流产业等保持了强劲的发展势头，企业抗风险能力明显增强。

三是发展方式加快转变。企业效益从煤炭产量增长向多业发展转变；资源传统开发模式向循环利用低碳化发展转变；从企业自身发展向城企互动发展；从单区域挖潜型发展向以总部经济为基础的多区域发展转变；从封闭式整合发展向开放式横向合作发展。

四是和谐企业建设取得新成就。实施转型发展以来，开滦集团在岗员工人均收入由2007年的32964元，提高到2011年的61965元，是河北省仅有的两家全面实行企业年金制度的企业之一。累计投入25亿元完成棚户区改造170万平方米；"两热一管""两堂一舍"系统进一步完善，在井下一线和集中工作区配备了防爆蒸饭加热设备，彻底终结了长期以来井下职工喝凉水吃冷饭的历史，生产生活环境得到进一步改善；不断优化工资分配结构，完善养老保险，建立扶贫救助机制，推行补充医疗保险制度，实施全员健康查体，解决子女就业，让员工共享企业发展成果。

"我接触过资源枯竭城市转型发展，也去过南方、北方资源型城市，到了开滦之后，我觉得这些资源型城市转型发展，能够像开滦取得这样成绩的是第一个，是成功转型的典型企业之一。"开滦集团转型发展研究联合课题组专家、国家工信部节能与综合利用司司长周长益表示，"开滦转型发展取得了阶段性的成功。开滦人除了特别能战斗，还特别能学习、特别能谋划、特别能攻坚。领导班子对转型认识早，思路宽，行动快，效果好。"

（本文刊登于2012年3月22日）

开滦集团：战略跨越带动企业转型升级 *

"企业战略是企业的灵魂，是企业生存与发展的指南。"开滦集团董事长、党委书记张文学在接受《中国经济时报》记者采访时强调，"企业的发展战略非常重要，对企业发展具有决定作用，开滦转型的第一步就是对企业发展战略的研究与制定。"

2008年7月，开滦集团从战略层面修改制定新的发展战略，制定了《开滦集团2008~2010年及"十二五"发展战略规划》，从指导思想、规划目标、产业格局、规划布局、规划措施等十个方面对开滦集团的发展战略做出了重大调整，将产业结构调整和经济转型全面体现到发展战略之中。

"开滦集团转型发展研究联合课题组"在《开滦集团转型发展调研报告》中指出：开滦集团坚持战略引领、创新驱动，通过对传统产业优化重组、培育发展替代产业和新兴产业，实现产业整体转型升级。其突出意义是实现了经营理念的"三大跨越"和发展水平的"四大提升"。

经营战略实现"三大跨越"

开滦集团转型发展研究联合课题组专家、中央政策研究室经济局副局长白津夫表示："处在重大转型期首先要解决的是战略问题。所谓转型，最重点的是战略问题，也就是管理学上讲的，我们去做正确的事而不是正确地做事，也就是在转型的时候，真正能够锁定的正确的事是什么。这是最重要的。开滦在转型中很好地把握了这种战略的转型。"

---

* 注：本文是"开滦集团转型发展启示录"系列报道第 3 篇。

"开滦集团转型发展研究联合课题组"专家一致认为，开滦转型成功最为重要的是实现战略跨越，从规模导向转向战略引领。在选择转型发展路径上，开滦集团首先从战略层面转型，以战略转型引导发展思路和发展模式的转型。这是开滦集团转型经验取得跨越式发展成果中最令人瞩目的亮点。

据了解，开滦转型发展以来，经营战略实现了三大跨越。

首先是实现规模导向型向战略引领型跨越。在开滦集团的发展历程中，不同时期也制定过企业发展战略，但是，以往战略的基本指向是以扩大规模为目标，追求产量最大化，产业结构调整明显滞后。新一轮转型发展，突出从规模导向转变为以结构优化为目标的战略引领，着眼于从根本上解决企业发展的结构问题，实现发展理念的质的飞跃。开滦集团从企业比较优势出发，顺应产业发展大趋势，与区域经济协同互动，从指导思想、规划目标、产业格局、规划布局、规划措施等方面做出重大调整，将产业结构调整和经济转型全面体现到发展战略之中。充分发挥了煤炭企业文化对于转型战略的支撑作用，将体制优势、制度优势、文化优势融合起来，凝聚了员工的力量，形成了企业和谐发展的合力，为落实发展战略提供坚实的文化保障。

其次，实现传统业态向新型业态跨越。开滦集团长期以煤炭生产为主业，资源型产业的传统业态既束缚了产业链的拓展，也限制了价值增长的空间。开滦集团转型发展的重要转变就是要改变煤炭生产企业的传统业态束缚，不断延伸产业链，从单纯的煤炭生产，向煤炭深加工延展，从挖原煤、洗精煤、炼焦炭到煤化工；从以生产为主导的煤炭运销到以消费为主导的配煤、营销和煤炭专业市场与专业物流。在拓展产业链的同时，培育和发展新型业态。

第三，实现生产经营向资本运营发展跨越。开滦集团转型发展重要成果之一，就是通过资源整合、对外投资、交叉持股、产融结合、产贸结合，实现从生产经营向资本运营的跨越。现代市场经济是资本经济，企业要提升价值增值能力，不仅要注重生产经营，更要重视资本运营，使生产经营与资本运营有效结合，提高企业的增值能力和竞争力。开滦集团在转型发展过程中，坚持生产经营与资本运营相结合，通过生产经营为资本运营提供有力支撑，通过资本运营不断营造生产经营良好环境和广阔空间。生产经营和资本运营互动发展，推动了企业转型发展和发展方式的转变。

转型发展水平，实现"四大提升"

开滦集团通过转型发展，百年资源型企业不仅摆脱了因资源枯竭而闭井的宿命，还实现了发展水平的"四大提升"。

一是实现产业结构水平的快速提升。

"开滦集团具有130多年的采煤史，作为典型的资源型煤炭企业，转型发展不是淘汰煤、抛弃煤，而是立足煤、延伸煤、跳出煤，立足煤而不依赖煤，跳出煤而不抛弃煤，从单一的挖煤、洗煤，延伸到煤化工、现代物流、装备制造、文化旅游等，多种业态综合发展。"张文学强调，"企业转型既不能简单抛弃现有的主业去拓展新的战略领域，也不能盲目地多元化，要向集聚核心业务、多元协同发展，核心业务要符合未来产业转型的要求。"

按照这种发展理念，开滦集团的产业结构调整取得了新的突破，截至2011年年底，非煤产业占总收入的比重提至75%以上，接续产业和替代产业已经形成了主体产业，特别是现代物流、现代煤化工、文化旅游等产业保持了强劲的发展势头，从"一业独大"向多元协同发展跨越，企业抗风险能力明显增强。

二是实现企业创新能力的大幅提升。

开滦集团在转型发展中，通过企业创新能力的大幅提升，促进了以企业产量增长的要素驱动向以循环经济的创新驱动转型。通过推动价值链管理、科技创新、节能减排、对煤伴生资源进行梯级利用、发展洁净能源和新材料，提高产品附加值、废弃物综合利用等方面的创新能力提升，构建起了循环经济产业链，摆脱了传统能源企业拼资源、依赖资源增长的发展方式。

以开滦煤化工产业为例，作为转型发展主导的产业，开滦煤化工坚持大型化、基地化、园区化，上下游产业联合、拉长煤基产业链条、循环经济的发展路径，推进科技进步，提高自主创新能力，大力发展新能源和新材料，走出了一条煤化工产业科学发展的路子。2011年全年收入完成163亿元，同比增长44%，占开滦集团总收入的11.2%。

三是实现企业经济效益的显著提升。

企业发展是开滦转型的目标，企业效益不但是企业发展的重要标志，也是衡量转型成功的因素之一，同时也是企业转型发展的重要保障和支撑。通过转型发展，开滦集团取得经济效益的快速提升，不仅开创了企业百年发展的新局面，经济实力跃上新台阶，员工生活得到了改善，而且也是对实施企业战略转型成果的充分肯定。

四是实现企业综合竞争力的迅速提升。

近年来，开滦集团获得了长足发展，2011年在中国500强企业排名中，由2007年的第291位跃居到第91位，三年上升了200位；2010年在中国煤炭企业100强排名中，由第14位上升到第8位，两年上升了6位，是全国发展最快的企业，被评为中国最具成长企业第7名，成为全国发展最快的现代化、综合性、大型企业集团之一。

（本文刊登于2012年3月23日）

开滦转型经验具有重大指导和借鉴意义[*]

开滦集团的成功转型得到了"开滦集团转型发展研究联合课题组"领导和专家们的一致肯定和赞誉。他们认为，开滦集团作为拥有一百多年历史的大型国有煤炭企业，曾掀开我国民族工业的历史篇章，并为新中国的建设和煤炭工业的发展作出了巨大贡献。作为中国民族工业发展的一面旗帜，开滦集团通过实施积极主动的转型战略，不仅促进了企业经济总量的大幅增长、产业结构调整取得重大突破，更为我国大型国有企业，尤其是资源型企业的转型发展开启了新思路，提供了成功经验，也为资源型城市转型这一世界难题提供了鲜活案例。

《开滦集团转型发展研究课题报告》认为："十二五"时期是我国深化改革开放和经济发展方式转变的关键阶段，研究总结开滦集团转型发展经验，对于指导我国企业，尤其是资源型企业的创新发展、加快发展及抢抓国际国内当前重大战略机遇具有重大指导和借鉴作用。为此，课题组领导、专家们表达了其自身的真实感受。

全国政协经济委员会副主任、原中央政策研究室副主任郑新立说："我感到开滦现在走的路子完全符合科学发展观的要求，符合煤炭行业发展的要求。"

国务院研究室综合司司长陈文玲说："开滦最重要的发展是实现了整个产业的战略转型，从六大转型模式到产业的多元化，包括横向和纵向，非煤产业已经发展到70%以上，从以煤为主到多业并举，这是一个伟大的转变。开滦已经实现了企业的基本战略转型，形成了一个崭新的产业集群。转得早、转得快、转得彻底、转得有效。提前转型、多元发展，非煤产业成为利

＊ 注：本文是"开滦集团转型发展启示录"系列报道第4篇。

润来源，就是成功之路。"

国务院发展研究中心企业研究所副所长张文魁说："开滦过去几年的转型发展取得了很大的成绩。"

中央财经领导小组办公室局长王韩民说："开滦集团作为我国最早的民族工业企业之一，主动转型发展是成功的。"

中央党校国际战略研究所副所长周天勇表示："开滦集团这几年的发展很快，转型是比较成功的，煤从70%调整到30%，这个转型是一个质的转型。"

国家环保部核安全总工程师杨朝飞认为："开滦的经验非常好。高碳产业低碳化发展要大力倡导。"

专家组认为，开滦转型模式具有五方面的重要启示：

一是实现企业转型必须解放思想、超前应对。由被动转型转化为主动转型，由危机时转型转化为良性发展期转型，利用自身优势条件和投入基础，抓住转型发展的主动权。这是开滦集团成功实现转型发展的基础和关键。

二是转型必须依托自身优势，把比较优势转化为竞争优势，把资源优势转化成优势资源。充分利用资本、人才、技术、管理等自身优势，通过改革创新，盘活闲置和存量资产，发挥企业干部职工的创新性和创造力，制定符合自身发展的转型之路。

三是要突出转变经济发展方式的主线，从资源开发转为绿色发展，从要素驱动为主向创新驱动转变。制定转型发展战略，围绕核心产业和技术，大力发展结构优化、技术先进、清洁安全、附加值高、吸纳就业的现代产业体系，提高企业整体竞争力。

四是要从封闭发展向区域协调和企业战略联盟发展转变，走开放型发展的道路。资源型企业转型发展要走开发型发展道路，对接区域资源，结合国家规划和战略调整，"引进来"与"走出去"相结合，把资源整合作为提升企业竞争力的重点，形成产业链经济和集群化发展优势。

五是企业转型不是为发展而发展。和谐企业是和谐社会建设的重要支撑，和谐企业建设不但是企业实现转型的重要保证，也是国有企业所肩负的巨大社会责任。实践证明，企业转型不仅为了发展，还要更多地把转型成果惠及广大企业职工，更好地促进企业健康、和谐发展。

（本文刊登于2012年3月26日）

技术研发——可持续发展的催化剂

煤化工产业是开滦集团调整产业结构、实现资源型企业转型发展的重点支柱产业之一。目前，开滦集团拥有五大煤化工园区、八个煤化工公司，是河北省焦炭规模最大、产业链最长的独立煤化工企业，园区循环经济综合利用水平处于国内领先地位。2011年，开滦煤化工产业收入已经超过160亿元。

开滦煤化工产业从零开始，在短短几年时间里，不仅形成了可以生产30多种产品的煤化工产业链，而且已开始向新材料和精细化工领域延伸。这样的信心，不仅来源于目前的成功，更来源于开滦集团以"产、学、研"相结合的形式，搭建的煤化工技术研发平台——开滦煤化工研发中心。

动力——买得来技术买不来核心竞争力

煤化工，这个产业从诞生起，就是以技术为核心的。作为一个在过去100多年时间里始终以采煤为主业的企业，开滦集团对煤化工技术的掌握，完全可以用"一张白纸"来形容。

2004年10月，以中润煤化工公司220万吨/年焦化项目启动为标志，开滦集团正式进入煤化工行业。开滦集团副总工程师、开滦煤化工研发中心主任房承宣见证了开滦煤化工产业近十年来的发展变化，对"技术"在煤化工领域的作用感触颇深。房承宣说："在这个领域，不掌握前沿技术，就不会有高附加值的产品，就不会有核心竞争力。"

事实上，这个领域常见的技术引进方式是购买"工艺包"，通俗地讲就是用买技术的方式组织生产。大型的煤化工项目，是技术含量高、环节非常复杂的系统工程，在国内采用的煤化工工艺中，由国外掌控的核心技术占有很大比例。由于不掌握核心技术和知识产权，这种方式大多情况下只能解决某一环节的问题，买得来技术，但买不来企业的持续发展。

"开滦煤化工产业的可持续发展，必须通过自主技术研发与创新实现"——按照开滦集团董事长、党委书记张文学对煤化工产业发展方式的定位和要求，2009年6月，开滦集团与北京化工大学联合成立的煤化工研发中心正式挂牌。

开滦煤化工研发中心的研发人员对核心技术和知识产权的认知有着切身体会。2009年，根据煤化工产业的发展实际和国家有关产业政策，开滦将甲醇汽油列入了发展规划。当时，有一家掌握甲醇汽油配方技术的国内公司希望通过提供技术支持与开滦展开合作，条件是在开滦出资500万元人民币购买该技术的基础上，该公司以技术入股做甲醇汽油项目的控股股东——资金的作用在核心技术面前显得如此苍白乏力。

面对苛刻条件，开滦煤化工研发中心的研发团队选择自主研发。2010年3月，"甲醇汽油的研制与应用"作为研发中心第一个自主研发项目正式立项。为提高效率，研发团队采用多人轮换倒班进行实验，有效缩短了研发周期。当年5月底，主添加剂配方研制成功；6月初，该团队制定的《M15车用甲醇汽油》企业标准通过审定并备案、发布；7月中旬，研制出复合添加剂配方；9月上旬，该团队制定的《M15车用甲醇汽油》河北省地方标准通过河北省质量技术监督局审定；9月底，正式送检2个M15甲醇汽油样品。

这些按常规需要两年时间完成的主要工作，被开滦的研发团队缩短到了6个月。同年11月上旬，河北省产品质量监督检验院出具检验结果，开滦集团研制的M15甲醇汽油各项指标完全符合相关标准。如今，开滦集团已经拥有了M15、M30车用甲醇汽油和车用甲醇汽油组分油的自主知识产权，并且形成了完善的标准体系。

开滦集团也因此被河北省确定为全省目前唯一的甲醇燃料生产销售定点企业，开滦的甲醇汽油技术产业化工作也就此进入了实质运作。

智力——高起点选拔多渠道培养

煤化工产业对开滦来说已经算是新事物了，而刚起步没几年又要建立高端煤化工研发中心，需要的人才和技术从哪里来？

开滦集团的思路非常清晰：走"产、学、研"相结合的路子，以开滦煤化工产业为依托，充分发挥自有人才队伍潜力和优势，引进高校和科研院所的智力、技术，把煤化工研发中心打造成"煤化工新技术产业化"的平台和纽带。"研究、开发、引进、吸收"，这八个字简明而又突出地定义了煤化工研发中心的职责，也表明了开滦决策层对在煤化工产业拥有自主知识产权和自有核心技术的态度。

掌握核心技术的前提，是要有具备专业素养的人才。国家发改委宏观经济研究院常务副院长王一鸣在今年五月份召开的中国企业家年会上表示，一个企业是否有竞争力，最简单的方式就是看人力资本存量，不要看固定资本存量，因为固定资本存量越来越不能说明问题。

从煤化工产业起步到研发中心成立，不过六七年的时间，开滦煤化工产业的人力资本积累并不丰富。但对这个产业的发展，开滦集团确定的基本思路是"高起点、高定位"。在人力资源方面，进入开滦煤化工产业的操作岗位员工，最低学历要求是全日制大专以上学历，管理和技术岗位则要求全部是相关专业的全日制本科或研究生学历。这样的要求，为煤化工研发中心研发团队的组建提供了人才保障。

1981年出生的郭学华，是第一批进入开滦集团煤化工产业的化工领域专业研究生，现在是开滦煤化工研发中心精细化工研究室的技术负责人，也是该研发中心兼职的科技管理工作负责人。

2007年，郭学华从工业催化专业研究生毕业后，来到开滦工作。第一年，郭学华的工作岗位在中润公司的一线车间；第二年进入公司的生产技术部；第三年，他被选拔进入开滦煤化工研发中心。目前，他主要承担煤焦油下游萘系产品深加工技术的研发。郭学华说，研究生毕业后两年多的生产部门工作经历，对现在的研发工作帮助很大，为研发工作提供了更加清晰的产品和产业概念，让自己的研发理念更加契合产业化的要求。

郭学华的经历其实是开滦集团在研发中心专业研发人员选用标准上的一个体现。目前，开滦煤化工研发中心已经建立起了由12名研究生和5名本科生共17人组成的专业研发团队，建成了煤炭转化、精细化工、新材料、清洁能源、环境保护和资源利用等五个研究室，各研究室的技术负责人都是和郭学华一样的化工相关专业的八零后全日制研究生。

比郭学华稍晚进入研发中心的李建华是应用化学专业的研究生，现在是该研发中心新材料研究室、环境保护和资源利用研究室两个部门的技术负责人。从学校进工厂再进入产品研发领域，李建华觉得很符合自己的愿望。他说，上学的时候，每次试验成功都很有成就感，所以愿意从事这样的工作。而现在，李建华正在追求更大的成就感——让实验室技术与产业对接，最终转化成实实在在的产品。

开滦煤化工园区已经实现了废水废气废渣的零排放，对煤化工废水经过深度净化处理后产生的纳滤浓水和污泥，是按工业废弃物进行处理的。而李建华通过实验发现，园区每天产生的大量纳滤浓水经简单处理后就可以回用，污泥干燥后还有很高的利用价值，除了具有热值可以与动力煤掺烧外，还可以提取出化工染料。

眼下，李建华承担的研发项目之一就是纳滤浓水和污泥的深度利用，这是他自己向研发中心提出后确定的。

研发中心的每名研究人员都承担着两三个研发项目，但这些项目，并不都是来自研发中心的行政手段安排，大部分是每个研发人员根据开滦煤化工产业发展规划、市场趋势和团队、个人专长推荐、确定的。在李建华看来，这种自己选项目的方式至少有三个好处：一是研发人员有兴趣，愿意干；二是研发人员有压力，更是动力；三是符合企业的产业发展方向。

开滦努力打造自己的煤化工专职研发队伍，采取"专兼职结合，内部培养，外部引智，为我所用"的模式。一方面，以专职人员为骨干，研发中心定期组织"煤化工技术沙龙"，每期一个主题，邀请外部专家与生产现场的技术人员，介绍研发项目，进行技术交流；另一方面，积极与科研院所和高校开展研发合作，目前已经与十几所国内知名院校确立了合作项目，既锻炼了队伍又掌握了技术。

同时，研发中心还根据拟解决的重大技术难题，启动了研发项目带头人、博士后等高端科研人员的引进工作。

实力——掌握核心技术拥有知识产权

开滦煤化工研发中心已经拥有22项专利申请，取得了6项省级鉴定科技成果，负责起草制定了3项河北省地方标准，是全国仅有的两家省级醇醚燃料应用技术检测中心之一。今年6月份，开滦煤化工研发中心还被河北省委、省政府命名为河北省"巨人计划"创新创业团队。

三年来，开滦煤化工研发中心始终坚持两条路径搞研发：一条路径是为现有产业服务的工艺改进；另一条路径是为产业链延伸服务的产品研发。通过三年努力，已取得了一批科技成果，其中开滦煤化工专利战略研究已达到国内领先水平，煤化工园区产业循环链接及能源高效综合利用、污水系统深度处理技术、节水和中水回用关键技术等研究与示范应用成果均达到国际领先水平。

此外，开滦煤化工研发中心还申请了煤化工生产与工艺技术、催化剂制备、工业废水处理与回用、海水淡化、公用工程岛等方面的专利22项，其中5项已获国家专利局授权，初步建立了拥有自主知识产权的开滦煤化工核心技术体系。

尽管开滦煤化工产业从发展之初引进的就是国际国内领先的技术和装备，但围绕生产效率提高和节能减排的改良和创新也始终在进行着。

煤化工研发中心自成立后，围绕开滦煤化工生产技术现状及存在的问题，以挖掘技术升级改造为切入点，先后开展了耐硫除氧剂、精馏塔塔板改造、非芳烃分离、粗苯直接萃取蒸馏脱噻吩工艺、脱硫系统优化、沥青配煤炼焦、焦化废水深度处理、园区中水回用工程、园区现有催化剂的替代、含硫干气制环丁砜、煤调湿、蒸氨塔改造、气柜密封油改质、脱硫废液提盐处理、粉煤灰中提取氧化铝、现有催化剂改性等技术分析调研工作，其中立项的蒸氨塔改造等一批项目已投入运行，解决了蒸氨换热器的堵塞问题，有效减少了水蒸汽的循环浪费，降低了蒸汽消耗量，每年可节省相关费用500余万元。

"煤化工园区产业循环链接及能源高效综合利用"项目应用后，不仅实现了开滦京唐港煤化工园区"三废"零排放，而且从2008年至2011年已经累计创直接经济效益6亿多元；"煤化工园区污水系统深度处理技术研究与应用"项目实施后，京唐港煤化工园区污水处理系统产水率大幅提高，水质明显改善，污水总体回收率大于95%，每年减少新水消耗218.4万吨；"煤化工园区节水和水回用关键技术的研究与示范应用"项目在中润煤化工有限公司应用后，年可回用污水500万吨，减少污染物排放3600多吨，年节约生产成本近500万元。

在为产业链延伸服务的产品研发路径上，开滦煤化工研发中心围绕拥有"自主知识产权"的技术进行产品研发，收获颇丰。

该中心研发的M15、M30车用甲醇汽油和组分油不仅拥有自主知识产权，而且起草制定了《M15车用甲醇汽油》《M30车用甲醇汽油》《车用甲醇汽油组分油》等河北省地方标准。目前已经进入产品应用和推广阶段并将在中阳新能源公司实现产业化。据测算，一个10万吨/年的M15甲醇汽油调配站每年直接创效可达8000万元；加氢二甲苯合成二甲苯甲醛树脂研究及工艺开发项目，采用新工艺和配方，合成过程中不产生废水和废酸，实现了产品的多样化和绿色生产，首次合成出了低粘度二甲苯甲醛树脂，填补了国内空白，为加氢二甲苯的深加工开辟了一条新途径，可实现大规模生产；聚甲醛改性技术开发与应用研究项目，已经研发出了达到或超过车用塑料相关标准要求的聚甲醛复合材料，初步形成了具有增强、阻燃、增韧、耐磨、耐候等优良特性的聚甲醛产品牌号六个。

经过三年发展，开滦煤化工研发中心已经建成化学反应、分离回收、高端仪器分析、催化剂评价、水质分析以及精细化工、甲醇燃料、甲醇工艺、废水处理等12间实验室，其中甲醇燃料、甲醇工艺、废水处理等三个相对独立的实验室已经在业界具备了较强影响力。

此外，开滦煤化工研发中心已成为国内仅有的两个省级醇醚燃料应用技术检测中心之一。开滦集团还建成了唐山市煤化工工程技术研究中心，同时还与北京化工大学联合成立了工程塑料改性研究中心，其"河北省煤基材料与化学品工程技术研究中心"也在建设中。

更重要的是，与国家和河北省产业、科技发展相结合，一批新型煤化

工、石油化工、新材料、新能源、精细化工领域的新技术新产品已经纳入了
开滦煤化工研发中心的研发规划。

众所周知，催化剂在煤化工生产工艺过程中不可或缺。对开滦的煤化工
产业来说，研发中心就是产业链不断延伸、可持续发展过程中的"产业催化
剂"。不久的将来，经过"产业催化剂"的催化，一块煤在开滦集团可生
产的化工产品，将由现在32种，增加到70多种。

（本文刊登于2012年8月6日）

制度红利要靠改革实现

中国经济高速增长30年之后，人口红利已近尾声。根据国家统计局的调查，2012年劳动力人口首次减少345万人，这意味着刘易斯拐点比原先预计的2015年来得要早。如果不通过政策、制度等内生因素，来改善增长函数中的技术变量，中国经济很可能迎来质变的转折点，不仅高速增长的奇迹就此终结，能否避免像拉美一些国家的"中等收入陷阱"，也是未定之数。李克强总理上任之初就提出"释放制度红利"，包含着对中国经济社会问题的深刻思考。怎样通过推进制度建设来增强中国经济发展后劲，怎样才能够进一步释放改革的红利？各个地方、行业、企业，都在进行积极探索。

开滦在上个世纪后10年推进的改革，应该说为本世纪初10年的发展，为取得今天的效益和业界的地位打下了基础。煤炭行业是传统计划经济的支柱之一，人财物大一统的模式，创造过一些辉煌，但在向市场经济转变的过程中，已经过时但根深蒂固的观念和思维方式，也使企业承受了很多艰难、委屈和迷茫。从上个世纪后10年开滦推进改革开放，不但克服了、摆脱了那10年的困难，也为后10年过好日子打下了比较好的基础。开滦集团大跨步发展后，于2012年进入世界500强，并且在2013年位次前移75位，就是改革的结果，就是制度红利释放的结果。

但是改革没有终曲，也不会一直是温馨的浪漫曲。开滦集团董事长张文学认为，作为百年老企业，开滦需要改进的地方还有很多，落后时代的计划经济残余还没有完全消失，一些市场化程度低的部门、体制、组织架构、制度设置，还不能完全适应市场化的需要。更重要的是，随着改革进入深水区，普遍得益、都有红利可吃的阶段过去了，有些单位、有些人成为既得利益者，再改革就要改到自身的头上了。

改革没有回头路，只能继续深化。以开滦集团的采购销售为例，在过去困难的时候是分兵突围；现阶段，则是按照现代企业制度的要求，物资供应实行"四集中"，煤炭销售实行"五统一"，通过集中采购、统一销售，维护了集团的利益，可以产生更大的规模效益。这就是制度红利。正在实施的包括资产重组、后勤系统改革、人事制度改革，特别是专项改革，都必将对企业发展产生更大的效果。从这个角度上说，突破现在的制度瓶颈，是为了未来获得制度红利；打破现有的利益格局，是为了未来更广阔的整体利益。

金融危机后，世界经济的格局已经发生深刻变化。低碳、环保、社会责任等考量，也使能源产业格局发生巨大变化，企业的协作和竞争有了新的业态。对企业家来说，既要解决企业的生存问题、发展问题、效益问题，又要照顾到员工、社会和环境问题，这就对改革提出了更急迫的要求。可以预见的是，越往深处走，改革难度会越大；但同样可以预见的是，改革步子越大，释放的制度红利也越多。而不突破不解决，企业在竞争的潮流中不进则退，不仅不能发展，甚至会失去生存的资格。

刘易斯《经济增长理论》有一句话："每种技艺都有一部生活史：那就是产生，承认自己，成为许许多多规定的课题，引起敌视和回避，对入侵其领域的新技术打一场后卫战，取得妥协要不就消亡；所有这一切都伴随着说不尽的自豪、愤怒、汗水和眼泪。"这句话不仅适用于技艺，也适用于企业、国家和文明。

（本文刊登于2013年9月10日）

打造升级版，关键是创新

美国著名经济学家约瑟夫·熊彼特是现代创新理论的奠基人。他认为经济增长和发展的根本动力是创新，强调生产技术的革新和生产方法的变革在经济发展过程中至高无上的作用。"企业家"的"灵魂"就是对生产要素或生产条件进行"重新组合"，"不断地从内部革新经济结构"，实现"一种创造性的破坏过程"。中国新一届政府提出打造经济升级版，其中的关键因素也是创新，只有通过管理、制度和技术的全方位创新，中国经济才能实现质的飞跃，上升到一个更高的台阶。在这方面，百年老企业开滦集团的思考和实践，是一个很好的观测窗口。

首先是管理的创新。近现代以来的经济发展史证明，管理是一门永恒的学问，企业的竞争，首当其冲是管理水平的竞争。中国政府正在加大转方式、调结构、打造升级版的力度，企业最需要的是解决管理创新能力不足和生产经营成本上升的问题。在开滦集团董事长张文学看来，管理创新和技术创新是驱动企业发展的两个"轮子"，是降成本、增效益的最根本的措施。要加快形成新的经济发展方式，必须把推动发展的立足点转到更多依靠管理创新、劳动者素质提高、质量和效益的提高上来，着力增强创新驱动发展的新动力。尤其在经济增速下滑、行业形势艰难的情况下，企业的管理创新、商业模式创新，更加难能可贵，甚至关系到企业的生死存亡。在今后一个相当长的时期内，依靠管理创新降成本，还是打造企业核心竞争力的关键所在。

其次是制度的创新。要提高经济发展的质量和经济效益，必须解决体制机制创新的问题。制度也是生产力，激励机制和约束机制，与人的动机和积极性密切相关。作为企业的领导人，张文学体会到必须重视制度建设的问题，并且要根据形势变化不断地研究，怎样才能更好地调动积极性，克服人的惰性和贪婪。制度建设这项工作，要舍得投入，"磨刀不误砍柴工"，体制和机制理顺了，效益也是看得见、摸得着的，回报远远超过投入。在这个问题上，考验的是企业家的眼光和胸襟。

最重要的是技术创新。科学技术是第一生产力，科技创新不仅是企业加快结构调整的根本动力，也是经济转型发展的基础支撑。没有重大关键技术上的突破，结构调整和产业升级就只能是一句空话。世界和国内500强企业持续快速发展的背后，无一不是以强大的科技创新实力为支撑。这个道理正被越来越多的人认识到。那么对企业来说，如何搞技术创新、提高技术进步的积极性，怎么培养人才，怎么鼓励这些科技人员主动地、自觉地去创新，这也是一个课题。张文学认为，对开滦集团来说，转型升级的重点就是：改造提升煤炭基础产业，推进现代煤化工、现代物流等接续替代产业提升优化，大力发展现代服务业，加快新能源、新材料、精细化工、高端装备制造、矿山物联网等新兴产业培育发展步伐，这一切都要靠技术创新。

在和笔者的交谈中，张文学多次提到浙江当年"两只鸟"的形象提法，中国经济的转型升级，一个是靠凤凰涅槃，浴火重生，指的是传统产业要靠创新、靠科技获得新生；一个是靠腾笼换鸟，指的是要把相对落后的产能淘汰出去，培育和发展科技含量高的新兴产业。

开滦集团近年来创新驱动的力度明显。在买方市场形成和企业平均利润变薄的形势下，不仅注重管理创新内部挖潜、降低成本，而且力推制度创新，重点研究物资供应、煤炭销售、现代物流产业运作等环节的商业模式创新，提高企业的市场竞争力。这些已经见到了成效，但更根本的是技术创新，开滦下大力气支持十大技术创新团队，加快技术攻关和推广应用，随着今后实效的逐步凸显，市场将验证开滦道路的远见和价值。

（本文刊登于2013年9月17日）

第三篇
视野·谋略·思想

　　思路决定出路，眼界决定境界。底蕴的厚度，决定了视野的高度。先谋后事者昌，先事后谋者亡。为将者，当高瞻远瞩，运筹帷幄，乘势而动，敢作敢为。决定公司命运的首要因素是企业决策层的能力。浴火重生的新开滦，正是在具有宏大格局、冲天气魄的领航人引导下，内外兼修，再铸辉煌，基业长青。

开滦党委理论学习中心组非常重视政策、理论学习，坚持及时学习领会上级有关会议精神和决策部署

定期组织全体高管人员培训，统一思想，开阔视野

调研布局文化产业

开滦国家矿山公园揭
碑开园

老唐山风情小镇开工

张文学（右一）会见美国考伯斯公司总裁兼首席执行官

中滦煤化工有限公司成立

内蒙古开滦煤化工园区奠基

与兴隆矿务局联合重组

两港储配煤基地同时成立

重组整合河北汽车集团

开滦沙钢物流有限公司成立

开滦财务公司成立

与唐山海港开发区签订
战略合作协议

与承德市人民政府
签订战略合作框架
协议

大城煤田综合勘探项目启动

与协鑫集团合作煤矸石发电项目

在兴隆建设的选煤厂项目开工

调研装备制造进展情况

与三个装备制造公司签订合资合作协议

开滦海运公司成立

用发展来实现企业的战略转型

——访开滦集团董事长、党委书记张文学

2009年8月8日，两家国内大型煤化工企业——开滦中润公司与北京燃气实业唐山佳华公司签订框架协议，共同建立中国最大的独立煤化工企业。

5月，开滦集团在内蒙古签订了"海—拉—黑铁路·得尔布煤电化基地"合作框架协议。其中海—拉—黑铁路总投资约13亿元，得尔布煤田将建成年产5000万吨标准煤的大型煤炭开采基地。

4月，开滦集团与新疆维吾尔自治区政府在乌鲁木齐签署了战略合作协议。开滦集团将在新疆地区重点建设煤炭、煤化工和电力产业，用5~7年的时间，再造一个开滦。

去年12月，开滦精煤股份有限公司与首钢京唐钢铁联合有限公司签署曹妃甸焦油项目合作意向。项目总投资约为25亿元。

……

由于金融危机的冲击，煤炭行业也面临着诸多难题：市场萎缩，产品滞销，库存增加，价格下滑，货款回收困难……

而开滦集团却在这样的背景下逆势而上，是什么样的发展战略让开滦有如此强劲的动力？这种动力背后靠什么引擎来支撑？我们对开滦集团董事长张文学的采访也许能给出一个答案。

没有发展战略，企业就没有灵魂

中国经济时报：您2008年5月刚到开滦，就提出调整发展战略，是基于

什么样的考虑？

张文学：开滦的企业发展战略是煤炭系统搞得最早的，站位也很高，2002年的发展战略符合当时的产业政策和宏观经济形势，对企业发展起到了重大的推动作用。但是6年来，国家政策和企业发展环境都发生了很大变化，企业发展的目标、产业布局和定位已经不符合现实状况，所以我们必须进行战略调整，这是正常和必要的。

企业发展战略是企业和员工的行动纲领，没有发展战略，企业就没有灵魂。

企业发展的三要素就是搭班子、定战略、带队伍。现代企业的最高领导者，每天不用一定的时间考虑5到10年的发展战略，就不合格。

用发展的观点解决发展中的问题

中国经济时报：您好像一直比较有忧患意识，从过去在峰峰集团到现在的开滦集团，这是您一贯的行事作风吗？

张文学：做企业就应该时刻保持清醒的头脑，应该有忧患意识。

尤其是去年下半年到今年，受金融危机的影响，国外市场需求下降，人民币升值，出口贸易增速减缓，经济发展中的不确定因素增多。宏观经济走势必然引起微观经济基础的变化。作为国有大型企业，必须关注宏观经济形势的变化，增强对市场的敏感性，采取应对措施，使集团公司的发展适应宏观形势的变化。

从行业发展趋势来讲，近几年来，国家相继出台了一系列涉及煤炭成本的政策和措施，煤炭企业成本压力加大。与此同时，随着国家对环境治理越来越重视，煤炭生产持续发展与资源环境压力的矛盾日益加剧。结构调整、产业升级、经济转型的任务艰巨而繁重。

同时，企业自身还存在着一些深层次的困难和问题。唐山矿区日益衰老、资源匮乏、开采能力下降。随着矿井衰老，开采深度加大，水、火、瓦斯、煤尘、地压等自然灾害严重，使开采条件越来越困难，开采成本越来越高。

开滦集团的发展可以说内困外扰，面临着五大矛盾：煤炭成本完整化与企业办社会负担重、历史遗留问题多之间的矛盾；煤炭生产扩展与资源环境压力大之间的矛盾；结构调整、项目建设、产业升级与资金短缺之间的矛盾；加快企业发展与广大员工日益增长的物质文化需求之间的矛盾；企业多元化发展和经济转型与体制机制、人才支撑之间的矛盾。

而解决这些矛盾的根本方法便是发展，用发展的观点解决发展中的问题。

中国经济时报：开滦集团调整发展战略的主要思路是什么？

张文学：我们制定的"开滦集团2008年至2015年发展战略规划"提出，"开放融入、调整转型、科学发展、做大做强"，这是指导思想。战略目标是，到"十一五"末，煤炭产量达到5000万吨，营业收入达到500亿元，这就是我们所说的要实现"双五"；到"十二五"末，煤炭产量达到1亿吨，营业收入达到1000亿元，要实现"双一"。建成主业突出、结构合理、多元经营、科学发展的，跨地区、跨行业、跨所有制、跨国的，国际领先、国内一流的现代化大型企业集团。

形成基础产业——煤炭；支柱产业——煤焦化、煤电热、现代物流；支持产业——装备制造、房地产、文化旅游、建材化工。

产业布局形成五大区域——河北、内蒙古、山西、新疆和加拿大。建成七大战略基地——唐山矿区焦精煤生产、煤焦化、煤电热、现代物流基地，张家口蔚州矿区煤电路生产基地，内蒙古鄂尔多斯动力煤生产、煤化工基地，山西介休焦煤供给基地，新疆伊犁和新疆准东煤化工、煤电热生产基地，加拿大精焦煤生产基地。

以煤炭为基础，延伸产业链

中国经济时报：开滦集团转型的关键时期与全球性的金融危机不期而遇，您怎么看待这样的环境？

张文学：的确，我们面临的困难不小。

在这样的形势下，我们明确提出：战略目标不动摇，煤炭主业作为基础，内挖外扩，以现代物流、煤化工、文化创意和房地产开发三条线为主导，加快产业结构调整步伐，提高经济总量，实现开滦集团稳定持续快速发展。并提出"抓机遇、增总量、调结构、降成本、惠民生、防风险"18字方针。

要实现企业战略转型，必须加快产业结构调整。改变主要靠增加煤炭产量提高效益的观念，改变局限于煤炭生产寻求发展的观念，改变靠自我积累投资上项目的观念。走以煤炭为基础，产品深加工，延伸产业链，循环发展、集约发展、多元化发展的路子。

中国经济时报：如何把不利因素转化为有利的条件，把有利的条件转变为现实的生产力？

张文学：我们把延伸煤基产业链作为转型发展的重中之重。

比如煤焦一体化产业链：开滦集团从2001年开始发展煤化工产业，包括与首钢合资合作的迁安中化煤化工公司，与唐钢合资合作的唐山中润煤化工公司。在发展煤焦化产业链过程中，与美国考伯斯公司、唐钢股份公司合作的30万吨/年煤焦油加工项目、20万吨/年焦炉煤气制甲醇项目、10万吨/年苯加氢精制项目已经建成投产。6万吨/年聚甲醛、15万吨/年己二酸项目，年底前开工建设，开滦集团中润公司与北京燃气实业唐山佳华公司的整合重组正在推进。煤化工产业的目标是，通过三年努力，到2010年实现销售收入150亿元、总资产150亿元。

路港航一体化产业链：开滦集团把发展现代物流产业作为调整转型的支撑，规划到2010年建成集煤、路、港、航于一体的大型综合物流园区。主要包括，对唐山港开滦码头进行运能扩建和技术改造，完善储配煤场的功能，筹划建设矿区至物流园区专用铁路，建设古冶区仓储配送中心以及与京唐港物流园区相配套的公路运输、海运组织等。与唐山港煤路港航物流园区相配套的国家级数字化储配煤基地建设，正在进行开工前的准备。积极与北京铁路局、滦港铁路和大唐公司协商，合作修建开滦矿区至京唐港铁路专用线—范各庄至柏庄铁路接轨项目。

再比如循环经济产业链：以节能减排作为调整经济结构、转变经济增长方式的突破口，走节约发展、清洁发展、安全发展的路子，形成产业之间物质循环系统。

还有文化创意产业链：开滦有130年的煤炭开采历史，不仅开创了我国煤炭工业的先河，而且积淀了深厚和丰富的矿业文化，积累了众多的典型性、稀有性和内容丰富的矿业遗迹。我们以国土资源部批准开滦国家矿山公园项目为契机，探索资源型企业转型的新路子。开滦国家矿山公园将成为开滦集团独树一帜的文化产业。

中国经济时报： 那么，开滦靠什么支撑这些产业链的发展？

张文学： 我们实施资源战略、资本战略、人才战略、文化战略等"四大战略"，保证资源、资金的落实和人才、文化的支撑。推进大煤炭大精煤、大焦化、大物流、大煤电"四大工程"，形成战略保证体系。立足当前，着眼长远，用大气魄、大手笔推进工作。比照全国煤炭系统乃至世界一流企业的先进目标，做大基础产业，做大做强支柱产业，加快发展支持产业，形成企业核心竞争力。

物流业成为新的经济增长点

中国经济时报： 开滦的物流业发展势头很强，这与您重视物流业有关，您为何如此强调物流业的发展？

张文学： 现代物流产业的发展是社会进步的标志，更是企业现代化的标志。被西方管理学家称之为"企业降低成本的最后边界"，"企业降低制造成本与增加销售收入后的第三利润源"。物流产业投资少、见效快、成本低。开滦集团具有发展现代物流的区位、人才、市场、存量资产等优势。所以，开滦集团把物流产业作为调整产业结构的重点工程。

开滦集团是一个特大型煤炭企业，区域内地方煤矿和相关企业相对集中。随着对物流产业认识的加深和对开滦集团自身条件的分析，我们把运输业提升到物流产业的高度，进行重新定位，确立了全面发展现代物流产业，培育企业新的经济增长点的战略选择。

根据集团对物流产业的总体定位和内外环境，我们确立了"一个中心，两大体系，三大园区，四大板块，五大区域，六大基地，多样服务"的物流产业总体业务布局，形成了"贸易与物流共同发展，相互促进"的经营发展策略。现在开滦正在实现从"企业物流"到"物流企业"的转变，通过把物流产业做大做强来巩固开滦的百年基业和发展开滦的命脉。

今年上半年现代物流完成营业收入103亿元，预计2010年，开滦的物流收入将达到220亿元，2012年将达到500亿元2015年将达到1000亿元。

（本文刊登于2009年8月24日）

多种优势决定我们在物流领域能有所作为

——访开滦集团副总经理李敏

因资源枯竭而退出历史成为资源型企业的宿命，而开滦则要打破惯例。

开滦集团作为中国最年长的特大型煤炭企业，在大力开拓外埠煤炭资源的同时，积极实施调整转型，把发展现代物流产业作为企业做大做强的重要支点，科学准确的产业定位可望带动这个百年名企实现跨越式发展。

《中国经济时报》记者近日采访了开滦集团副总经理李敏，以期透过开滦从企业物流到物流企业的实践探索，为资源型企业实现可持续发展提供一些可资借鉴的经验。

中国经济时报：我们看到，新修订的开滦"十一五"规划中提出，把"现代物流"作为开滦转型发展的支柱型产业之一，这个决策的背景和依据是什么？

李敏：百年资源型企业的最大瓶颈就是矿井衰老、资源枯竭的问题。所以，我们企业必须考虑转型发展。从2002年把传统物流与采掘生产剥离出来，到2007年组建专业化物流公司，我们在物流领域进行了一些有益的探索和实践。2008年，张文学董事长来到开滦以后，及时调整企业发展战略，按照"立足开滦、融入区域、物商互动、服务内外、以煤为基、关联发展"的总体思路，把现代物流产业作为企业转型并做大做强的支柱产业之一，使物流产业真正有了明晰的发展方向。

客观上，开滦在区位、基础设施、品牌和人才队伍等多个方面具备独特的优势，决定了我们在这个领域能够有作为。

开滦地处全国性物流节点城市唐山境内，毗邻京津大城市群，处于环渤海经济开发区腹地；京沈、通坨、大秦和坨港四条铁路干线，京沈、唐津、唐港三条高速公路纵横其中；距秦皇岛港、塘沽港均在百公里左右，京唐港建有开滦业主码头，煤炭可直抵华东、华南市场。可以说，开滦的区位优势得天独厚。

而且，开滦还有大量的存量资产，除了自营铁路与机车外，有2500亩的闲置土地可以盘活，847万平方米的闲置房产可以利用。

我们在华北、华东、华南等地区拥有广阔的供销渠道，与众多大型冶金、电力企业建立了稳定的合作关系，在日本、韩国等国际市场有稳定的份额，具有极高的美誉度、忠诚度。

企业多年来培养了大量的煤炭企业生产经营、安全管理以及技术领域的人才。物流公司的154名中高层管理人员中，具有大专以上学历和高级物流师认证资格的133人。

另外，今年国家把物流产业作为十大振兴产业之一，河北省也出台了相应的实施意见，为我们发展物流产业提供了政策和环境支持。

中国经济时报：目前煤炭企业发展现代物流产业的案例很多，与其他企业相比，开滦物流的竞争力和独特之处有哪些？

李敏：开滦物流有三大特色：煤路港航一体化，供应链管理，工贸结合、物商互动。我们从煤炭物流切入，从企业物流到社会物流发展，有煤路港航一体化物流运作，有物流的最高形态供应链管理，以信息化技术为支撑，以三大物流园区为业务载体，形成现代新型物流发展模式。

具体来说，建立煤路港航一体化物流运作体系。开滦通过建设覆盖矿区的仓储配送体系，完善公路、铁路相互补充的运输体系，发展功能齐全的港口储装配运体系，共同构成了煤路港航一体化物流网络。通过构建物流网络，对物资产品实现了门到门的配送服务，对煤炭产品、焦炭及相关产品能够提供一站式服务，满足多层次、多样性需求，确保了供货的及时性和准确性，提升了第三方物流综合服务水平，大幅提高综合物流运营规模。

开滦依托统一的物流管理平台，加强与同行业、供应商、下游客户合作，通过煤炭加工物流、物资仓储配送物流、运输服务物流、国际物流等业务协同运作，采取供应商管理库存、关联贸易、互为市场等形式，开发生产资料市场，扩大煤炭、焦炭及相关产品贸易，相应带动了运输、仓储配送、港口转运等业务的跨越式发展，实现从采掘业向煤电、煤焦等业务领域延伸。

中国经济时报：保持物流产业的良性发展，开滦的核心支撑力是什么？要成为全国煤炭物流领军企业，开滦有哪些新思路、新举措？

李敏：我们有一条清晰的发展思路，重点建设好三大园区。

一是唐山古冶开滦物流中心。以开滦仓储配送中心为基础，筹建煤炭生产资料、钢材加工交易等专业市场，通过整合全矿区仓储配送资源，最终形成以工业品交易、集散、中转和仓储服务为重点的综合型、多功能的区域性物流作业区。

二是京唐港煤化工的物流配送园区，进行供应链的管理。核心理念是以客服为中心；整合战略联盟，实施利益共享，风险共担；信息化集成技术；物流一体化运作。在这以进出口公司和港口储运公司为依托，并与我们香港公司相对接形成一个大的平台，在京唐港形成一个整个国际贸易跟国际物流的体系，重点服务于煤化工产业。

三是曹妃甸国家煤炭储备及加工配煤基地物流园区。国家级储备基地选址看好曹妃甸，开滦结合国家战略储备的设想，与国家煤炭市场的体系改革形成衔接发展物流业。园区的功能主要是两部分，一个是储备，满足国家能源储备的基本要求，安全、环保、经济、方便；另一个是作为应急物流，国家需要的时候，我们能满足需求，在平时不用甚至煤炭供大于求的时候，我们就按供应链管理，按照市场的关系建立长期稳定的销售渠道。经测算，年过港大概是2亿吨，初期是1亿吨。这个项目大约需要15亿元，建成以后可以有400亿~500亿元的收入。

中国经济时报：这第三条似乎是个新概念……

李敏：是的。国家储备体系和开滦煤炭的配煤基地相结合，构建出新的煤炭市场，这种交易方式的改变具有划时代的意义。紧急情况下，我们的储备足够满足曹妃甸港口所有辐射范围实现正常运转。我们考虑日常的供应系数，建议国家给予应急政策支持，比如我们增加了储量，如果销售不出去的话我们也有风险，这个时候，对于超过企业正常核定能力之外的国家要求的储备量，应当给予应急补贴。

（本文刊登于2009年8月26日）

开滦煤化工：以"化"为主延伸产业链

——访开滦能源化工股份有限公司董事长裴华

2010年1月，开滦苯甲氢的二期工程开工，投资3亿元；

2010年3月，"曹妃甸60万吨/年焦油初加工项目"一期工程将举行开工仪式；

2010年4月，6万吨聚甲醛项目和15万吨己二酸的项目即将开工，投资48亿元；

2010年8月，开滦加快煤—钢联合，整合重组佳华公司；

下半年，内蒙古乙二醇的项目计划开工，投资80亿元；

进一步加快煤—钢联合、煤—燃气联合，推进和石油企业、盐化企业对接……

受金融危机影响，2009年焦炭价格下滑28%，国内焦化企业普遍亏损、产能过剩压力增大，成为国家加强指导的行业。

而开滦煤化工产业实现了盈利发展——2009年实现营业收入77亿元，同比增长14%，盈利1.5亿元。产品囊括苯、甲苯、二甲苯、轻油、洗油、工业萘、酚盐、炭黑油、蒽油、中温沥青、硬质沥青、燃料油等20余种；2010年，随着一批大项目开工建设、竣工投产，开滦煤化工产品将扩展到40种，全年营业收入预计达到130亿元。

开滦煤化工产业实现跨越式发展的原因是什么？在国家强调压缩和疏导焦炭产能的背景下，开滦如何实现产业既定目标？做大、做精、做优煤化工产业的支撑力有哪些？

《中国经济时报》记者日前专访了开滦能源化工股份有限公司董事长裴华，以期透过开滦煤化工产业的优化提升之路，为新时期焦化企业实现科学发展提供一些可资借鉴的经验。

高起点起步，建设国内最大规模独立焦化企业

中国经济时报： 开滦是具有131年历史的煤炭企业，相对而言，煤化工产业发展的历史并不长，只有6年时间。在没有产业基础和人才储备的条件下，开滦如何快速崛起为全国最大的独立煤化工企业？有哪些独特之处？

裴华： 煤化工对开滦来说实属新兴产业，我们2001年组建上市公司，在2004年首发上市之后，煤化工作为上市融资项目发展而来。

开滦有着优质、稳定的焦煤产品和得天独厚的区位优势。以产业政策为导向，顺应产业和区域发展的趋势，按照循环经济的科学发展模式，依靠园区化集约发展，强化节能环保机制和采用可持续性的发展体制是开滦股份为自己选择的产业延伸准则。这也是开滦煤化工产业迅速发展的重要内因。

煤化工在路径上有煤焦化、煤气化、煤液化三条路径，由于开滦的煤炭产品主要是焦煤、配焦煤和优质动力煤，据此我们确定了煤焦化和煤气化两个发展路径，并形成了两大特点：

一是煤—钢联合的特点。产品和钢铁上下游的关联度很高。开滦目前拥有4个大型焦化企业，其中中润公司、中化公司、考伯斯开滦炭素化工三个煤化工公司都和钢铁有关系。这种模式有利于增强企业的抗风险能力。

二是煤基产业链较长，通过科技创新和技术进步，现已形成以"焦"为辅，以"化"为主的产业新格局。3个产业链条：一是苯产业链，从粗苯深加工到精苯，到己二酸，再到尼龙66等；二是焦油深加工产业链，从粗焦油到硬质沥青，洗油、蒽油，再往下延伸出精细化工多达几十种；三是甲醇的产业链条，从煤气到甲醇、聚甲醛，丙烯、聚丙烯，M15汽油等产品。

M15汽油是一种新能源，符合国家低碳经济的理念，目前，河北把唐山市作为甲醇汽油的试点，唐山则把开滦作为试点发展新能源。

现在我们每个产业链都有各自的战略和方向，正在加速向前推进。争取在40种产品的基础上继续延伸，向国际先进水平看齐，达到70种。

除了以上两大特点以外，开滦煤化工还有三个特色：

一是产业规模大，2009年8月8日，我们与北燃实业签署合作框架协议，

开滦中润与北燃的佳华公司整合打造全国最大的独立煤化工企业。现已形成了年产焦炭940万吨，甲醇20万吨、粗苯加氢10万吨、焦油30万吨的生产能力。随着整合重组步伐加快，产业规模将进一步做大。

二是技术含量高。"技术高起点"是我们产业建设的出发点。当时在国内独立煤化工企业中，开滦率先采用6米的顶装焦炉，且全部配套140 T/H干熄焦装置。煤焦油项目采用美国考伯斯公司技术，在国内工艺最先进。另外，煤气制甲醇采用德国技术；苯加氢项目采用的气相低温加氢优化工艺和焦炉煤气项目采用的化学工业第二设计院专有技术；聚甲醛将采用韩国技术。

三是循环经济和节能减排最优。一个国有大型煤化工企业必须要考虑社会责任。虽然加大节能减排力度会暂时降低企业的直接效益，但是长远看会提高企业的间接效益。例如，去年10月，我们煤化工园区干熄焦1号、2号发电机组相继投入运行，实现并网发电。这个投资3.8亿元的项目，是开滦在节能减排方面较大的一笔投入。但是干熄焦与过去的湿法熄焦相比，不但能降低有害物质排放，同时用熄灭焦炭过程所产生的热量发电，创造了新的效益。这个项目年可回收能源折标煤近20万吨，利用余热产生蒸汽332.5万吨，发电6.25亿千瓦时。现在园区80%的用电量都是从这里来的。

目前，我们所有的副产品全部开发加工，园区内废水、废气、废渣实现了循环利用、零排放，吃干榨净，其中，污水深度处理技术和驰放气回收技术已申报国家专利。

总之，我们目标是打造国内先进，国际领先的现代化的煤化工园区，现在这个目标实现了。

延伸产业链，发展新能源、新材料

中国经济时报：我们注意到，开滦集团以构建现代产业体系新思维开创了"以煤为基础，煤化工产业、现代物流业、装备制造业、文化创意和房地产业、节能减排产业"协调发展的新局面。煤化工作为开滦转型发展最重要的产业之一，提出要做大、做精、做优，确定2010年销售收入突破130亿元的目标。对此，你们今年将有哪些新动作？

裴华：开滦煤化工通过产业链延伸做大企业规模，加快技术创新提高产品附加值。

2010年，集团公司提出把煤化工作为集团"一基五线"转型发展最重要的产业之一，进一步延伸产业价值链，应用高端技术打造高端产品，发展新能源新材料，逐步和石油化工、盐化工产业对接。

做大产业规模是产业链条延伸的基础，如果链条前端没有规模，下端就不能做精做优，因此，围绕"做大"，我们今年安排了很多大项目。

除了当前在建的投资3亿元的开滦苯甲氢的二期工程、十万吨粗笨加氢项目之外，3月，"曹妃甸60万吨/年焦油初加工项目"一期工程将举行开工仪式。

4月，己二酸的项目即将开工，投资28亿元，建设周期两年半，己二酸被用来生产高强化纤尼龙66，是汽车轮胎的重要材料；同期开工的还有聚甲醛项目，建设周期一年半，投资20亿元，聚甲醛是一种高强塑料，目前主要依靠进口，常被用于航天航空、仪器仪表、汽车等行业。

下半年，内蒙古乙二醇的项目计划开工，投资80亿元，建设周期3年，这个项目规模较大，和我们内蒙古鄂尔多斯煤炭基地配套，用优质动力煤来生产乙二醇，这种产品属于国内奇缺的化工产品，每年要进口3000万吨左右，建成投产后前景广阔，目前在技术上已经成熟。

与此同时，进一步加快煤—钢联合、煤—燃气联合，推进和石油企业、盐化企业对接：

在内蒙古与北京燃气集团合作搞煤制天然气，通过管路输送到北京，现已立项；煤制氢项目与燕山石化对接。

在内蒙古上甲醇制丙烯大型装置，重点向化工产业迈进。

值得一提的是，开滦依托唐山城市转型，对接区域产业布局谋求科学发展，在曹妃甸承担了工程岛的建设和管理，为区域内所有企业提供能源供应和保障。

这种工程岛模式开创了国内先例，从着眼企业自身的发展模式转向融入区域经济的城企互动发展模式，从概念上符合国家科学发展节能环保的要求，从区域层面契合城市发展的规划。

中国经济时报：这么多大项目的陆续开工投产，将对企业提出更高的要求……

裴华：是的。为了保证大项目的顺利进行，我们把这个传统产业作为新兴产业来管理，进一步提升优化，包括产业规模、技术含量、节能环保等各个方面。为此，我们首先建设开滦煤化工研发中心，投入了1000万研发费用，对现有装置改造，发挥研发中心的作用，加强与北京化工大，化二院，焦耐院以及浙江大学的合作，进一步引进国外技术的同时提高自主研发水平。

二是加强管理。对于产业链前端的管理我们已经很成熟，但不能用煤炭的管理层次对标化工产业，当前的重点是引进石化领域的人才，真正打造现代化化工产业。

三是加强文化的打造。现在形成了新产业，需要在传承开滦优秀传统文化和精神的同时，培育新的产业文化，形成管理的核心。

四是进一步加大节能减排力度，实现科学发展。我们不仅把节能减排作为结构调整、转变发展方式的重要措施，还要站在更高层面上把它作为产业来重点发展。

顺应国家产业政策，结构调整体现科学发展观

中国经济时报：2月24日，国务院召开常务会议，研究部署进一步贯彻落实重点产业调整和振兴规划。要压缩和疏导过剩产，加快淘汰落后产，引导产业健康发，坚决控制钢铁、水泥、电解铝、焦炭、电石等行业产能总量。

今年的全国两会上，温总理在政府工作报告中提到，2009年下大力气抑制部分行业产能过剩和重复建设，淘汰落后焦炭产能1809万吨。今年要落实有保有控的信贷政策，严格控制对"两高"行业和产能过剩行业的贷款。

而您刚才强调要进一步做大煤化工产业的规模，您是怎么考虑政策变化和企业发展之间的关系呢？

裴华：国家政策调整关系产业发展空间，做企业要审时度势，注意研究经济形势，顺应国家的产业政策，按照国家产业政策研究企业自身发展路径，体现科学发展观。

近两年来，国内煤化工产业发展比较盲目，包括煤焦化、煤气化。具体问题有两个：一是由于产能无序增加，造成恶性竞争、产品价格降低、资源浪费。例如仅唐山区域内，焦炭产能高达3000万吨，具有6米焦炉的只有开滦一家，产能为几百万吨，其余产能均来自小企业，而这些小企业由于装备和技术落后，焦炉煤气得不到利用，导致大量"点天灯"现象，浪费惊人，还给环境造成严重污染。二是技术不成熟，投资后不能投产，造成巨大浪费。

开滦发展煤化工不是单纯增加产量，而是在充分理解分析国家政策的前提下，综合考虑，结合自身特点推进新项目，对产业进行整体提升和优化——我们已经进入了门槛的上端，正在调整产品结构，向产业链条的下端加速发展，重点向"化工"产业迈进，扩大"化工"产品规模。这也是一种转型，与国家政策相契合，体现了科学发展观，前景看好，我们对未来发展充满信心。

(本文刊登于2010年3月12日)

转型是开滦集团发展的必由之路

　　开滦作为典型的资源型企业，转型发展是必由之路，这不仅是由资源型企业的特点决定的，也是由企业发展决定的，同时也是企业家的责任。

　　当前，无论是中央还是地方都提出了"转型"。相比较而言，开滦提出的转型比较早，早在2002年开滦就提出了转型发展，并在之后的五六年间进行了有益的探索，尽管当时转型的主题不够突出，但是企业的领导班子做了大量的基础性工作，包括发展思路的探讨，结构的调整，新时期人才的调整等等，奠定了转型发展的思想基础。

　　对于企业来说，我们考虑最多的两个问题就是为什么要转型和怎么转。前者重点是要解决思想问题。

　　事实上，我们在确定转型发展战略之初，来自内部的疑问很多，当时大家对转型并不认可，因为"转型"就意味着"付出"，需要投入大量的物力和财力。而职工更看重的是眼前的利益，甚至一些职工认为投入巨资搞开发不如把这部分资金发给大家谋福利。

　　对此，我们重点考虑解决大家思想上的问题，以发展战略的转型带动发展思路和发展模式的转型。2008年7月，集团重新修订了企业发展战略，确立了"开放融入、调整转型、科学发展、做大做强"的指导思想，从战略层面加快企业转型发展的步伐。

　　对于开滦这样的特大型国有企业来说，转型是唯一出路。

　　首先，这是资源型企业的特点决定的。煤炭企业普遍面临从开采资源到走向繁荣，再到资源逐渐枯竭、企业衰败的过程，开滦也不例外。开滦集团地处唐山市，始建于1878年，经过130多年开采带来的问题多，历史欠账多，社会包袱像滚雪球一样越来越大，再加上原有矿区进入衰退期，煤质差、效益低、开采条件困难和成本不断增高等问题不断。具体来说，2000年之后，开滦旗下的唐家庄等4个矿相继破产，唐山区域剩余可采储量只有14.5亿吨，其中，76.7%还被压在铁路、水体、建筑物之下，且平均采深已达地下850米以下，开采成本提高，开采难度日益加大。煤炭质量差，灰分高达40%，动力煤发热量低，洗精煤回收率低，低于全国平均值20个百分点，仅此一项减少收入40%。集团现有离退休人员71625人，另有待退职工2348人，从事生活后勤人员16115人；有165个住宅小区，供暖、供水、供电、供气等都由企业承担，每年仅生活后勤补贴就高达12亿元以上。矿区危旧房改造任务繁重，震后危旧房还有159.4万平方米，需建设投资27亿多元。

资源是有限的，不管有多少资源，总是要枯竭的，但是思路不能枯竭，我们必须未雨绸缪，适时发展优势和替代产业，要尽快转型、提前转型。

第二，是由企业发展决定的。要增加企业的抗风险能力，做到东方不亮西方亮。能源市场有潜力，同时也有风险，2008年金融危机之前，煤炭市场供不应求，但是危机突然袭来，市场迅速发生变化，煤炭市场大幅萎缩，产品滞销，库存增加，价格下滑，货款回收困难。2009年，由于煤炭价格降低，导致煤炭业营业收入减少50个亿，但是企业及时采取了"抓机遇、增总量、调结构、降成本、惠民生、防风险"的18字方针，集团的总营业收入不仅消化了煤炭业减收的50个亿，还增加了225亿，主要是现代物流、装备制造、文化旅游和房地产业、节能环保等新兴产业的发力。由此来看，转型能够极大地增加企业的抗风险能力。

第三，是企业家责任的问题。煤炭业是个容易产生短期行为的行业，实际上，同其他一些资源型企业相比，开滦的转型压力并不是最紧迫的，不转型，进行产品结构调整也可以发展，但是我们要考虑的是国家的利益，绝对不能为了眼前利益而牺牲企业的长远利益，绝对不能杀鸡取卵，吃子孙后代的饭。开滦建矿130多年，在唐山的职工有11万之多，包括家属在内多达50万人，犹如一个小社会。资源型企业如果没有了资源，职工的生活质量就没有保证，为了给总部经济、职工生活谋划一个出路，维护社会稳定，我们在总部资源还能再挖30年的时候，超前谋划，放眼长远，寻找替代产业，转型发展。

另外，我们还考虑到，转型的过程是一个庞大的系统工程，重点项目建设需要大量的资金投入和人才支持，而新兴产业真正成为支柱产业还需一定时间的培养，这个过程离不开煤炭产业的支持。

从这几年企业的快速发展来看，我们感到企业转型发展的路子是对的——2010年在中国500强企业排名中，开滦集团由2008年的第291位，跃居第103位，两年上升了188位；在中国煤炭企业100强排名中，由2008年的14位上升到第8位，两年上升了6位，是全国发展最快的企业，被评为中国最具成长力企业第7名。

主要经济指标方面，2008年至2010年连续3年实现了经济跨越式发展，营业收入增长了494%，利润总额增长了463%，利税增长了177%，资产总额增长了102%。职工的人均年收入增长了69%。同时，2500亩的闲置土地，30万平方米的闲置房产被盘活并发挥了较大作用。

今年一季度，原煤产量完成1769万吨，同比增加543万吨，增长44.29%；精煤产量完成405万吨，同比增加95万吨，增长30.65%；营业收入完成256亿元，同比增收84.4亿元，增长49.17%；利润总额完成3.78亿元，同比增盈2759万元，增长7.8%。可以说，原煤产量已达全年7000万吨水平，营业收入已超过全年1000亿元水平，均创历史新高。

（本文刊登于2011年6月27日，作者为开滦集团董事长、党委书记张文学）

资源型企业转型要把握四个原则

解决了转型的思想问题之后，怎么转是转型的关键。资源型城市和资源型企业转型是世界性难题，开滦转型的思路，从宏观上把握了四个原则：

一是立足企业比较优势。比较优势是明确产业分工和产业发展定位的基础，是企业转型和发展的立足之本。开滦作为资源型老企业，有很多比较优势。比如：独特的区位优势，大量的存量资产，先进的煤炭开采管理和技术，知名的企业品牌和人才等等。

开滦130多年的历史积淀，如果不能有效利用，会成为阻碍企业转型的沉没成本，甚至是包袱。发挥这些优势，就是将沉没成本变为资源优势，变资源优势为竞争优势。

现代物流是企业转型发展的新舞台，也是最大亮点，占到了经济总量的半壁江山。在2008年转型发展战略中，我们把现代物流业作为企业转型发展的支柱产业，就是充分分析和把握了企业的自身优势。作为百年老店，企业拥有仓储面积52万平方米，自营铁路线路423公里，业主码头年过港能力500万吨等设施。我们充分利用了开滦自身的区位、基础设施、资源市场和人才队伍等比较优势和产业基础，大力发展现代物流业，2010年，物流产业营业收入近493亿元，利润总额完成2.88亿元。开滦国际物流公司下属15个分（子）公司，构建了以供应链管理为依托，以专业化物流为特色的综合服务型物流新模式，已建成了一个古冶物流园区，两个在建京唐港煤化工物流和曹妃甸国家级煤炭储备基地两大园区，形成了煤炭加工物流、物资仓储加工配送物流、运输服务物流、汽车物流、国际物流五大板块。开滦国际物流公司是中国煤炭行业首家"国家5A级综合服务型物流企业""中国物流实验基地""河北省物流领军企业""中国煤炭工业物流领军企业"全国物流百强企业第4名。

二是要顺应产业发展大势，立足于国家产业政策，把握政策导向。例如，在构建资源节约型、环境友好型社会的大环境中，打造节能环保产业链。围绕煤矿开采过程中形成的废气、废水、废物处理再利用等，遵循"减量化、资源化、再利用"的循环经济理念，形成了煤矸石—发电，煤矸石—建材，瓦斯—发电，矿井水处理再利用和矿井水余热回收利用，塌陷区治理再利用等5条循环经济产业链。目前，煤层气利用率达到80%，矿井水利用率达到70%，煤矸石利用率达到100%，治理土地19063亩，节能环保产业年综合创效达到20.5亿元。

作为企业转型发展的力作，开滦文化产业同样是顺应了国家产业政策。我们抢抓中央和省市大力发展文化产业的政策机遇，把文化产业列为企业转型发展的战略产业，企业立足自身丰富的矿业文化资源，运用文化创意新思维激活矿业遗产保护，"保存与展示""改造与再利用"相结合，将中国矿业文化资源优势转化为产业优势，形成主题博物馆，典型遗址保护开发，公共休憩广场，休闲、购物、旅游相结合的综合商业开发，文化创意与工业博览开发等五种模式，着力打造世界一流矿业文化园区。目前，"矿山公园工业遗迹保护模式"入选了唐山市科学发展示范区建设第一批推广示范项目；开滦博物馆已被评定为"全国科普教育基地""全国国土资源科普基地""中国十佳工业旅游景区""国家4A级旅游景区""全国红色旅游经典景区""河北省爱国主义教育基地""唐山市科学发展模式示范点"，并被河北省委、省政府列为河北省"文化产业带动战略大项目"。发展文化产业不仅提升了企业的知名度和美誉度，还为企业成功探索出了一条资源型企业转型发展的新路径。

2010年，开滦的文化产业实现收入6000多万元。目前，我们正以开滦国家矿山公园的旅游产业为龙头，拉动与之相关的房地产业、配套商业、服务业的发展，将形成一个大的文化产业集群。围绕开滦以及唐山的历史文化，计划投资拍摄电影《曹妃传奇》、电视剧《开滦风云》和电视纪录片《乡音》等影视作品。同时，现代矿山工业科学发展示范园区不久也将开工建设。集团"十二五"规划还提出打造"中国矿业文化产业基地"，使其成为企业转型发展的动力源和新的增长极。以开滦国家矿山公园为依托，我们已经逐步形成涵盖文化旅游、广告会展、影视创作、文娱演艺、网络传媒、出版印刷、旅店服务、休闲健身、旅游产品开发、旅游地产开发等独具特色的矿业文化产业体系。

三是要与区域经济协同互动。企业发展离不开产业集聚和区域创新系统所带来的规模效益和集聚效益，企业转型的主体地位需要与城市转型的主导地位协同发挥作用，为企业转型提供广阔发展空间。

开滦煤化工产业是企业转型发展的新突破。2010年煤化工产业收入达到113亿元，占集团经济总量的12%。

我们抢抓省、市着力发展沿海经济，推动经济发展由内陆资源型向沿海开放型转变的机遇，开滦煤化工高起点起步，向煤化工产业链高端迈进，构建焦炉煤气—甲醇—甲醇燃料和聚甲醛；甲醇制烯径；煤焦油—精细化工和合成材料；粗苯—精制苯—己二酸—尼龙66盐—尼龙66工程塑料和纤维系列产品；煤气化五条高层次循环经济产业链，形成能源类产品、合成材料和精细化工产品三大产品体系。具有污水深度处理技术、驰放气综合回收和添加剂技术、M15甲醇配方及制造技术等五项自主知识产权，综合技术水平在全省领先，个别技术在全国领先。打造建成了河北省综合规模最大、循环产业链最长、节能减排措施最优的绿色煤化工园区，进入全国化工百强企业。

目前，开滦集团一块煤能生产出32种产品，明年年底发展到43种产品，"十二五"末将达到72至90种。产业前景集中在新材料、新能源领域，用在医药、国防、化工等方面，都是市场紧缺的产品，蕴含巨大增值空间，为企业转型、实现可持续发展提供重要支撑。

四是他山之石为我所用。在世界资源型城市成功转型的范例中，比较典型的有德国鲁尔区的"转型型"、美国匹兹堡区的"复兴型"和法国洛林区的"告别型"。开滦的条件与德国鲁尔区有很多相似之处，因此2002年以来，我们每年派人到鲁尔学习经验，为开滦转型奠定基础。例如，开滦的转型发展不是否定传统产业，也不是不再搞传统产业。而是立足煤、跳出煤、延伸煤，依托煤而不依赖煤，跳出煤而不放弃煤。通过对传统产业的改造提升和优化重组，对替代产业和新兴产业的培育发展，促进产业结构调整，促进发展方式的转变。开滦133年专注于煤炭产业发展，具有独特的品牌、人才和管理优势，这两年我们通过"内挖外扩"，企业新增煤炭资源115亿吨，按照当前5000万吨年产量计算，可延长企业寿命100多年，困扰开滦集团的资源问题得到有效缓解。2010年年末，原煤生产能力6682万吨，实际生产原煤6087万吨，其中省内4591万吨，占75.4%，省外1496万吨，占24.6%。精煤生产能力2166万吨，实际生产精煤1503万吨。营业收入实现276亿元，利润总额达到11.8亿元。

依据以上四个原则，不到三年时间，开滦的产业结构出现了明显的变化，非煤产业占总收入的比重达到70%以上。构建了以煤为基础，以煤化工、现代物流、装备制造、文化旅游、节能环保产业为主线的"一基五线"产业发展格局。煤炭产业基础地位得到强化；煤化工产业实现了规模化、基地化、园区化、产业化，新材料、新能源链条已基本形成；现代物流产业实现跨越发展，一跃成为煤炭行业和河北省物流领军企业；装备制造产业已形成煤矿用品系列生产规模；文化旅游产业已步入发展轨道；节能环保产业取得积极进展，废气、废物、废水处理再利用已形成产业化。企业抗风险能力和可持续发展能力显著增强。

同时，开滦在转型的实践过程中，还确立了"六个转向"——从以煤为主的一元发展战略转向以比较优势为基础的多元发展战略；从以产量增长为导向的资源驱动型发展模式转向以循环经济为导向的科技创新驱动型发展模式；从着眼企业自身的发展模式转向融入区域经济的城企互动发展模式；从单区域挖潜型发展模式转向以总部经 济为基础的多区域发展模式；从封闭式整合发展模式转向开放式横向战略合作发展模式；从传统粗放型管理方式转向以精细化、科学化为特征的现代企业管理体系。

（本书刊登于2011年6月27日，作者为开滦集团董事长、党委书记张文学）

转型是企业发展永恒的主题

转型的核心是转变发展方式和结构调整，而结构调整是一个永恒的主题，企业必须根据国内外以及区域、行业发展环境的变化及时调整企业的产业结构，用发展来实现企业的战略转型，在转型中实现更好、更快的发展。

今年是"十二五"的开局之年，围绕转变经济发展方式，加大产业结构调整力度，开滦集团进一步加快了转型升级的步伐。在以煤为基础，以煤化工、现代物流、装备制造、文化旅游、节能环保产业为主线的"一基五线"产业格局基础上，我们又把发展精品钢铁、新一代电子信息、临港工业园区写进了企业发展战略。一季度，集团非煤产业收入比重上升到72.99%，比去年高出2.51个百分点。

企业转型的核心是转变发展方式和结构调整，而结构调整是一个永恒的主题，包括产业结构调整、产品结构调整、配套的组织结构调整等。企业必须根据国内外以及区域、行业的发展环境的变化及时调整企业的产业结构，进一步推进企业转型发展。

回顾过去的三年，开滦集团2008年明确转型发展以来，曾连续修订企业发展战略，把发展方式转变和结构调整逐步推向深入。例如，由于看到了文化产业的巨大潜力，开滦立足自身丰富的文化资源，抓住国家和当地政府倾力打造文化产业的政策机遇，以开滦国家矿山公园为依托，2009年，我们把文化创意和房地产开发结合提升为集团转型发展的战略产业。

从2007年之前的"一煤独大"，到2008年以煤炭为基础型产业，以煤焦化、煤电热、现代物流为支柱型产业，以装备制造、建筑施工、文化旅游、建材化工为支持型产业的"134"产业布局，再到2009年的"一基五线"产业新格局，正是体现了用发展来实现企业的战略转型，同时，在转型中实现更好、更快的发展思路。目前，非煤炭资源类产业已经稳稳地占到集团总营业收入的70%以上，营业收入三年增长了5倍。

进入第十二个五年规划，企业发展的外部环境出现了新的变化，企业作为微观主体，必须随之做出及时、科学的调整。

我们注意到，当前世界经济的复苏还存在着一些不确定性因素，世界经济正处在深度变革和调整时期。国际金融危机影响深远，经济全球化向纵深发展，新的科技革命浪潮迅速兴起，国际产业结构调整加速，国际竞争更加激烈。气候变化、能源资源安全、公共卫生等全球性问题更加突出，外部环境更加复杂。

我国发展中长期积累的深层次矛盾凸现，资源环境约束压力加大，节能减排任务更加艰巨。资源支撑能力弱，生态环境容量不足，水、土地、矿产等资源占有难度加大。区域竞争、行业竞争压力加大，各地各行业围绕资源、市场、技术、人才竞争更加激烈。

从河北省内来看，河北省"十二五"规划建议构建了未来五年"双重任务""两个转变""四个一"战略重点的发展格局。即加快发展和加速转型；从经济大省向经济强省、从文化资源大省向文化强省的跨越；加快建设环首都经济圈，加快建设沿海经济隆起带，加快打造冀中南大经济区，加快培育一批千亿元级工业聚集区和大型企业集团。

从煤炭行业来看，煤炭市场空间逐步收缩。煤炭在一次能源消费的比重逐步下降。有关部门预测，到"十二五"末我国煤炭需求将达到38亿吨，在一次能源消费中的比重将从2009年的70%以上下降到65%左右；大型煤炭企业快速发展。规划到"十二五"末5000万吨以上的特大型煤炭企业集团产量要占到全国煤炭总产量的65%以上（24.7亿吨以上），形成10个10000万吨以上，20个5000万吨~10000万吨的大型企业集团。营业收入3000亿元以上的2个，2000亿~3000亿元的9个，1000亿~2000亿元的5个；煤炭产能大幅度增加；国家将对煤炭项目严格控制、提高准入门槛；节能环保的压力越来越大，成本支出越来越高。

根据宏观政策和外部发展环境的新特点，我们全面分析了集团公司发展面临的新机遇与新挑战。

一方面，我们面临前所未有的有利条件及机遇，特别是煤炭行业和河北省快速发展给我们带来的机遇。经过这几年的努力，集团公司也具备了快速稳定可持续发展的基本条件。例如，产业发展格局基本形成，产业发展水平有一定层次。"十一五"期间，集团"一基五线"产业格局健康发展，煤炭产业后劲增强，进入5000万吨大型企业集团行列；煤化工产业成为河北省龙头企业，技术创新取得新突破，新材料、新能源开发取得积极进展，具备了快速发展的条件；现代物流产业快速发展，成为全国煤炭行业和河北省物流产业的领军企业；装备制造、文化旅游、节能环保等产业健康发展；经济总量大幅度提高，为"十二五"快速发展奠定了坚实的经济基础；人才队伍不断壮大，科技创新基础不断加强，员工队伍素质不断提高。

另一方面，我们也清醒地看到我们所面临的问题。例如，经济运行质量还有较大提升空间。由于煤炭质量差，灰分高达40%，煤炭产业利润率远低于全国平均水平。煤炭产业发展困难加剧，唐山、蔚州老区的开采条件复杂，开采成本越来越高，其他区域受运输、市场、政策等条件制约，快速发展的外部影响因素在加大。非煤产业利润有待提高，新兴产业、高端产业培育任务艰巨，企业转型发展的基础需要进一步夯实。

另外，企业办社会负担沉重。集团每年承担的社会职能及后勤服务的费用在13亿元左右。职工住房、棚户区改造、社区设施改善等任务繁重。

对此，我们将进一步调整产业结构，并提出了"十二五"发展战略。

新时期，我们的指导思想是以党的十七届五中全会精神为指导，深入贯彻落实科学发展观，坚持"开放融入、调整转型、科学发展、做大做强"的战略方针，以调整优化产业结构、经济转型为主线，以科技进步和体制、机制、管理创新为动力，以积极融入环首都经济圈、沿海经济隆起带和城镇化建设为切入点，以改造提升传统产业、培育发展战略性新兴产业、兼并重组和区域开发、战略基地建设为措施，构建起传统产业、替代产业、新兴产业梯次递进的产业发展新格局，进一步提升经济运行质量，将开滦建设成为主业突出、结构合理、多元经营、科学发展的跨地区、跨行业、跨所有制、跨国的现代化大型企业集团。

发展思路就是要坚持"一个统领"，体现"两加快"，实施"四大战略重点"，构建"一基、七业、一区"产业发展新格局，把握"五个着力点"。

即以加快转变经济发展方式、推动企业转型统领集团公司各项工作全局；加快经济转型，加快发展速度；加快建设五大煤炭生产基地，打造亿吨级煤炭企业；加快建设五大煤化工园区，打造中国独立的煤化工旗舰企业；加快建设六大物流园区，打造中国现代物流领军企业；加快建设中国矿业文化产业园区，打造世界一流矿业文化产业基地。构建煤炭产业、现代煤化工、现代物流、高端装备制造、文化旅游、节能环保、精品钢铁、新一代电子信息和临港工业园区产业新格局。着力提升产业发展水平、自主创新能力、经济运行质量、加快沿海新型现代化工业园区建设，提高广大员工幸福指数。到2015年，实现销售收入2500亿元，进入中国企业500强前100名，力争跨入世界500强企业行列。

同时，力争安全生产零事故，经济效益、生态效益和社会效益最大化，员工收入随企业经济效益增长稳定提高，员工生产、生活环境明显改善，员工权益得到切实保护。

（本文刊登于2011年6月29日，作者为开滦集团董事长、党委书记张文学）

发扬党的政治优势，创新思想工作方法

马克思、恩格斯创立世界上第一个无产阶级政党——共产主义者同盟的时候，就曾明确提出："共产党一分钟也不能忽视教育工人。"毛泽东同志指出："政治工作是一切经济工作的生命线。"重温这些思想，联系当前企业改革发展实际，我们深刻认识到，思想政治工作是党的优良传统和政治优势，是社会主义现代化建设取得胜利的重要保证，也是企业改革发展不可须臾离开的法宝。近年来，开滦党委在深化改革加快发展中注重发扬党的政治优势，创新思想工作方法，把思想政治工作融入到生产经营的各个环节之中去，理顺了员工情绪，提升了企业管理效能。

思想政治工作面临新形势、新问题

近年来，随着企业改革的日益深化，员工思想状况也发生了较大变化。一是伴随企业产权制度、管理体制和分配格局的改变，不同利益主体的需求差别在增大。二是企业改革不断深化，引发了许多新的思想问题，职工中的"困惑点"增多了。三是各种社会思潮对职工队伍的影响在增强，思想政治工作的导向任务更加艰巨。四是在市场经济条件下，思想政治工作的传统方法和内容面临着新挑战。现实表明，企业思想政治工作要研究新情况，解决新问题，增强影响力，提高实效性。

探索新方式，构建思想政治工作网络体系

市场经济条件下，企业思想政治工作普遍面临两个问题：一是随着机

构精简，专职政工人员相对减少，员工中的思想问题靠谁去发现、怎样及时发现？二是不同人群的思想工作由谁去做，怎么做？这些问题的出现，要求必须对传统的思想政治工作方式进行新的探索。近年来，开滦在实验的基础上，构建了"四网一会"，建立起横到边、纵到底、覆盖全员的思想政治工作网络格局。实现依靠员工做工作，员工思想工作员工做。所谓"四网"就是舆情监测网、基础政工网、重点人群网、文化阵地网；"一会"，就是思想政治工作研究会。

舆情监测网是及时发现各种倾向性问题，为其他网络提供舆情信息，争得工作主动权的快速反应系统。基础政工网是依托于区（科）队党政工团组织，开展经常性、系统化思想政治工作的主体工作系统，也是"四网"的组织基础。重点人群网是在按与重点人群相关的主管部门建立的网络体系。文化阵地网是对现代大众传媒和各种开展文化活动阵地系统的整合。思想政治工作研究会是对"四网"提供理论指导的研究组织。

"四网一会"的建立与实施，使企业思想政治工作党政工团齐抓共管、协调联动的总体要求落到了实处。进一步增强了工作的针对性、主动性和实效性，扩大了覆盖面，实现了思想政治工作的超前预测，过程控制，横向拓展，纵向延伸，较好地体现了思想政治工作的科学性、系统性和规范性。

运用新载体，把思想政治工作融入企业管理

企业文化是管理文化，也是思想政治工作创新与企业管理创新的重要载体。

第一，围绕开滦发展，提炼符合时代特征的企业理念系统，为广大员工确立共同遵循的价值观和行为准则。党委组织全体员工自下而上、上下结合、总结提炼，对开滦的企业价值观、理念体系和"特别能战斗"的企业精神进行了整合与重塑，用企业精神鼓舞和激励员工，用企业理念来培养员工情怀，陶冶员工情操，将企业核心价值观作为全体员工共同遵循的行为准则，为实现调整转型科学发展提供了强有力的文化支撑。

第二，以基层为重点，培育团队精神，塑造共同目标愿景，增强团队凝聚力和战斗力。员工"团队合力"是企业竞争力的重要体现。近年来，我们抓住四个环节，加强了团队精神的培育：一是在区队中建立大家认同并追求

的目标愿景，用以坚定员工的发展信心；二是在区队内营造一种相互尊重、团结协作、干群融洽的和谐氛围，培育员工的归属感；三是鼓励员工不断提高自身素质，为团队营造浓厚的学习氛围；四是注重发挥典型作用，选树了一批尊重人、关心人，以人为本自主管理、文化管理的典型。

第三，发挥企业文化的规范和导向作用，提升管理水平和思想政治工作效果。党委注重把企业文化由理念层向管理实践层推进。在学习借鉴和总结成功管理经验的基础上，研制并推行了"RMDC管理法"等新型管理方法。坚持以人为本，从强化员工岗位行为规范养成做起，充分调动管理过程中人的能动性和创造性。以此为载体，思想政治工作较好地融入到企业管理中，创新了管理理念，改善了员工心智模式，规范了管理行为和操作行为。

抓长效措施，加强员工职业道德教育

企业发展关键在人，而人的关键在素质。党委把以德治企提高到更加突出的位置，作为思想政治工作的着力点，紧紧抓住不放。

一是加强以员工为主体的职业道德规范建设。引导员工树立热爱本职工作的责任感；提高严格遵守国家法律、职业纪律的自觉性；增强学习现代科学知识和先进技术的强烈愿望；培养互相关心、互相帮助，团结友爱的良好风气。为此，党委制定了《员工基本行为规范》，把职业道德规范和对员工的行为要求有机地统一起来，使员工便于理解和实践。

二是加强以职业道德为重点的员工岗位行为培养。党委把思想政治工作、企业文化建设和精神文明建设统一于员工的岗位行为之上，从员工的岗位责任心和职业道德抓起，引导员工以认真的态度，遵循合理的节奏，科学的程序做好本职工作。深入持久地组织开展了企业文明创建、培育团队意识、准军事化职业行为训练、培塑本质型安全人等一系列岗位行为培养活动，从而形成了比较全面、符合实际、既体现岗位职业道德规范又充分展示员工自身价值的行为模式。

思想政治工作的改进与创新，推进了企业转型发展，2008年至2010年开滦集团连续3年实现了经济跨越式发展，原煤产量增长了108%，营业收入增长了473%，利税总额增长了203%，非煤产业收入已占集团总收入的70%，开滦走上了转型发展的快车道。

在建党九十周年之际，抚今追昔，感慨万千。开滦党委深刻认识到，全面理解和加强党的建设，充分发挥党的政治优势，创新思想政治工作方法，提升企业管理效能，不仅是企业党组织和党员充分发挥政治核心、战斗堡垒和先锋模范作用的生动体现，也是企业和社会实现转型发展、科学发展的重要保证。

(本文刊登于2011年6月29日，作者为开滦集团党建部部长张志富)

开滦主动转型，打造中国的"鲁尔"

——访开滦集团董事长、党委书记张文学

今年上半年，中央政策研究室、国务院研究室、中央财经委、国务院发展研究中心、中宣部、国家发改委、国家环保总局、国家科技部、国家商务部、国家工信部等组成的中央部委"开滦转型发展调研组"通过调研在所形成的《开滦集团转型发展的经验与启示》的报告中，这样评价开滦转型："开滦集团创造了国有大型企业转变发展方式的新经验、资源型企业转型的新路子，也为资源型城市转型这一世界难题提供了鲜活案例，对我国新型工业化道路发展具有重要启示意义。研究总结开滦集团转型发展经验，对于加快企业转变发展方式，加速资源型企业转型发展具有重要指导意义。"

近日，《中国经济时报》记者就"开滦集团转型路径"问题专访了开滦转型的总设计师——开滦集团董事长、党委书记张文学。

资源可以枯竭，思路不能枯竭

事实上，对于开滦集团这样一个大型国有煤炭企业来讲，在煤炭资源还能再挖20年的时候主动提出转型是需要战略眼光与执行勇气的，在开滦采访，《中国经济时报》记者从张文学身上看到了这些特点。

他站位很高，思路超前，富有远见，勇于创新，特别是他深沉的历史责任感和非凡的人生境界让记者记忆深刻。

中国经济时报：据我们了解，开滦集团经过130多年的开采，资源枯竭问题逐步显现，但是同其他一些资源型企业相比，开滦的转型压力不是最紧

迫的，即使在唐山老矿区，煤炭资源还能再支撑20年。为什么要提前主动转型？

张文学：煤炭企业有一个发展规律，就是普遍面临从开采资源到走向繁荣，再到资源逐渐枯竭、企业衰败的过程，开滦也不例外。

开滦集团始建于1878年，到现在已经有133年的开采历史了，被称为中国煤炭工业的源头和中国北方工业的摇篮，曾创造了多个中国近代工业的第一。但是也正是由于企业历史比较长，进入新世纪之后，企业可持续发展遇到了前所未有的困难。

比如，煤炭资源匮乏；产业结构单一，煤炭产业"一业独大"和非煤产业发展缓慢并存的矛盾突出；矿井开采条件复杂，自然灾害威胁严重；资源禀赋条件差；企业办社会包袱沉重等。

由于这些问题，2002年至2007年，开滦集团在全国500强企业的排名后移了30位。

由此可见，转型是资源型企业特点决定的，是绕不过去的"必答题"。对于企业来说，资源可以枯竭，思路绝不能枯竭，我们必须未雨绸缪，适时发展优势和替代产业，要尽快转型、提前转型。

另一方面，转型也是由企业发展决定的，要增加企业的抗风险能力，做到东方不亮西方亮。

再有，这也是企业家责任的问题。刚才你提到，同其他一些资源型企业相比，开滦的转型压力不是最紧迫。的确，不转型，进行产品结构调整可以发展，但是我们要考虑的是国家的利益，绝对不能为了表面成绩而牺牲企业的长远利益，绝对不能杀鸡取卵，吃子孙后代的饭。

开滦建矿一百多年来，在唐山的职工有11万之多，包括家属在内多达50万人。资源型企业如果没有了资源，职工的生活质量就没有保证。特别是现在市场竞争日趋严峻，尽管眼下还有十几亿吨的煤炭储量，企业维持十几年也不成问题，但是十几年、几十年以后企业吃什么、如何才能可持续发展？就自身可控的资源看，继续固守单一的煤炭产业结构，只能走向煤竭矿衰，最终被淘汰。也就是说，今天不出煤，今天没有饭吃，今天不转型，明天没有饭吃。

在企业内部我们经常强调一个观念：光荣属于历史，现在决定未来。要使开滦这个"百年老店"焕发青春、永续辉煌，必须走加快调整转型之路，舍此则别无选择！

另外，转型的过程是一个庞大的系统工程，重点项目建设需要大量的资金投入和人才支持，而新兴产业真正成为支柱产业还需一定时间的培养，因此，必须要提前主动转型，这样的转型才能实现良性的转型。

中国经济时报：转型就要改革，要付出成本。对于转型发展的思路最初企业内部是否有不同看法？针对不同意见，决策层是如何处理的？

张文学：面对转型，也有很多员工有顾虑，担心会不会影响员工的切身利益。另外，上世纪80年代到90年代，国家每年拿出30亿元扶持煤炭企业搞多种经营，发展非煤产业，开滦也上了许多项目，但大都没有成功，退出了市场，大家也担心现在再搞是不是依然难逃失败的命运。

我觉得这些疑问归纳起来是两大问题：一是为什么转型，解决思想问题。二是怎么转型，解决思路问题。我们一方面做好员工的思想工作，统一思想，提高认识。另一方面，首先从战略层面转型，以战略转型引导发展思路和发展模式的转型。我们确定了"开放融入，调整转型，科学发展，做大做强"的战略方针，着力在实现产业格局多元化、发展高端化、发展集约化、资源整合全球化、融资渠道多元化等方面进行积极努力的探索。

开滦转型路径

中国经济时报：据了解，资源型城市和资源型企业转型被称为世界性难题，国内在这方面仍然处于探索阶段，国际上成功的案例也不多。而开滦2008年明确转型发展以来，三年再造了五个开滦，非煤产业占到了70%以上，这不能不说创造了"奇迹"。开滦转型的经验是什么？转型的具体路径是什么？

张文学：在转型的问题上，我们主要是把握了四个原则。就是依托企业自身的比较优势和产业基础，立足于国家的宏观经济和产业政策，加快融入区域经济发展大局，积极学习借鉴国内外资源型城市和企业的成功转型经验。

近年来，中央和河北省委、省政府提出以加快转变经济发展方式为主线。我的理解，就资源型企业来说，加快转变经济发展方式的核心是调整产业结构。开滦集团作为资源型老企业，最突出的问题是"产业结构单一"，"一煤独大"。因此，我们在推进转型发展过程中，牢牢抓住产业结构调整这个主要矛盾，坚持立足自身比较优势和产业基础，既考虑长远，培育替代产业，又着眼当前，改造提升传统产业。这几年我们重点从七个方面进行了产业结构的调整。

一是支柱产业向产业基础转变。把发展煤炭产业作为转型发展的一个坚实基础，为企业转型发展提供支撑。开滦集团调整产业结构不是不搞煤，否定煤，而是立足煤，延伸煤，跳出煤，立足煤而不依赖煤，跳出煤而不抛弃煤。所以，我们提出通过"内挖外扩"，把煤炭产业做大做强。通过"内挖外扩"，构建了煤炭产业"五大区域""七大基地"的格局。

二是煤炭生产向煤化工产业转变。推行煤炭深加工，延伸产品链条。把发展煤化工产业作为转型发展的一个新举措，统筹规划，科学论证，坚持走大型化、基地化、园区化、低碳化、循环发展的科学发展路径。按照河北省发改委的要求，完成了M15甲醇汽油配方的研制和生产标准的制定。已经拥有多项自主知识产权，荣获节能中国贡献奖。去年开滦煤化工公司进入中国化工500强企业，名列第27位。

三是煤基工业向煤基服务业转变。盘活企业大量的存量资产，发展现代生产服务业，把发展现代物流产业作为转型发展的一个新舞台。开滦作为资源型老企业，具有独特的区位优势、大量的存量资产、先进的煤炭开采管理和技术、知名的企业品牌和人才等优势。我们本着变沉没成本为资源优势，变比较优势为竞争优势的指导思想，充分利用企业的区位、品牌、存量资产等资源，把现代物流产业作为支柱产业来发展。

四是工业遗产向文化旅游产业转变。把发展文化旅游产业作为转型发展的一个新亮点。开滦作为中国近代洋务运动最早的民族企业之一，具有许多珍贵的矿山遗迹和文献，文化资源十分丰富。利用国土资源部批准建设开滦国家矿山公园的契机，围绕建设矿业文化产业集群，打造一流产业文化园区的目标，以开滦国家矿山公园"中国北方近代工业博览园""老唐山风情小镇"为核心，利用多年前废弃的老巷道，展示中国煤炭装备工艺的发展历史以及煤矿自然事故发生的机理、成因和预防措施，建设煤矿安全文化示范基地，以文化演艺、广告会展、文化传媒、影视开发、艺术品创造为载体，形成了"三点一线"文化产业格局。同时对周边区域进行地产业、商业综合开发，与文化产业项目捆绑建设，以此拓展项目融资渠道和经济效益。

五是配套装备向装备制造产业转变。把发展装备制造产业作为转型发展的一个新优势。国家大力发展战略性新兴产业和区域产业的迅猛发展，给我们发展高端装备制造产业提供了很大空间。一方面我们加快了内部装备制造资源的整合重组，实现产业集聚；另一方面积极引进战略合作者，与德国、日本等国内外一些知名大公司合作，提高研发能力。由原来以修理、配套为主，转向以研发、制造为主，形成了煤矿、煤化工、冶金、节能环保装备四个板块，打造开滦制造品牌，着力进入装备制造高端产品领域。

六是废弃物利用向节能环保产业发展转变。把发展节能环保产业作为转型发展的一个新成果。我们主要是煤矿"三废"利用，走高碳产业低碳化发展的路子，把节能减排培育为替代产业，向节能减排要效益。围绕废气、矿井水和废弃物综合利用三个主攻方向，形成了矿井水处理利用、矿井水余热回收利用、煤矸石建材和发电、瓦斯抽采发电、塌陷地生态环境治理五条产业链，现在煤矸石利用率达到100%，矿井水利用率达到70%，瓦斯利用率达到80%，做到了资源循环利用、企业循环生产和产业循环组合。

七是传统产业向替代产业和战略性新兴产业转变。把发展战略性新兴产业作为转型发展的一个新动力。主要着眼于新能源、新材料、物联网技术应用等，目前正在开展前期调研和研发。

截至目前，我们已经形成了以煤为基础，现代煤化工、现代物流、高端装备制造、文化旅游、节能环保、战略性新兴产业共同发展产业格局。

中国经济时报：作为开滦转型发展的总设计师，三年的转型实践一定有很多感受，其中最深刻的有哪些？

张文学：我觉得有几点体会，就是要注意树立开放式思维，提高科技创新能力，提高资本运营水平，推进产业集群建设，推进企业文化升级。而最重要的是，一定要真心真意为民生，保证员工共享发展成果。在推进转型发展过程中，我们紧紧把握了两条：第一条，围绕民生搞转型。以提高和改善员工生活水平为目的,在转型中切实保证员工生活水平的不断提高;第二条,保证企业的健康可持续发展。在调结构的过程中,切实保证安全、生产等涉及企业长远发展的投入。2008年以来,开滦集团推出了每年为员工办10件实事工程,建立了"党委领导、行政承诺、工会监督"的工作组织推进机制。三年来累计投入资金3亿元,完成实事工程30项。建立员工健康保障体系、每年免费为员工健康查体,免费为井下员工提供健康快餐,为井下配备热水器、蒸饭机,解决了长期以来井下员工喝不上热水、吃不上热饭的难题。建立了员工收入正常稳定增长机制。解决员工子女就业7970多人。注重对弱势群体的帮扶,完善了员工大病医疗保险、扶贫解困、金秋助学、环境治理等民生工程,营造了广大员工体面工作、幸福生活的氛围。

五到十年之后比肩鲁尔

中国经济时报:开滦的华丽转身已经引起相关领导部门和业内的广泛关注,把开滦转型称作中国资源型企业转型的"典范",对此,您怎么看?

张文学:开滦集团转型发展虽然取得了一些成绩,但只是初步的。我们的目标是打造中国的"鲁尔",要探索出一条资源型老企业成功转型、可持续发展之路,下一步需要认真思考和认真解决的问题还很多,任务还非常艰巨。

一个是随着大集团战略的实施,开滦已由一个经济总量100多亿元的企业,发展到千亿元、多产业、跨地区、跨国、跨所有制的企业集团。在这种情况下,企业的治理结构、组织结构、人才结构、管控体系如何调整、完善、加强,提高工作效率和管控能力以及创新水平等,是我们必须着力解决的重大问题。否则,转型就不可能持久。

再一个,2008年至2010年,企业的经济增长速度平均达到81%。但是我们也清醒地认识到,转型发展的后劲还需要进一步增强,"十二五"期间要继续保持持续快速发展水平,必须加快发展战略性新兴产业、培育新的经济增长点。因此,如何加快发展战略性新兴产业也是我们必须要面对解决的新问题。

还有,企业的盈利水平与先进企业相比还有差距。如何提高经济运行质量、提高经济效益,还需要我们进一步加大工作力度。

我们自己看开滦转型，必须看到问题，不能沾沾自喜，沾沾自喜是要误事的。不管外部怎么评论，我们自己要保持一个清醒的头脑，加快发展。

中国经济时报： 进入新时期，开滦转型发展带来的好势头如何实现可持续？

张文学： 刚才介绍过，我们在推进企业进转型发展的过程中，结构调整立足自身比较优势和产业基础，既着眼当前也考虑到长远。产业布局中有近期的，有战略性的，循序渐进长远结合，符合企业转型的规律。这些替代、新兴产业从选项到布局，以及规划、定位、技术各个层面，都注重科学性。

例如，我们的现代煤化工产业高起点起步，沿着新能源、新材料的方向，形成了能源类、合成材料和精细化工三大产品体系，向高端技术高端产品延伸价值链，打造中国独立的煤化工旗舰企业。建成了4个煤化工园区，现在一块煤能生产32种化工产品，到后年可以生产出43种，预计到"十二五"末可以生产出72种到93种。这些新能源新材料都是能源替代产品，主要用在医药、国防、化工等方面，都是市场紧缺的产品，未来很有生命力，蕴含巨大增值空间。规划"十二五"，销售收入达到450亿元，利润总额达到13亿元。

现代物流产业已经连续两年占据集团经济总量的半壁江山。我们创立了煤炭供应链管理、煤炭市场交易、煤炭战略储备相结合的"三位一体"物流运作新模式。去年奠基的"开滦集团曹妃甸5000万吨国家级数字化储配煤基地、开滦唐山湾2000万吨炼焦煤储配基地"总投资38.66亿元。这两港项目全部建成后，整体规模将达到亿吨级，在满足国家战略储备的同时，按照市场的需求配煤，节约能源，提高附加值，发展空间和利润空间都比较大。今年物流收入预计超过600亿元，明年随着两港项目落地，物流产业将得到更快的发展，争取实现800亿到900亿元，到"十二五"末，营业收入达到1000亿元，利润总额达到10亿元。

再比如，我们大力发展文化产业，开滦国家矿山公园已经成为介绍矿业历史、矿业文化的重要窗口和唐山市、开滦集团的一张精美名片，取得了良好的社会效益。十七届六中全会的召开，为我们的文化产业发展指明了方向，我们要以此为契机，对企业优质的文化资源进行深度挖掘。规划到"十二五"末文化创意及文化旅游产业收入达到5亿元，利润总额达到5000

万元。把文化产业打造成为企业转型发展的动力源和新的增长极，实现社会
效益与企业效益的双丰收。目前，现代物流和煤化工产业占到集团营业收入
的65%，其他替代产业、战略性新兴产业循序渐进，相继发力，为企业转型
发展夯实基础。

中国经济时报：有远见的人，会未雨绸缪。规划"十二五"，开滦的发
展目标是什么？有哪些新思路？

张文学：2011年的发展目标是营业收入达到1300亿元以上，力争进
入世界500强企业；2012年达到1500亿元，确保进入世界500强企业。到
"十二五"末，原煤产量达到1亿吨，营业收入达到2500亿元。

对此，我们确定了坚持"一个统领"，体现"两加快"，实施"四大战
略重点"，构建"一基、七业、一区"产业发展新格局的总体思路。

具体来说，就是以加快转变经济发展方式、推动企业转型统领集团公
司各项工作全局；加快经济转型，加快发展速度；加快建设五大煤炭生产基
地，打造亿吨级煤炭企业；加快建设五大煤化工园区，打造中国独立的煤化
工旗舰企业；加快建设六大物流园区，打造中国现代物流领军企业；加快建
设中国矿业文化产业园区，打造世界一流矿业文化产业基地。

重点发展煤炭、现代煤化工、现代物流、高端装备制造、文化旅游、节
能环保、精品钢铁、新一代电子信息等产业。发挥临海、临港优势，建设临
港工业园区。

中国经济时报：您提出要把开滦做成"中国的鲁尔"，这个提法是如何
产生的？开滦和鲁尔的转型有哪些相似之处？有哪些不同？

张文学：国际上资源型城市转型较为典型的包括德国的鲁尔区、美国
的匹斯堡和法国的洛林。开滦和德国鲁尔区有很多的相似性，比如悠久的历
史，丰富的管理经验，先进的煤炭开采技术等等，因此，对标先进，我们把
鲁尔作为我们转型的榜样。

鲁尔转型的特点有四个，一是煤炭产业不抛弃，利用煤炭的开采技术走
出去，到国外开采资源，实现传统产业的发展；二是培育新兴战略性产业，
比如装备制造、电子信息、物流、汽车等；三是培育大量的中小企业；四是

政府的扶持力度很大，政府起到了主导作用，企业起到了主体作用，城企互动，实现了共赢。

开滦和德国的鲁尔转型路线有很多相似性，都是通过走出去重新获取大量的煤炭资源，培育新兴战略产业等等，所不同的是鲁尔转型是在资源枯竭的情况下被动地转型，同时政府拿出大量的钱来支持转型。开滦是在主业健康发展的前提下提前主动转型，由于国情不同，在转型过程中，必须更多依靠自我发展。

中国经济时报：在您的计划里，开滦要做到与鲁尔相提并论，需要多长时间？

张文学：五到十年吧。

(本文刊登于2011年11月4日)

让文化引领企业转型发展

——访开滦集团党委书记、董事长张文学

党的十七届六中全会以文化改革发展为主题，吹响了向社会主义文化强国进军的号角。

有着133年发展历史的开滦集团享有"中国近代煤炭工业源头"和"中国北方民族工业摇篮"的美称，文化底蕴深厚。早在2008年，开滦集团就把大力发展文化产业列入企业发展战略，目前，文化产业已经成为企业转型发展的新亮点。

如何深入学习贯彻党的十七届六中全会精神，进一步加快推进企业文化建设和文化产业发展？如何让文化积极引领企业转型发展，让文化产业成为转型发展的重要支点，从而加快推进企业转型发展，为河北省以及全国经济社会发展作出开滦集团应有的贡献？

带着这些问题，近日，本报记者专访了开滦集团党委书记、董事长张文学。

推进企业文化建设和文化产业发展

中国经济时报：党的十七届六中全会站在经济社会发展全局的高度，对推动文化产业成为国民经济支柱性产业这一重大战略任务作出了全面部署，已将文化产业看做是转型的一个支点的开滦集团，如何深入学习贯彻党的十七届六中全会精神？

张文学：党的十七届六中全会是在全面建设小康社会的关键时期和深化改革开放、加快转变经济发展方式的攻坚时期召开的重要会议。全会全面总结了党领导文化建设的成就和经验，深刻分析了文化改革发展面临的形势和

任务，阐明了中国特色社会主义文化发展道路，确立了建设社会主义文化强国的宏伟目标，在集中全党智慧的基础上，提出了新形势下推进文化改革发展的指导思想、重要方针、目标任务、政策举措，充分体现了党在文化上的高度自觉和政治上的远见卓识，是推进我国文化改革发展的纲领性文件。

认真学习宣传贯彻党的十七届六中全会精神，是当前开滦集团宣传思想文化战线的头等重要的政治任务。目前，开滦集团正处在转型发展的关键时期，各级党组织和广大党员要把学习贯彻落实党的十七届六中全会精神作为一项重要的政治任务，采取有力措施，切实抓紧抓好。要通过深入学习领会，把广大员工的思想统一到全会精神上来，把行动统一到落实中央决策部署上来。开滦集团企业文化建设有着很好的发展基础和经验，要在此基础上，对照全会《决定》要求，适应企业发展新形势的需要，将开滦集团文化建设推向一个新水平。我们将加快推进企业文化建设和文化产业发展，让文化积极引领企业转型发展，让文化产业成为转型发展的重要支点。

中国经济时报： 11月2日，河北省委书记张庆黎在开滦集团考察调研时强调，开滦"特别能战斗"的精神，是开滦工人用心血汗水和智慧凝聚起来的企业精神、创业精神，这是中国工人阶级的骄傲。开滦确实不愧为"中国北方民族工业摇篮""中国近代煤炭工业源头"。请您谈谈开滦文化传承发展的过程和历史意义。

张文学： 张庆黎书记首次来唐山调研就来到开滦，到矿井深处看望煤矿工人，这是对开滦广大员工的亲切关怀和巨大鼓舞。

开滦作为洋务运动中兴办的企业，经过一百多年演化、嬗变，在转型发展中焕发出勃勃生机，屹立于国企之林，其生生不息的企业文化是企业恒久发展的宝贵动力源。

作为中国早期工业化的摇篮，开滦的创办，寄托着当时具有先进文化意识的人们求强求富的梦想。"仿西技、用其人"，本质上是要冲破中国封建板结的大地，与当时席卷世界的工业革命比肩看齐。建第一座近代大矿、铺第一条准轨铁路、造第一台蒸汽机车，今天来看已不足为奇，在当时却无一不是精彩纷呈、气势恢弘的创举。

开滦"官督商办"的办矿模式，可谓中国最早的股份制雏形。它运用市场法则从社会上募集股本,为自己积累办矿资金;它最早发展海上运输,在南方地区"创造了市场";它不仅经营煤炭而且兼营资本,跨地区、跨行业对一些企业投股参股、联营兼并,开辟多种产业;它逐步完善了一套先进管理制度和营销网络。这些经营理念和管理制度,对开滦的发展乃至整个煤炭工业的发展都产生过深远影响。

长期的革命斗争和生产实践,铸就了开滦人"特别能战斗"的精神品格。民主革命时期,开滦工人阶级争人权、反压迫,发动了震惊中外的"五矿同盟大罢工";抗日战争时期,以节振国为代表的开滦矿工,以大无畏的民族气节,谱写了刀劈鬼子兵等壮丽史诗;新中国成立后,开滦矿工顾全大局、甘于奉献,为国民经济"出了力、立了功、救了急"。全国工业战线"学大庆、赶开滦",使开滦闪耀着共和国骄子的光环;开滦也是全国劳模诞生的摇篮,先后涌现出一大批全国劳动模范;开滦曾历经唐山大地震、特大透水淹井等数次困厄和突变,承受过许多巨大压力,但始终给人以战胜困难的豪迈。

此外,1950年、1951年开滦先后派出两支医疗队奔赴抗美援朝前线;2008年四川汶川大地震后开滦派出五支队伍到抗震前线;2010年青海玉树大地震后开滦又派出两支队伍到抗震前线……这些举动无不证明开滦具有大局意识、社会责任意识。

百年开滦所积淀下来的历史文化资源弥足珍贵:中国第一佳矿、中国第一条准轨铁路、中国第一台蒸汽机车,铭刻于中华世纪坛;开滦人"特别能战斗"的企业精神获评新中国60年最具影响力十大企业精神之一。

现有的物质资源总会枯竭,唯有生生不息的文化是推动企业持续发展的不竭动力。

在企业内部我们经常强调一个观念:光荣属于历史,现在决定未来。而我们优秀的文化基因是连接历史和未来的纽带,要使开滦这个"百年老店"焕发青春、永续辉煌,必须走加快调整转型之路,用开滦优秀的文化基因支持战略,助推企业转型发展。

张庆黎书记此次调研还对开滦提出了新的希望,希望开滦继续发扬"特别能战斗"的精神,在新的历史时期创造新的辉煌,为建设经济强省作出更大的贡献。我们一定认真贯彻落实张庆黎书记的指示精神,把开滦集团的事情做好，加快推进企业转型发展，为河北省经济社会发展作出开滦集团应有的贡献。

战略转型的核心是企业文化转型

中国经济时报：您所说的优秀文化基因具体指哪些价值取向？这些优秀的文化基因在开滦加快转型发展中发挥了什么作用？

张文学：当我们找到历史品格与时代感悟的结合点时，我们就找到了企业新时期的价值取向，这就是：开放的胸怀，报国的责任，兼容的品质，创新的激情，争先的气魄和"特别能战斗"的精神。

这些优秀文化基因，不仅是开滦过去战胜各种困难、创造伟大业绩的精神支柱，也必将成为开滦做大做强、再铸辉煌、永远走在时代前列的动力之源。

但是我们也应该看到，跨越三个世纪的开滦，随着转型发展的深入，在由内向外、由封闭到开放、由熟悉到不熟悉、由低风险到高风险的变革中，势必会产生文化的碰撞和价值理念的冲突。旧有惯性思维的束缚、资源扩张后的文化融合问题、战略发展中的文化支持问题都将显现出来。

基于对上述问题的认识和把握，开滦集团明确了企业文化创新的方向，那就是：由管理控制型文化向开放融入型文化转变；由基因驱动型文化向战略主导型文化转变；由企业文化建设向企业文化管理、实施经济文化一体化战略转变。由此，也确定了工作重点，那就是：以新的战略为导向，构建推动转型发展的企业文化执行系统。通过重塑企业文化，大力破除封闭、僵化、保守、拖沓、短视等一切不利于战略实施的文化滞障，大力弘扬开放、创新、诚信、和谐、共赢、执行、尽责、服务、效率等一切有利于战略实施的优秀文化，让零散文化变系统，让病态文化变健康，让先进文化变卓越，使企业文化更好地引领战略、服务战略、支撑战略。

在这方面，开滦集团做了大量工作。首先是构筑共同愿景，发挥目标愿景的感召力。战略成功的关键在于发挥全体员工的智慧和力量，开滦集团以企业战略蓝图为导向，提出了具有感召力的共同愿景——"基业长青，员工幸福。"强调企业的根本使命和不懈追求，就是把开滦建设成为持续繁荣的伟大企业；就是不断提高开滦员工的幸福指数。这一愿景表达了员工利益与企业利益同步最大化的内涵，使员工利益与企业利益息息相关，休戚与共，成为广大员工心中一股深受感召、衷心认同、齐心共筑的强大力量。

其次是重塑企业价值观，发挥价值理念的导向力。开滦人引以自豪的源泉——历史的责任感；开滦人自强不息的动力——长期革命和建设中迸发出的推动力、创造力。由此，也形成了开滦人传统的以"举力尽责"为核心的价值观。在全面落实科学发展观、推动企业战略转型中，进一步丰富"举力尽责"这一核心价值的内涵，增加了"强企富民"的内容，形成了"举力尽责，强企富民"的新时期开滦人的核心价值观，强调举力尽责的核心是以人为本，强调在举力尽责中实现目标、体现价值，在举力尽责中创造财富、获取利益、强盛企业、富裕员工，打造员工与企业共同发展的价值共同体和责任共同体。

再次是打造开滦金字招牌，强化百年品牌的传播力。随着企业发展战略的实施，开滦的发展区域和产业布局更加广阔，呈现出多行业、多区域、多层级的发展态势，这在客观上对开滦集团如何实施有效的文化管理，提升开滦的文化品牌价值，形成统一的价值观和经营行为提出了新的课题。为此，在集团文化建设上进行了积极探索和实践，提出了集团文化建设"五个统一"的原则，即：企业精神、企业宗旨、企业核心价值观、企业目标愿景和企业VI（视觉识别）的统一。与此同时，以资源型企业转型要在全国领先，成为全国最具代表性的转型企业为目标，强力打造煤化工、现代物流、文化旅游等开滦新时期转型发展的三大品牌，大力树立绿色开滦、文化开滦、平安开滦、和谐开滦的崭新形象，提升了新时期开滦文化的影响力和传播力。

最后是整合企业行为文化，提高企业文化的执行力。具体做法就是文化的制度化。开滦集团深入整合企业的行为文化，形成了以三个管理平台、一个保障系统为核心的"三加一"开滦企业文化管理模式。三个管理平台：一是"精细管理、双向控制"现场管理平台；二是市场化精细管理平台；三是安全文化管理平台。一个保障系统，即准军事化职业行为训练。开滦集团"三加一"管理模式的构建和实施，有力地推动了企业文化由理念层面向管理实践层面转换，为企业转型发展奠定了坚实的管理基础。

面对市场经济中企业必须通过竞争求得生存与发展的现实，调整转型是百年开滦做大图强的必由之路，开滦新时期企业文化服务并推动、支撑企业的战略转型。通过价值理念的宣传、传播、深植、固化，目前，开滦集团上下形成了用新文化、新理念推动新战略的浓厚氛围，广大干部员工在思想观念、思维模式、价值追求、行事作风和推进措施等方面都出现前所未有的新变化。"基业长青，员工幸福""举力尽责，强企富民""说了算、定了干，落实责任抓兑现""争第一，做唯一"等目标愿景和价值追求已深植广大员工心中，成为推动企业战略转型的强大精神力量，百年开滦成功地踏上了转型发展、持续发展、科学发展、跨越发展的快车道，呈现出勃勃生机和崭新活力。

在2011年中国企业500强排名中，开滦集团名列第91位。与三年前的排名相比，整整提升200位，成为500强中发展最快的企业。进入中国企业500强前100名是开滦集团"十二五"规划的既定目标，如今这个目标已提前实现了。接下来，开滦集团将继续加大工作力度，向着煤炭产量1亿吨以上、营业收入2500亿元、进入世界企业500强、打造中国式"鲁尔"的奋斗目标不断迈进。

中国经济时报：有专家提出，开滦的企业文化正在演化成一种战略思维。在国内大型企业中，把文化产业作为企业战略支点之一的并不多见，开滦集团便是其中的一个。对此，您有着怎样的认识？

张文学：开滦集团把文化产业作为企业战略支点之一有着历史和现实、企业内部和外部环境的多重考虑。

1878年，在洋务运动求新求变思潮激励下，始建开平矿务局，为此有了近代中国大陆第一眼采用西法开采的大型矿井——开平唐山矿；中国第一条标准轨铁路——唐胥铁路；中国第一台蒸汽机车——龙号机车；中国第一桶水泥。此后又筑输煤码头，搞海上运输，行"官督商办"，向社会发行股票等等。这些作为当时先进的生产力要素，堪称开创了中国近代工业之先河。它们使中国社会结构发生了深刻变化，从某种意义上讲，这就是中国早期工业化的雏形。开滦现有国家一级文物48件、二级文物72件、三级文物326件。开滦典型、稀有的历史文化，是前辈先贤们留下的重要遗产和宝贵财富，为我们调整转型，发展文化产业提供了独有的基础条件。

从企业外部环境看，中央从落实科学发展观的高度出发，提出把唐山建设成科学发展示范区，河北省委提出把唐山建成河北经济社会发展领头羊，唐山市委提出用蓝色思路改写煤都历史、打造人民群众幸福之都，过去那种结构单一，一煤独大，重数量轻结构调整、重效益轻环境、重投入轻产出等做法，显然不符合科学发展观的要求。历史的必然选择，开滦必须转型。转型中企业文化建设和文化产业的发展壮大理应得到足够的重视。

开滦的转型首先从战略层面转型，以战略转型引导发展思路和发展模式的转型。我们确定了"开放融入，调整转型，科学发展，做大做强"的战略方针，着力在实现产业格局多元化、发展高端化、发展集约化、资源整合全球化、融资渠道多元化等方面进行积极的探索。

战略转型的核心是企业文化转型。战略的成功实现需要执行原动力，这个执行原动力来自企业的文化。如果把企业战略比作一列前行的火车，企业文化就是这列火车的引擎，是驱动思想变革、理念提升、管理创新、产业升级、习惯转变等诸多战略支撑要素的根本动力。

近年来，开滦集团按照"开放融入，调整转型，科学发展，做大做强"的战略方针，以企业文化创新推动企业转型发展，为百年开滦基业长青注入了不竭动力。

"十一五"期间，开滦集团把文化产业作为"一基五线"战略中重要的产业来抓，高起点、高品位、跨大步地推进，初步形成了规模，成为开滦企业转型发展中的新亮点。

"十二五"开局之年，开滦传统煤炭产业调整步伐明显加快，新兴产业的支撑力量日益凸显，我们构建了"一基七业一区"产业发展新格局，开滦正在形成强大的发展支撑力，在开滦集团"十二五"战略规划中，我们把文化产业作为企业战略支点。

深度挖掘文化资源，大力发展文化产业，极大提升了开滦的软实力。这个过程，也令开滦文化的金字招牌更加夺目。开滦国家矿山公园已经成为介绍矿业历史、矿业文化的重要窗口和唐山市、开滦集团的一张精美名片，取得了良好的社会效益。同时也为唐山打造历史文化名城作出了应有的贡献，践行了"举力尽责，强企富民"核心价值观。

开滦集团会加快推进企业文化建设。结合实际，谋划制定企业文化建设中长期规划，形成指导工作推进的系统化思路；把握重点，进一步明确企业文化建设的核心内容和根本方向，按照党的十七届六中全会的要求，大力弘扬社会主义核心价值观，抓好宣传思想教育和精神文明建设，提高员工的思想道德和人文素养；创新载体，不断打造富有特色、与企业发展战略相适应的分项文化。

深度挖掘文化资源，实现六大目标

中国经济时报：文化产业是开滦集团"一基七业一区"的重要组成部分，是开滦集团转型发展的新亮点。"十二五"期间开滦集团文化产业有哪些具体目标和举措？

张文学：党的十七届六中全会的召开，为我们的文化产业发展指明了方向，我们要以此为契机，对企业优质的文化资源进行深度挖掘。

10月24日，开滦集团领导班子就全会精神进行了深入学习。随后，开滦集团党委又召开了宣传思想文化工作部门负责人学习贯彻党的十七届六中全会精神座谈会。

推进文化产业发展，要深刻认识发展文化产业的重大意义，切实把发展文化产业作为转方式、调结构、增效益的重要举措，增强加快发展的紧迫感、责任感；要按照开滦集团2012年经济工作研讨会要求，提高工作效率、加大工作力度，力争在重点项目上取得新突破；要加大文化产业管理体制改革，进一步理顺组织结构、优化管理机制，推进开滦文化产业真正实现产业化和市场化运作；要把握历史机遇，创新工作思路，充分利用好政策，多方争取支持，提高自身经济运行质量，尽快把文化资源优势转化为经济优势和竞争优势，承担起转型发展的历史重任。

文化引领时代风气之先，是最需要创新的领域。我们要积极探索富有活力的文化产品生产经营机制，发挥市场在文化资源配置中的积极作用，创新文化走出去模式，推动文化繁荣发展。

把发展文化产业的宏观要求转化为具体的政策措施，开滦集团还有大量的工作要做。

以建设中国矿业文化产业园区，打造世界一流矿业文化基地新思路为指导，高起点，高品位发展文化产业，实现体系健全，结构合理，竞争力强，品牌效益突出，支撑和引领企业又好又快地发展，从今年到2015年，力争用5年时间实现六大系列目标：

——建成完善的旅游文化产业体系。主要包括开滦集团特有的文化符号、品牌形象、核心价值体系和高端产业运营体系等；

——文化旅游产业核心项目开滦国家矿山公园一、二期成功运营，该项目总投资将达到55.32亿元。在此基础上，内联外扩，整合融合，文化旅游产业链日益健全；

——培育多个具有盈利能力的文化旅游项目，形成一个辐射人文、旅游、休闲、演艺、会展、地产等多个行业复合型业态；

——开滦国家矿山公园建成国家5A级旅游景区，打造成为全国著名的工业文化旅游示范园区和令人神往的旅游目的地；

——形成涵盖文化旅游、影视制作、广告会展、文娱演艺、网络传媒、出版印刷、酒店服务、休闲健身、旅游产品研发及旅游地产开发等方面的开滦文化产业格局；

——开滦文化产业和旅游景观地产开发升值，在开滦集团营业总收入中占有重要比重，与其他产业协调发展，共同形成开滦集团发展的重要支撑力量。

实现上述目标，开滦集团将分三步走：今年至2012年，是"开创发展期"。开滦国家矿山公园一期工程形成相当规模和档次，成为北方工业文化旅游示范园区，引领北方工业旅游潮流。二期"老唐山风情小镇"基本建成，并向社会开放，形成开滦独特的文化产业品牌，工业文化旅游链条日趋完善。2013年至2015年，是"丰富发展期"。开滦工业文化旅游产业集群初步形成并发挥效应，开滦工业文化旅游链条从内涵上进一步提升，从外延上形成环京、津、冀、晋、辽等省市的环渤海工业文化旅游网络，跨地域旅游线路完整定型，文化产业衍生品有较大发展。2015年以后，是"提升发展期"。开滦工业文化旅游产业复合型业态日臻完善，文化休闲、旅游、商业开发强势发展，形成开滦集团新的经济增长极。开滦文化产业从无到有，发展成为一个拉动唐山、乃至全省工业旅游文化引擎的产业集群。"开滦——中国的鲁尔"，在全国产生著名品牌效应。

　　到"十二五"末，开滦集团要把文化产业打造成为企业转型发展的动力源和新的增长极，实现社会效益与企业效益的双丰收。

（本文刊登于2011年11月24日）

企业管理是一门永恒的学问 *

　　2002年到2007年，是中国经济增长周期的一个高峰，百年名企开滦集团在中国百强企业中的排名却连年后退。2008年，张文学出任开滦集团董事长的时候，正赶上金融危机爆发。在他的带领下，广大干部员工励精图治，奋发向上，企业发展步入快车道，四年跨越四大步，成功跻身世界500强。"开滦转折"背后的秘籍是什么？《中国经济时报》记者日前在河北唐山采访了开滦集团掌门人张文学。

　　中国经济时报：祝贺开滦集团成为世界500强企业，开滦是如何实现这个目标的？在这个过程当中有哪几个关键点？

　　张文学：其实没什么关键点，这是水到渠成的事情。企业发展了，经济总量大了，达到500强的标准，自然就进去了。我们没有刻意为了500强而500强，而是稳步向前推进，实事求是。当然，在发展过程中我们有自己的战略和目标，并会随着经济形势变化进行调整。比如我们曾提出"双四"目标、"双五"目标，提出创新指标，这些都实现了，而且超额完成。进入世界500强，是全体职工努力的自然结果。

　　中国经济时报：从2002年到2007年的这段时期，应该是中国经济增长的一个高峰，但开滦在中国百强企业的排名却连年后退。您2008年来的时候，正赶上金融危机爆发，但是企业发展速度却提升很快，2012年成为世界500强。您到底做了哪几件事，使企业发生这么大的改变？另外，您以前在峰峰

---

　　* 注：本文是开滦集团董事长张文学访谈录（上）。

工作过，管理方面之前也是问题丛生，但是您主持工作之后，也发生了惊人的变化。这里边有一以贯之的秘诀，还是有不同策略？

张文学：开滦和峰峰都是国有企业，有共同的优势和共同的问题。开滦是大企业，为国民经济做过巨大贡献，但是摊子太大，包袱太重，自身问题也多，应该说国有企业的通病它都有。特别是改革开放后，机制不活、工作效率低，自身的优势没有发挥出来。

我觉得不论哪个企业，开滦也好，峰峰也好，首先要正确认识企业的现状，准确把握国家的宏观和产业政策。我到开滦的头两个月，从5月21日到7月22日，埋头调查研究，思考企业的发展战略。认真研读了开滦近几年的经济工作报告和财务报表等相关资料之后，我在企业内部高管培训班上讲了战略，分析了开滦的八大优势和八大劣势。把2002年到2007年的所有指标列出来，用数字说话。

其中，开滦最大的问题，是资源枯竭。煤炭企业是搞资源的，没有资源怎么办？巧妇难为无米之炊啊。第二个比较突出的问题是开采困难。开采成本太高，效益低，这个问题怎么解决？全国煤炭矿区平均采深是400米左右，开滦唐山区域平均采深达到854米。采深大了以后，水、火、瓦斯、煤尘、矿压等五大自然灾害的影响非常严重，大体上每增加100米，涌水量增加1吨，地温增加1度，瓦斯基本上要增加0.5个等级。企业要研究生产成本怎么控制、安全管理如何加强。第三个问题是社会包袱沉重。我刚到开滦的时候，生活小区有165个，所有的管理都是由企业来做，光补贴一年就达15亿元。第四是产业结构单一，煤炭在整体收入中的比重占到了80%，一煤独大，企业抗风险的能力差。举个例子，1997年的时候，煤炭形势不好，当时的开滦矿务局，从局长到机关所有管理人员不分等级，工资都只有230元。单纯靠煤吃饭和过去的农业靠天吃饭一个道理。

刚才你谈到2002年到2007年的这段时期是中国经济增长的一个高峰，煤价提高，很多煤炭企业利用这个黄金时期，取得了长足的发展，开滦在这一时期的发展速度，与自身比也是比较快的，但与发展快的企业比，就显得落后了。

在清醒地看到问题的同时，我们还要看到自身的优势，要尽可能把企业的优势发挥出来。开滦的优势有很多。

第一，开滦的非煤产业有一定的基础。煤炭部在上世纪七八十年代，曾提出了以煤炭为主、多种经营综合发展的思路，就是搞非煤产业，每年国家拿出几十亿元支持企业，每家企业能拿到几千万元，但大多是低档次的建设，开滦也不例外。不过，从另一个角度，尽管没有把产业做大，但毕竟为发展非煤产业做了一个铺垫，这是我们转型之初产业结构调整的基础。

第二，国有企业有很多存量资产，盘活就是优势，闲置就是包袱。比如土地、房产、自备铁路等基础设施。

第三，是区位优势，开滦地处河北省唐山市，唐山的经济总量将近河北省的四分之一。唐山钢铁企业多，这些企业带动了经济的发展，也给我们搞服务业提供了方便。地理位置上，唐山距离北京、天津都很近，距秦皇岛港、京唐港、曹妃甸港都在百公里左右，临港优势明显，就是我们常说的"两环优势"。

另外，开滦的职工队伍素质高，文化底蕴深厚。举个例子，2008年我刚到开滦的时候，曾去了开滦在山西介休的煤矿，看职工宿舍时，看到很多职工都在利用休息时间上网学习，闲暇时间没有浪费。有的屋里还有不少根雕、书法等艺术品，都是他们自己动手做的。还有一些人晚上搞写作，作品很多。另外，我们博物馆里为展陈配套的画都是职工自己画的。从这里可以看出，开滦的文化底蕴厚重。职工的文化水平高，这对企业管理是有利的。这样一支高素质的职工队伍，如何把潜能发挥出来？这是我们思考的问题。

国有企业的通病是资产大但机制不活。比如，针对传统的物资供应和煤炭销售体制，我们提出了物资采购"四集中"和煤炭销售"五统一"，就是要通过管理体制改革节约购销成本。所谓"四集中"就是对物资进行集中采购、集中储备、集中配送、集中结算的管理模式。"五统一"就是对煤炭销售实施统一收购、统一定价、统一销售、统一结算、统一回款。

"四集中，五统一"我在峰峰时搞过，目标是通过管理体制改革节约成本。对于企业来说，物资"四集中"带来的效益太大了。煤矿是一个特危行业，为了保证生产，设备零部件都有备用。有的备用几个、十几个，但可能5年甚至更长时间都用不上，结果最后只能报废。储备就有沉淀，沉淀就有报废，报废就要浪费。现在是买方市场，物资供应充裕，我们组建物资超市，物资采购全部进行招标，一个产品至少要有3个厂家的产品通过招标进入物资超市，不全部采购进货，用多少企业付多少钱，不用不给钱，实现了代储代销，大幅度降低了企业的储备资金。开滦10多亿元的储备资金，现在降到5000万元以下。企业管理是无止境的。不能只盯着诸如不丢一个螺丝之类小地方，必须树立大成本观念，重点是抓好创新，体制机制的创新、管理创新、科技创新。比如说井下巷道的开拓，如果地质资料不全，进尺100米后才发现有断层，不能继续做下去了，这100米巷道就作废了，开拓这100米巷道要花多少钱？那可不是丢几个螺丝的概念。出现这种问题，地质资料不全绝对不能成为推卸责任的理由，这就是管理问题。所以说，国有大型企业管理潜力巨大。

还有一个值得注意的问题是结构调整的问题，尤其是内部产品结构的调整。我在峰峰曾提出了大精煤战略，在开滦依然提大精煤战略，要分析市场，要算账，看卖电煤合适还是卖冶炼煤合适。2002年我在峰峰，当时冶炼用煤市场不好，洗煤不如不洗，不合算。峰峰有两个中央洗煤厂，有人建议关掉一个。我分析情况以后跟大家商量，不能关。为什么？要研究国家的宏观形势，我们是发展中国家，基本建设工程量大，需要大量的钢铁。果然，2002年下半年以后，钢产量增长了20%，洗煤的市场自然就好了，我在峰峰6年，销售收入增长了10倍。这里面值得注意的是，不是说能把原煤变成精煤就完了，而是一定要研究，要效益最大化。精煤的回收率实现最高，有优化配比问题，要提高精煤回收率，一是装备工艺优，二是管理水平高，三是入洗煤配送合理。所以，大精煤战略不仅是把量做大，而是要优化产品结构，按照市场的需求，实现利润最大化。这就要按照企业的特点研究策略。

中国经济时报：这类似SWOT分析法，开滦的潜力和优势很明显，弱势也突出。关键是找到解决的办法，到底怎么做？

张文学：对企业来说，集团化管理首先是战略的导向作用。有了清晰的战略，除了五年规划、十年中长期规划之外，每年要下指标。一个企业领导人要拿出很多时间来研究明天、后天的问题，起码近两三年要契合实际。战略不是一成不变，每年要进行微调。我刚到开滦的前两个月，就是研究企业发展战略，给大家讲战略。开滦以前也有战略，而且比较超前，但是主题不太突出，自身的优势没有充分发挥。开滦搞物流比较早，但是为什么没有发展起来？主要是发展思路不是很清晰，战略定位不够准确。峰峰也好，开滦也好，物流产业的发展首先是从企业内部物供体制改革开始的。第一步是物资管理"四集中"，取消各二级三级单位物资库。第二步是建立物资超市，实现物资代储代销。第三步是为社会提供服务，这就发展成为第三方物流。第二点是做煤炭专业物流，利用社会资源，依托比较优势，买煤、储备、加工、配送，发展煤炭专业物流。

开滦这几年发展这么快，实际是思路问题。基础有，你叫大家干大家会干，但是怎么干大家不是很清楚，或者思想不是太统一，你把路子指清楚，把目标明确了，措施讲出来就行了，物流产业很快就起来了。2007年物流收入只有32亿元，2008年是103亿元，成倍增长，2011年达到890亿元，预计今年可实现1000亿元。这几年来开滦考察物流产业发展的大型企业非常多，大家一起讨论，交流物流产业发展问题。物流不是数字游戏，有实实在在的效果：2008年，煤炭价格影响了10多亿元，2009年影响了30亿元，但是我们营业收入实现了每年300亿元的增长，总的利润盘子没有影响。今年以来煤价下跌影响了20多亿元，但是我们的收入增长了257亿元，其他方面的销售收入弥补了煤炭产业下行的缺口。我们从2002年到2007年，每年的利润只有1.5亿元，而现在已经将近20亿元。

企业要发展，一定要清楚自身的基础条件、优势和劣势，发挥优势，规避劣势。同时，还要了解国家的形势、了解宏观经济走势，不能只看到自己眼皮子底下那点儿事，眼界要宽些。

（本文刊登于2012年12月18日）

转型之功要在国际市场练就[*]

2008年之前，开滦的企业战略指导思想是"做精做强"，张文学将其调整为"做大做强"。当时企业内部曾有人表示不解。几年下来，百年开滦通过内挖外扩、延伸产业链、开辟新的增长点，企业的"体质"已经有了根本转变……在接受《中国经济时报》记者专访的时候，张文学阐述了他对企业管理、行业调控和国际市场竞争的理解。

中国经济时报：今年宏观经济增速下滑，一些行业反映比2008年还困难。煤炭价格下降30％，但开滦上半年营业收入完成828亿元，您在上半年工作报告中说全年1600多亿元的目标应该没问题。在您的构想当中，目前开滦的煤炭、现代煤化工、现代物流等产业链是否已经打造完成？

张文学：开滦转型是主动性转型、持续性转型，不是颠覆性的。有些企业资源枯竭了，只能颠覆性转型，彻底告别，改弦易辙。但是这种转型成本高，社会问题多、不稳定。开滦的转型是立足煤，跳出煤，延伸煤。立足煤而不依赖煤，延伸煤而不抛弃煤。把煤炭传统产业做大，为转型发展提供时间和资金保证。煤炭产业如何做大？我们的思路和做法就是内挖外扩。本部区域要挖掘潜力，延长矿井的寿命；把增产空间放在外埠。要尽可能保持总部经济的稳定性，如果说有一天总部关门了，不管外埠产量多高，后果也不可想象。能把职工和家属都迁移到内蒙古、新疆吗？不可能。派管技人员过去可以，但是整个家庭过去不太可能。我们这几年产量增长很快，2007年是2883万吨，去年是7058万吨，今年8000万吨，但是唐山地区的产量基本没有

---

* 注：本文是开滦集团董事长张文学访谈录（中）。

增加。对总部这个衰老矿区来说，稳产就是增产。我刚到开滦的时候，开滦煤炭资源地质储量是38亿吨，可采储量14亿吨，现在资源量已经达到了232亿吨。产业布局已扩大到山西、内蒙古、新疆和加拿大，已经形成了以唐山总部为龙头的多区域煤炭产业发展格局。

在把煤炭产业做大做强的同时，要发展循环经济，延伸产业链条。在这方面，我们有煤化工产业。开滦煤化工产业链比较清晰，前端是煤焦化，这是传统产业，随着产业链的延伸，后续产业将跨入新兴产业行列。开滦地处河北唐山，河北的钢产量全国最大，唐山的钢铁产能规模也非常大。这就需要大量的焦炭，那么我们就生产焦炭，对于炼焦过程中产生的副产品我们再做进一步地延伸利用。现在看，从当地的产业基础出发走的这条路线是对的。

煤化工的问题，有三条技术路线，煤焦化、煤气化、煤液化，具体怎么定位，要根据自身煤种和当地的产业需求确定。开滦的煤化工产业是不赔钱的，而且还有一定的利润。主要抓住了三点，一是要有一定规模，二是瞄准高新技术，三是延伸产业链条，发展循环经济。煤化工能不能做到零排放？我们做到了。为什么这么说？煤化工污染最严重的是污水，我们自己研发了污水深度处理净化技术，污水处理后可以达到国家一级以下标准，可以养鱼养花，而且没有排放，循环复用，每年节约水费600多万元；生产过程中产生的废气、废渣也都实现了循环利用，实现了"三废"不落地、不污染。我们用的技术也是世界上最先进的，煤化工产业现在还有几个大的项目，主体工程基本差不多了，如果建成投产的话，就可以生产新材料、新能源了。

物流产业方面，我们前几年流通贸易比较多，从前年开始将重点转向实体物流。实体物流要有竞争力，技术含量要高。正在建设的两港储配基地，运用数字技术，实现了煤炭储备、加工、配送一体化。传统的煤炭企业是以生产为导向，产什么卖什么。但是我们的储配基地，则是以市场为导向，客户要什么给什么，实现效益最大化。

服务业里还有一个金融板块。去年底，我们成立了财务公司，今年实现利润6000多万元。更重要是以财务公司为平台，把金融板块做起来。还有健康服务产业。现在全国空巢老人数量庞大，健康养老产业有很大潜力，我们要把健康、保健、康复等链条做好。

刚才我讲的新兴产业涉及的新能源、新材料产业，是煤化工产业链的延伸。有人问没有煤了怎么办？这可以通过物流解决。比如我们在加拿大的煤是主焦煤，储量60亿吨，从加拿大运到京唐港，按照去年价格一吨煤还可以赚到30美元左右，资源没有问题。

还有一个是高端装备制造，开始时围绕着煤机产品、化工产品、工程机械搞，比如综采支架等。同时，对地方装备制造企业进行整合重组，把具备优势的装备制造业整合进来，增强企业的竞争力。

矿山物联网产业，我们要下力气做起来，目前正在推进。

开滦转型以来取得了一些成绩，很多专家、很多领导来调研之后都说开滦转型成功了。但是我们觉得转型还只是初步的。因为非煤产业规模从数字上说不小，但是基础和支柱作用还没有完全体现出来。比如物流产业，如果实体物流到了70%左右，就稳定了。估计再有三年左右时间，这些产业的在建项目将会投产，发挥效益。下一步我们的工作重点还是继续推进产业和产品结构调整，升级换代。

中国经济时报：改革开放以来，不同阶段都有关于国企改革的争论，有一种观点认为，效率低下、分配不公是国有企业的天然属性。所以有人提出压缩战线，退出。但是我们到开滦采访调研后发现，企业的经济效益和职工的精神状态都不错。这是否可以看作是上述观点的反证？

张文学：国企和民企各有优势，好还是不好，不能笼统说，要考虑如何发挥各自的优势。国有企业除了机制不活，同时还承担很大的社会责任，社会包袱重。比如，我们现在有160多个生活小区，水、电、气、暖自己解决，不仅每年要支出大量费用，而且承担社会公共管理的责任。党的十八大报告明确提出，要适应国内外经济形势新变化，加快形成新的经济发展方式，把推动发展的立足点转到提高质量和效益上来，着力激发各类市场主体发展新活力，着力增强创新驱动发展新动力，着力构建现代产业发展新体系，着力培育开放型经济发展新优势。我认为，我们必须充分认清企业肩负的使命和责任，毫不动摇巩固和发展公有制经济，不断增强国有经济活力、控制力、影响力，发挥好大型国企在国民经济中的重要支柱作用。

中国经济时报：现在企业竞争已经是国际化的竞争，咱们在这个竞争中，例如技术创新、管理创新、关键的设备等领域，能不能超越？如何不仅在国内，而且在国外的指标也出类拔萃？

张文学：进入世界五百强的都是顶级企业，国际化水平必须提高。首先要走出去，培养团队。进入国际，与发达国家完全连在一起，必须培养人才。这次我们在加拿大建井采煤，政府提出首先用当地的人，我说行，但加拿大自己基本上不采井工煤矿了，当地人不愿下井，联邦政府只好批给我们从中国去的用工指标，将来还有第二批、第三批。管理用哪些人？什么样的管理用中国人？什么样的管理用加拿大人？这里边有地方管理职能的问题、政策法规的执行问题。国际化的管理要求全方面地解决，可以借助国外资源，提高国际化水平。在技术方面，要着力进行技术创新，实现技术领先。产品成本低，质量好，竞争力就强。我们在技术创新上也想了很多方法，例如技能大师工作室，里面有最先进的仪器设备，这个工作抓得非常好。从职工的源头出发，从点点滴滴去创新，从每个生产环节、最基础的领域搞创新、搞改革，才能带动整体创新。

中国经济时报：您在工作报告中讲到，煤炭价格今年降了大概30%左右，这一轮与2008年的幅度相比是怎样的？目前煤炭价格下降的主要原因是什么？目前进口为什么这么多？这个问题上是不是国家进口稍微控制一下就好了？您具体的政策建议是什么？按经济周期和过去的经验，煤炭价格的未来走势如何？

张文学：首要的原因，还是国际经济危机的影响。国际经济形势不好，虽然国际上煤炭产量增长并不大，但用量减少了，价格自然就低了，现在从国外进口的煤，比如说运到广东，比国内的煤还要便宜。今年年初国家取消了褐煤进口的税收，原来褐煤进口要交税，现在不交了；再一个是沿海省市如广东、福建，出台了鼓励从国外进口的政策。一个取消、一个鼓励，企业进口积极性大了。四、五月份冶炼精煤进来，比国内的还便宜250元，一些企业原来与煤企有合同，但合同兑现只有50%左右。因为人家是股份公司、市场化的操作，进口的煤便宜，质量也可以，能降低企业的成本，干吗非要用国内的煤？这是市场自我调节的结果，没办法。国家如果出台政策限制进口，那不太可能，WTO

也不允许。国内煤炭必须市场化，提高竞争危机意识。

再有，往年煤炭产量增幅是15%左右，今年上半年是5%多一点，虽然少了近10个百分点，但煤炭需求上半年增幅只有2.8%，产能仍然过大。价格的波动，政府不好直接管理，必须靠市场机制调节。可以从源头控制，项目不批了，控制投资规模。我认为煤炭行业十年黄金期过去了。今后，煤炭行业，一是不会再有那么快的增长速度，二是要重新洗牌，一些企业可能要出局。一些专家说要主动地调结构、控总量，这种说法有道理，但推行起来有困难，只能在发展中调整。

中国经济时报：可不可以趁价格低，多买国外的煤资源，把我们自身的资源给子孙后代留下？

张文学：资源不可再生。我们的资源是有限的，对国内优质资源应该给予保护，国家应研究相关政策，包括石油、煤炭等资源。日本煤矿技术非常先进，但现在没有煤炭企业了，只有煤炭培训机构，实际上这也是转型，由生产型企业转到服务型产业。

资源型企业和别的行业不一样，有一个资源枯竭的问题，总有一天资源要枯竭的。枯竭了怎么办？对那些主动提出转型的企业，国家应该在政策方面，包括项目审批、土地分配及税收等方面给予支持。

（本文刊登于2012年12月19日）

坚持转型之路[*]

开滦集团在研究德国鲁尔、美国匹兹堡等发达国家转型经验的基础上，开始谋划探索经济与社会、资源与环境相融合的中国式转型之路。张文学在接受《中国经济时报》记者采访时指出，转型不只是一个企业的事情，不只是一个行业的事情，也不只是一个城市、一个地区的事情。转型关乎国运，必须坚定不移地走下去。

中国经济时报：我们听说，开滦刚进行体制改革和结构调整的时候，有许多不同声音，当时怎么统一认识？

张文学：改革的问题往往就是有人能想通，有人想不通，很正常。但不能等全想通了再干，只能通过事实来检验。经过对开滦的研究，对企业的产业基础和优势，我们心里还是有数的。比如物流产业，可以尽快发展起来，我们是有底气的。但是物流产业的发展，首先要立足内部的改革，这个阻力一度非常大。工作该怎么做就怎么做，不能等到完全统一了，你再去推行，那就晚了，错过机会了。有些人认同这个思路，但是有个人的利益在里面，他就不表态、不举手；有些人是不明白、没见过，各种情况都有。所有的调整改革大部分都是转型，为什么要转型？为什么连续三年我们都在讲战略？只有通过讲战略，才能表明董事会的思路，讲得多了大家就明白了，不讲就不明白。我们提出来"光荣属于历史，现在决定未来"，为什么提这个口号？因为开滦人有着历史性的优越感，老觉得开滦就是老大、什么都好。这些观念只能在工作中慢慢扭转，不能全面否定，更不能否定企业的工作、

  　＊ 注：本文是开滦集团董事长张文学访谈录（下）。

否定这个团队、否定全体职工。每个企业都有好的一面，也有需要改进的一面。历史情况不一样，背景不一样，所处的环境不一样，决策自然是有差异的。在改革上有很多阻力，也是正常的。领导，首先是高级管理者，要解决思想问题，如果自己有私心，那改革肯定推不开。

我们之所以要实行采购"四集中"、销售"五统一"，就是从体制上规范行为，源头制约。如果不集中采购，采购成本就高，买一个产品和买一千个产品价格能一样吗？绝对不一样。这就是集中采购的好处，并不是不相信大家，而是为了我们企业的整体利益。总之，转型两件事，一是为什么要转，二是怎么转；一个是思想问题，一个是思路问题。

中国经济时报：今年煤炭企业遇到的问题就是经济大环境不好，您觉得这个行业什么时候会重新起来？如果行业重新洗牌，对开滦这样的企业是否有利？

张文学：煤炭行业十年黄金期已经过去，市场竞争激烈的局面将成为常态。今年这种形势如果再延续几年的话，可能会出现一些情况，有些企业要走入困境，甚至退出市场。

在宏观层面，对煤炭企业都是有影响的；在个别点上，可能某些企业有优势，比如说我的负债率低，融资能力就强，就可以加快低成本扩张；有些企业负债高、资金紧张，可能就有危险。宏观层面，经济不景气，供大于求，市场萎缩，大家都会受到影响；但是在某一个点上，某一个具体的方面，某些企业有优势，就能够化危为机，抢占制高点，某些企业就可能被淘汰。

如果企业自身体质不好，遇到经济不景气，感觉会更严重。当然，大环境不好，企业不同程度都会受到影响。

中国经济时报：您来企业之前，2007年的时候，企业负债率和现在的负债率比较是多少？开滦是如何利用金融杠杆发展的？

张文学：那个时候负债率低，在40%左右，但企业的负债率过低了并不一定是好事。要看企业的质量，要善于利用金融杠杆作用。一个企业处在高速发展阶段时，负债率40%是不正常的，但是负债率也不是越高越好，红线应当在70%。我们比较重视引进合作者，和很多大企业合作，以后还要进一步推进这方面合作。非煤产业我一直不赞成非得控股50%以上，相对控股就行。用尽量少的钱，干尽量多的事，尽快把企业做大。开滦的战略指导思想原来是"做精做强"，我们改成了"做大做强"。为什么这么改，打个比方，一个企业产值100个亿，利润是10个亿，而另一个企业产值是1000个亿，利润是50个亿，产值是前者的10倍，虽然利润只是前者的5倍，但很显然是后者强。实践也证明了，大是强的基础，没有这个指导思想就进不了世界五百强。

中国经济时报：我们之前听说，开滦要打造行业"航空母舰"。现在这个台子搭好了，那么未来航母上的"战斗机"是靠自身来发展，还是靠收购兼并？

张文学：应该说都有。首先要立足自身发展壮大，兼并要靠实力，没有实力不能兼并别人。比如说整合承德装备制造产业，那是要用钱买过来的，是产业之间的优势整合，可以提高我们装备制造产业水平，带动整个装备制造产业的发展。装备制造是我们规划里重点发展的一个产业。兼并重组整合，是做大的一个渠道，但不是唯一的渠道。整合重组是有选择的，必须优势资源共享，这才可以，不是简单地并过来把企业做大。既有自身做大，也有通过低成本扩张把企业做大，哪个合适、哪个有利就选哪个。

中国经济时报：这两天在开滦采访，参观了开滦的博物馆，也下井去看，和开滦的职工聊天，我们感到非常震撼的是开滦的文化，开滦人身上有特别能战斗、特别能吃苦的精神，我们想知道是什么样的动力或者信仰，让这种精神植入职工的心里呢？

张文学：国有企业的职责就是为国家出力，尽社会责任和政治责任。我们企业文化有核心理念，也有企业精神，引导职工朝这个方向走：我们干工作为了谁？我们发扬拼搏精神是为了什么？开滦有传统，开滦企业文化非常深厚，精神是"特别能战斗"，她的拼搏文化、责任文化、争先文化，全国有名。注重思想文化建设是国有企业的优势，企业文化是软实力。

中国经济时报：我们发现开滦的战略这几年不断微调，这是怎么考虑的？您曾提出过，转型是个永恒的主题，现在只是初步的，那么下一步转型的构想是什么？

张文学：现在我们的发展战略是"两主一新"：能源化工产业和现代服务业是主业，包括煤炭、煤化工、物流、电子信息、金融、文化旅游等；一新是指新能源、新材料、高端装备制造等新兴产业。既要看国家和省市是怎么要求的，又要衡量是否符合企业的实际，产业多也不怕，关键看哪个是主导产业，哪个是辅助产业。主导产业是煤炭、煤化工、物流。下一步开滦的金融板块是一个很大的增长点。其他的建材、建筑啊，都是辅助产业，不是不搞，但不在主体产业之内。

(本文刊登于2012年12月20日)

第四篇
人文·人本·环保

　　伟大企业和普通企业的最大不同，就在于它们有文化，有责任，有理念传承。它们以人为本，注重企业和员工的共赢；它们追求合理的利润，期待与社会、自然的和谐相处。它们不狭隘不自私不作茧自缚，看重的是事业的生生不息、长远发展。这样的企业，才是期待实现大国崛起梦想的中国的脊梁。

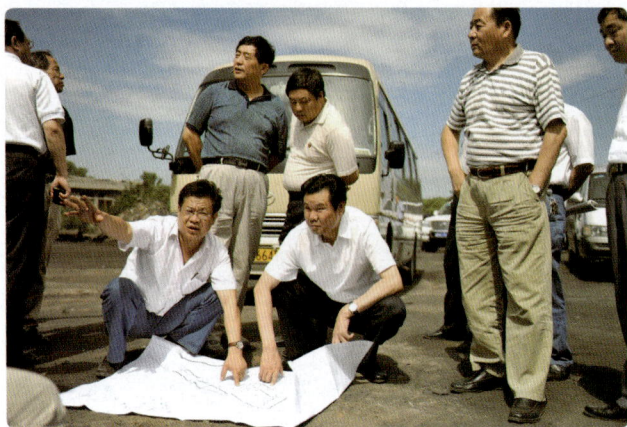

现场研究棚户区改造方案

金山开滦棚户区改造开工奠基。以此为标志，开滦集团棚户区改造全面开工

棚户区改造后的职工住宅区

集团领导到职工配餐中心给一线职工包饺子

调研职工营养餐及后勤福利保障情况

在开滦，井下也能吃热饭喝热水

张文学将个人所得的
新唐山建设卓越功勋
奖20万元捐出设立
董事长特困职工救助
基金

慰问困难职工

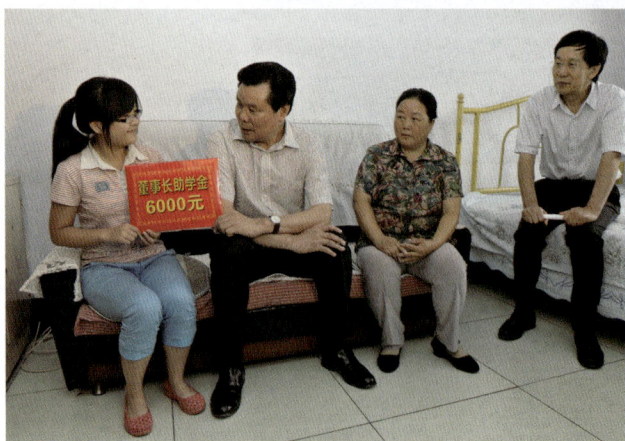

为特困家庭大学生
送去助学金

在河北省国资委系统率先
启动了企业年金制度

专门的职业
病防治医院

开滦健康查体中心

到井下慰问节期坚持生产的职工

加入国际社会保障协会

引进国际先进经验，加强煤矿生产安全健康保护与事故预防

矿井废水能量利用项目——开滦集团已建成投入多套水源热泵系统，取代洗浴、供暖锅炉和制冷空调

瓦斯利用项目——瓦斯发电站，地面瓦斯抽放利用率达100%

煤矸石综合利用项目——煤矸石坑口电厂。通过发电、生产建材等多种渠道，开滦集团煤矸石利用率达100%

开滦集团国内首创的焦化污水深度处理工艺,可使焦化污水COD指标达到30毫克/升,优于100毫克/升的国家一级排放标准,且全部回用于生产系统

开滦集团已建成矿井水净化水厂12座,生产生活污水处理厂13座,矿井水利用率达73.5%

治理后的唐山矿采沉区——南湖公园,已成为北地区最大的城市生态公园

软实力不软，凝聚硬实力更强

——透视开滦集团的人才战略与文化战略

人才战略和文化战略在开滦集团确定的"四大战略"中占了半壁江山，可见开滦人对于企业软实力的重视。

创新人才管理，积蓄企业能量

开滦集团董事长张文学深知老国企的通病，他上任后不失时机地倡行："谁占有了人才，谁就拥有了主动。"

张文学说："人才资源已经成为当今世界各国企业发展的战略制高点，成为企业发展的第一资源，成为一种比资金更重要的资本。"

实际上，开滦集团近年来在人才队伍建设上花了不少气力，包括建立公开、公平、竞争、择优的用人机制，实现人力资源使用的市场化，深化人事和劳动用工制度改革，建立符合市场经济规律的人力资本配置、投资与回报机制，营造吸引人才、人尽其才、人才辈出的良好环境等。然而，总体来看，人才发展战略理念方面的缺失和不足，使企业的人才发展仍然显得"捉襟见肘"。正是在这样的背景下，人才战略被确立为开滦的四大战略之一。

据介绍，开滦集团将人才开发作为一个系统工程，建立了人才的储备机制、培养选拔机制、使用管理机制、分配激励机制、智力引进机制、市场配置机制、考核评价机制、有效投入机制、终身教育机制、社会保障机制等十大机制。

2007年，开滦集团创新工作方法，实行"集团公司统筹、鉴定部门指导、用人单位培训、三级单位考核"的管理运行机制，落实职业资格证书制度，严控劳动用工就业准入，全面实现技术岗位员工持证上岗；确立使用与培训考核相结合，待遇与资格业绩相联系的发展方向，以高级技能人才为重点，构建技能人才培养和评价新体系，将企业职业技能鉴定创建成培养选拔多层次、全方位技能人才的通道。通过技能鉴定，达到提高员工技术素质，改善员工技术结构，实现员工个人发展，推进企业全面进步的目的。

倡源煤炭公司的变化是开滦集团人才管理成效的一个缩影。2007年，开滦集团进军山西介休，对倡源煤炭公司实现控股经营。此前的倡源煤炭公司并不具备能够吸引业界眼光的魅力，因为其煤种虽然较好，但工艺落后、生产能力有限。然而，今年，倡源煤炭公司上马了综合采煤机，生产能力大增。谈及开滦入主企业后带来的改变，倡源煤炭公司总经理王龙江异常感慨："不到两年，开滦集团几十名管技人员便为倡源公司培养了一大批技术骨干，有效提升了公司的技术力量。"

如何实施创新人才优先开发，促进优秀人才向企业集聚，一直是开滦集团实现企业发展战略的核心问题。

"提高创新型人才队伍的整体素质，关键在于创建企业与人才两个主体的自我开发机制。"开滦人说。

开滦集团所属赵各庄矿业公司把引进、培养大中专毕业生，加快人才队伍建设作为企业发展的战略任务，坚持从对新入矿大中专毕业生生活上关心、工作上压担子、实践中培养锻炼入手，探索和实践大中专毕业生管理的新思路、新方法，形成了一整套着眼于留人、育人、用人的实习生管理新机制，为矿山的发展储备了人才、积蓄了力量。

同时，赵各庄矿业公司不仅坚持"用心""用情"留人，而且坚持用事业留人。在大中专毕业生实习期间，各使用单位还把一些重要工作交给他们，让他们边干边学，尽快成长，营造了人才成长的良好环境。仅2004年以来，该公司就先后有9名大中专毕业生得到提拔重用，其中2人被提拔到中层正职岗位。

整合企业文化，引领长远发展

"如何让企业文化从'务虚'变得'务实'，从少数人的倡导和示范变成全员的习惯和行动，是企业文化战略要解决的课题。"开滦集团政研会副秘书长焦建国接受本报记者采访时表示，这也是他多年搞企业文化建设思考最多的问题。

他认为，企业价值观是企业文化的核心，是企业的灵魂，它决定和影响着企业的各项规章制度的执行和效果，决定和影响着企业员工的各种行为，是员工形成共同行为准则的基础。

焦建国说："我们感到，在日益复杂的市场竞争形势下，原有的企业理念已经远远不适应经济形势快速发展的要求。我们在调整文化战略的同时，进行文化创新，在反复调研论证，并广泛征询各方面意见的基础上，由董事长、总经理审定，构建了充分体现四个层面相互联系的理念体系：一是战略主导发展，文化引领战略的关系，战略与文化必须高度协调统一，相辅相成；二是企业与用户和市场的关系，必须体现企业向用户、市场提供优质的产品、良好的服务；三是企业与员工的关系，必须体现员工为企业尽职尽责、努力工作，企业尊重、关爱员工，为员工搭建实现人生价值的平台；四是员工与员工之间的关系，必须体现既是合作团队，又是竞争对手。这些理念催生和置换了企业快速发展的新思想、新观念。"

开滦提出把"自在的企业文化"整合为"自为的企业文化"，促进文化力向经济力的转变。他们把企业文化定位为"以人为核心的经营管理文化"，用精神和文化的力量，将企业的追求和要求渗透于企业经营管理过程之中，蕴藏于员工自身之内，达到"铸魂、立道、固本、塑形、聚力"的目的。

在将企业文化由理念层面向管理操作层面推进的过程中，他们总结和提炼出符合开滦管理实际的、体现开滦企业理念的"精细管理、双向控制（简称RMDC）管理法"，并向安全管理领域延伸，提出"培育煤矿安全文化，塑造本质型安全人"，形成独特的安全管理文化和模式。

（本文刊登于2009年8月24日）

看开滦煤化工怎样演绎绿色焦化

烟囱高耸、浓烟滚滚、气体刺鼻、粉尘四扬……这是传统煤焦化留给人们的印象。而《中国经济时报》记者驱车前往唐山市海港开发区的唐山中润煤化工公司，却意外地发现了"颠覆性"的景象：整洁的厂区，看不到冲天的浓烟，闻不到刺激的炼焦气味。

这得益于其应用的干熄焦技术。作为开滦股份的下属企业，唐山中润煤化工有限公司党委书记刘培国向本报记者介绍，干法熄焦是用循环惰性气体为热载体，由循环风机将冷的循环气体输入红焦冷却室冷却高温焦炭至250℃以下排出。吸收焦炭热量后的循环热气导入废热锅炉回收热量，产生蒸汽，循环气体冷却、除尘后，再经风机返回冷却室，如此循环冷却红焦。干熄焦锅炉产生的蒸汽，送往干熄焦汽轮发电站，作为蒸汽发电的原料动力，通过以上的生产过程，将焦炭的显热进行回收利用。

唐山中润煤化工有限公司党委副书记赵卫民说："干法熄焦与过去的湿法熄焦相比，不但能提高焦炭质量，同时充分利用了红焦显热，节省了能源，而且降低有害物质的排放，这都符合国家提出的节能减排理念。"

据赵卫民介绍，一般上干熄焦的都是大钢企，目的是为了提高焦炭的质量，独立的焦化厂上干熄焦，唐山中润是国内头一家。他说："一般的焦化企业也没有后续的甲醇和苯加氢精制，他们的焦炉煤气，利用率仅有40%左右，剩下的60%左右只能供民用，但由于民用煤气受国家控制，不能随便涨价，另一方面随着西气东输的推进，煤气用户越来越少，所以，现在有些企业的焦炉煤气就没有利用，只好'点天灯'。如果不点着肯定不行，味太大，污染环境。这种浪费可以达到什么程度呢？两座焦炉的煤气'点天灯'，一天大概就得消耗掉一辆轿车的钱。"

赵卫民告诉记者，因为中润公司在这方面的定位高，项目设计科学，整个企业成为一个大的闭合循环的经济体，带来的效益非常可观。"在经济危机情况下，中润公司到目前为止没有出现过亏损。"

据悉，中润公司的干熄焦节能项目总投资1.96亿元，工程主要建设内容有：一套140吨/小时干法熄焦装置，70吨/小时余热锅炉1台，配套15兆瓦抽凝式汽轮发电机组1台。工程建成投产后，每年可回收约80%的红焦显热，利用余热可年发电124.2×106千瓦时，回收能源折合44407吨标准煤。目前，干熄焦系统已投入运行，并且机组已并网发电。

记者来到干熄焦车间控制室，显示屏正中是一张包含各种数据的复杂设备线路图，周围布满了显示器，正播放着干熄焦系统各个部位的监控录像。显示屏的对面，工作人员坐在电脑前紧张地忙碌着。

赵卫民向记者介绍，干熄焦系统主要由干熄炉、装入装置、排焦装置、提升机、电机车及焦罐台车、焦罐、一次除尘、二次除尘、干熄焦锅炉单元、循环风机、水处理单元、自动控制部分、发电部分、环境除尘等部分组成。

他解释说，粉尘和有害气体是熄焦过程中主要的废品排放，对环境和人体都有极大的危害。湿熄焦过程中，红焦与水接触产生大量的酚、氰化合物和硫化合物等有害物质，随熄焦产生的蒸汽自由排放，腐蚀周围设备并造成大气污染。而干熄焦方法是采用惰性气体在密闭的干熄炉内对红焦进行冷却，首先从工艺角度大幅度降低了有害气体的产生；同时，干熄焦生产过程产生的粉尘，通过安装在装入、运送、排除等环节的袋式除尘器进行净化，使排放的废气中粉尘浓度低于100毫克/立方米。因此，干熄焦的环保指标大大优于湿熄焦。

"干熄焦的好处还不仅如此。"赵卫民说，"同湿熄焦相比，干熄焦可回收红焦约83%的显热，每干熄1吨焦炭回收的热量约为1.35吉焦。通过干熄焦回收焦炭的显热，每吨焦炭可产生约0.5吨的过热蒸汽，过热蒸汽通过对汽轮发电机做功发电。在干熄焦系统运行正常的情况下，产生的电量除用于焦化厂生产自用外，还有部分电量外供至华北电网，提高了能源利用效率。"

开滦股份与首钢公司、河北迁安市政府联合组建的迁安中化煤化工有限责任公司同样上马了干熄焦系统，投资3.4亿元，其中循环风机、旋转密封

阀等主要部分引进了日本新日铁公司的技术和设备，其余设备在中日联节能
环保技术工程有限公司的设计中实现了国产化。

（本文刊登于2009年8月26日）

开滦集团：塑造本质安全，夯实飞跃基础

开滦集团具有132年的煤炭开采历史，从事煤炭生产的员工近4.8万人，其中井下作业人员3.5万人。集团现有的生产矿井主要分布在河北唐山、张家口以及内蒙古、山西等地区。其矿井集中的唐山矿区水文地质条件极为复杂，水、火、瓦斯、煤尘、地压等五大灾害俱全；唐山、林西、赵各庄3个煤矿开采时间已超百年；有5对矿井开采深度超过千米，最深达1157米；大多数矿井已形成多水平生产、多区段提升、多级排水系统，单翼运输距离最长达9公里。

开滦集团在安全投入上下了大力气，吨煤安全投入平均在30元以上，每年的安全投入不低于10个亿；对员工的培训教育投入不吝啬，且形式灵活多样；在安全文化方面，倡导塑造本质型安全人，推广了准军事化职业行为训练。

软件独创，提出本质安全理论

开滦集团总经理殷作如向本报记者表示，在加大安全基础管理工作的同时，安全工作必须上升到以人为本的安全文化建设新境界，进一步提高员工的安全意识，建立长效机制，着手培育个人和群体的安全价值观、态度、能力和行为方式，进而从人的精神素质和行为养成方面，实现本质型安全管理。

诸多因素促使开滦集团党政领导明确提出，要用先进的文化全面提升安全管理，下力量组织开展了安全文化建设的课题研究，在培育和塑造本质型安全人方面，形成有开滦集团特点的工作思路和建设管理模式。经过一年

多的研究与实践，取得了"培育煤矿安全文化，塑造本质型安全人"课题成果。这一成果总结了开滦集团多年来安全管理、安全文化建设的宝贵经验，吸收借鉴了国内外安全文化建设的新经验，提出了开滦集团安全文化建设的核心是塑造本质型安全人，并形成了塑造本质型安全人的理论模型、基本框架和8个导入因素。

据介绍，开滦集团塑造的本质型安全人，其基本内涵就是"想安全、会安全、能安全"的人。想安全就是员工具有强烈的自主安全意识；会安全就是员工具有驾驭安全的熟练技能；能安全就是环境、措施能够有效地保障人的安全。进一步说，塑造本质型安全人，就是在不断强化制度规范的同时，有目的地培养提升开滦人的安全自律意识、自觉行为、自身素养，使其特别讲科学、特别遵规律、特别守规章，体现出"特别能战斗精神"的时代内涵。塑造本质型安全人，就其对象来说，包括两类人：一是本质型安全管理者，二是本质型安全操作者，即所有的开滦人。

开滦人在塑造本质型安全人的诸多要素中，按照它的逻辑结构特征，构建了塑造本质型安全人的理论模型和基本框架。其中，理论模型由三个从内到外、有机连接的系统组成，即理念引领系统，行为养成系统，安全环境系统。三大系统是紧密联系、相互作用的有机统一体。基本框架则是对应于理论模型三个体系提出的若干应用要素。通过综合运用多种要素，多角度、多层次对人进行塑造，使理念引领的力量、制度约束的力量、环境影响的力量相互交融，共同发挥作用。

硬件投入，加强安全环境建设

常文杰介绍，开滦集团坚持以人为本，加强地面和井下安全环境建设，创造良好的环境，为职工安全与健康提供有力保障，提高了安全质量标准化水平。

强力导入安全视觉识别系统。采取安全行为准则"符号化、视觉化、标准化"的传播手段，在企业所有办公区域、生产作业场所，特别是井下事故易发地段、交通要道等处，全面导入了SVI煤矿安全视觉识别系统，推行了反光安全标识和安全设备设施编码管理。在工业广场、更衣室、井口设置了大屏幕，班前会议室配备了多媒体电化教学设施。安全视觉系统的导入，及时传播了企业安全理念和安全信息。

强化安全环境硬件设施建设。本着高标准、高层次、高水平的原则，深入推进安全质量标准化建设。各生产矿井全面实施井上井下"亮化、净化、美化、规范化"的环境改造工程。从井口到井底车场，从运输大巷到采区石料场，从工作面上下两巷到采煤工作面，分阶段逐步实现全部照明。实践证明，职工在宽敞明亮的环境中工作，无论心态、注意力还是操作的准确度都有显著提高。

营造安全健康文化。从努力改善职工工作生活环境入手，着力营造安全健康文化。集团公司上下，全部建立了职工安全健康保障体系，定期开展职工健康检查，建立了职工安全健康管理档案，在地面和井下分别建立了保健站、急救站，为每个生产班组配发了现场急救箱。积极实施为井下生产作业地点配备蒸箱、饮水机和工作服集中管理的"两热一管"工程。对职工食堂、宿舍、更衣室全面实施人性化改造，逐步实现服务人性化、就餐住宿宾馆化、更衣洗浴舒适化、井下服务地面化，以减轻职工作业后的疲劳，进一步增强职工凝聚力。

着力打造本质安全型矿井装备系统。以实现"机电设备零隐患、矿井装备零故障"为目标，实施矿井提升系统数字化改造和主扇风机安全节能改造，基本实现了自动化、信息化、数字化；积极引进大功率、高强度的综采设备和免维护减速器，推行掘进工作面轨道化运输；实施矿井安全监测系统升级改造，安装顶板在线监测系统，自主研发了自动闭锁风门。先后进行了运输、供电、通风、排水本质安全型系统和部位的改造和创建活动，既增强了矿井抗灾防灾能力，又提高了安全质量标准化的科学管理水平。

创新考核运作机制

在坚持安全质量标准化区科旬检、矿处月验、集团季检制度的基础上，开滦集团深入探索、不断完善安全质量标准化的考核运作机制，使安全质量标准化工作逐步纳入规范化、制度化、科学化轨道，保证了安全质量标准化工作的规范运行。

改革薪酬分配机制。发挥政策导向作用，引导职工牢固树立"安全就是效益"的观念，推行了独立于效益工资之外的安全质量结构工资制。各生产矿井安全质量标准化在工资分配中的比重已全部达到30%以上。改变传统的"以量计资、超产超尺累加计奖"的考核方式，试行了"订单化生产、市场化运作"的管理模式，促进了基层单位由生产管理型向安全质量管理型的转变。

实施专项激励机制。集团公司坚持每年开展安全质量标准化示范矿井、样板化区科、信得过班组竞赛活动，不定期组织召开安全质量标准化现场推进会议，及时推广先进经验。同时采用正激励手段，每年都奖励在安全质量标准化工作中取得突出成绩的先进单位和规范操作的职工，有效促进了职工由"要我安全"向"我要安全"的转变。

建立管理人员安全业绩考核管理机制。制定实施了管理和技术人员井下带班盯岗和走动管理制度，对安全质量标准化工作出现的问题，全面实施了责任分析、系统问责机制。

（本文刊登于2010年11月29日）

从"特别能战斗"到党建创新现代管控系统

开滦党建创新管理模式将党的工作系统化内容和网络管理系统合二为一。这一系统与企业发展战略紧密结合，为企业转型发展提供了强有力的组织保证、思想支撑，引导百年开滦驶入超常规发展的快车道。

开滦之所以闻名遐迩，不仅因其是"中国近代煤炭工业的源头"和"中国北方民族工业的摇篮"，也与毛泽东的一句名言大有关系。这位深刻影响甚至决定了中国现当代历史走势的巨人曾于1925年12月在《中国社会各阶级分析》一文中，高度评价开滦工人阶级："他们特别能战斗。"

在此之前的1922年，在中共创始人之一、唐山乐亭人李大钊的直接推动下，开滦第一个党支部诞生于风起云涌的工人运动浪潮中。在此之后的各个历史时期，党组织和党员始终是开滦革命、建设和改革发展的中流砥柱。

星星之火，可以燎原。在中国共产党获得执政地位61年后的今日，开滦集团的党组织和党员数量堪称蔚为大观：下属基层党委33个、党总支112个、党支部1029个、党员23171名，其中在岗党员17532名，离退休党员5378人。每年发展新党员800多名。

面对如此庞大的群体，通过评优、开会、表彰等传统形式来强化党建工作，显然缺少方法和手段。开滦集团党委书记、董事长张文学表示："只是笼统地说发挥政治核心作用，显然是不够的。进入新时期，大型国企的党建工作都在实践中探索。如何明确职责、如何创新机制、如何满足企业战略和管理方式转变的新需求，是我们面临的共同课题。"

2008年5月，张文学到开滦赴任第一时间，就以集团董事长和集团党委书记的双重身份调研，研究调整企业发展战略，而其中一项重要内容就是探索新时期的党建工作。

开滦党委很快作出决策，全面加速推进党建创新现代管控系统建设，把开滦党建创出品牌。

开滦党建创新现代管控系统解析

开滦党委按照"职责清晰、程序明确、制度健全、考评科学"的目标，探索构建开滦党建创新现代管控系统。首先，他们运用系统论和现代管理学的原理、方法，对党的工作各种要素及工作流程进行系统梳理、调整、完善、提升和再造，构建了开滦党的工作三大系统，以职责清晰为标准，完善了工作职责系统；以程序明确、制度健全为标准，完善了途径程序系统；以考评科学为标准，完善了考核评价系统，形成了党的工作系统化。其次，为了强化党的工作系统化的管理，开滦党委自主研发了网络管理系统。依托覆盖全矿区的开滦局域网，利用信息化手段，将开滦各级党组织和广大党员实施党的工作系统化建设的工作情况，置于一个统一的网络平台，集中进行管理。

目前，该系统已经全面投入使用，体现了覆盖全面、全程控制、双向互动、考评科学和操作便捷等效能。该项成果受到了国务院国资委党建局和中煤政研会等部门的高度评价，被列为2009年全国煤炭系统党建创新重点推广项目；被河北省国资委党委评为"四创"活动一等奖；2010年获得了国家版权局专利注册证书。该系统初步效果明显，现代企业党组织"干什么"的问题逐步得到破解，"怎么干"的问题日益明确，网络管理的优势得到有效发挥。开滦党建创新现代管控系统极大调动了广大党务工作者进行党建创新的积极性，同时又使党务工作者从繁杂的"表、本、册"等具体事务中摆脱了出来，给党建赋予了现代特征和色彩。

张文学说："我们的方法是总结开滦几十年以来好的方法、好的经验，把精华提炼出来，把它作为一个程序用网络的形式展示出来。这套系统的基础工作中，包括明确党组织的职责、实现职责的途径及其制度以及创新党建考核的内容和方法。这个系统既包括党建工作主要内容的创新，又包括了党建工作的管理创新，在内容上把明晰职责作为首要问题，把规范程序制度作为关键，把科学考评作为重点，当前党建工作的突出难点基本上囊括其中。"

开滦集团党委副书记庞学东说:"在这个网络上,各级党组织都是管理者,反馈本层级党的工作,从而将全集团实施党的工作系统化建设的情况置于一个网络平台之中,集中进行管理、交流和显示。"

这套系统的内容也涵盖了改革发展、生产经营的全部,没有党、政领导的配合,没有全员的参与,这项工作也不可能完成。

十七届四中全会前,中组部和中共中央办公厅派员赴唐山调研,对开滦党建工作给予充分肯定,并让开滦派人赴京汇报,提供党建创新课题成果供各大企业借鉴。

让"阳光党建"无缝隙覆盖

开滦党建工作上至集团党委,下至基层党委、党支部、党小组、党员,没有任何缝隙。

开滦党建管控系统的核心部分,其关系呈金字塔形,从上到下由管控中枢(集团公司党委)、矿厂级党委(总支)、区科级总支(支部)3个管理层级构成。

以3个组织层级为纬线,以党的工作职责、途径程序和考核考评三大系统及组织职责、部门职责、党员职责、会议途径、活动途径、制度流程途径、考核办法、考核公示、考核结果运用9个子系统为经线,织成了一张立体覆盖的大网。遍布各地的党组织、党员,一举一动尽收网中。

无论是党员还是非党员,都可以登录开滦内部网,从中获取大量信息,党的工作被置于全党和广大员工的监督之下。上级党组织布置的每项工作,均可通过相应的查询、浏览、批签功能随时了解所属单位的实施情况,并通过平台及时检查、指导。各级党组织之间也可以通过"互动平台"对工作意见进行交换与沟通。

截至目前,开滦党建现代管控系统拥有各级管理用户675个,上传各类信息达100905条,签批指导工作427项。绝大多数基层单位党组织,包括分布在外埠的张家口、内蒙古、新疆等单位的党建工作也纳入到系统之中。

阳光是防腐剂,又是最好的强身剂。让党建工作在阳光下运行,最能代表开滦党委发展民主的气魄和雄心。

开滦全透明的党建考核，让每一位开滦人都可以全程关注"发生在自己身边的故事"。

党建管控系统内各个层次的考核都在统一的网络界面进行，考核标准、考核办法都是公开的，各级党组织和党员的日常工作情况，可以在网络模式中得到及时、全面、清晰的反映。考核标准逐项赋分，细化量化，为数字化显示党建工作效果提供了基础条件，各级考核部门在每个阶段的"考核排行榜"中都要标明减分原因，使其一目了然。

管控系统使开滦的党建工作迈向精细化管理轨道。通过"决策、实施、检查、处理"的整个过程和多元、动态、量化的考评方法，使精细化程度大幅度提高。管控系统与电子网络的有机结合，提高了工作效率，扩展了管理幅度，促进了党务公开，推进了党内民主。

开滦党建的精细化管理，与其生产经营精细化管理一脉相承。这一管理思想现已深入渗透到几乎每一个基层党组织和党员。在部分分公司，党建工作正在被继续创新。

全方位、立体化提升党建水平

创新的管控系统带给开滦党建全新的面貌。一个显而易见的现象是，党务工作者从繁杂的"表、本、册"等具体事务中解脱了出来。运用网络进行管理，采取多元评价方式，坚持动态网上考核，使党建工作更加规范科学，保障了党组织重点任务的落实。

张文学表示，以管控系统为核心的党建创新，带来了价值理念、工作方式和运行机制这三大核心改变，即：由重组织的活动形式，向重组织和个人发挥作用的实际效果转变；由只靠党组织管理党建工作，向融入企业生产经营机制、多部门共同管理党建工作转变；由发号令提要求的工作方式，向实施岗位精细化管理转变。"最大的突破，是解决了'党的工作干什么''怎么干''确保干到什么程度'的问题。"张文学说。

健全工作职责系统，解决"干什么"的问题。开滦党委重新制定了《基层党委基本职责》，明确将"凝聚企业各方面意志和力量，推动企业科学发展与和谐企业建设，实现企业又好又快发展""协调企业各方面关系""参与企业重大战略调整、重点项目确定、重要人事任免、大额资金使用等重大问题决策""培养、推荐、选拔和考核中层管理人员和重要岗位人员"等，列入了基层党委的基本职责。

健全工作程序系统，解决"怎么干"的问题。开滦将落实工作的途径划分为"会议途径""活动途径"和"制度流程途径"。比如，以制度形式规范下属股份制企业党组织参与重大问题决策的工作流程：党组织必须做到决策前参与，决策前党组织广泛听取意见，搞好调查研究，做到了解情况全面真实。调研后，党政主要领导进行沟通，召开党内会议，形成一致意见，由董事会内党员把党组织意见带到董事会上，实现党组织的意志转化。

健全考核评价系统，解决"确保干到什么程度"的问题。集团公司党委对基层党委的考核内容，分为经营管理工作、党的工作、党群工作和安全稳定四大板块，分别给予了15%、45%、20%和20%权重，各板块的具体内容分别细化到具体分数。在日常考核上，分别由企业管理部、人力资源部、党建部等12个部门进行考核。各基层党委对基层支部的考核，一般分为"保证区科完成任务""班子建设""支部建设""党员队伍建设"和"员工队伍建设"5个方面。在对党员的考核中，分为"岗位活动""党内政治活动"和"社会活动"三大类，按6：3：1的比例赋分。

不仅如此，党建管控系统还使得党组织发挥"三个作用"（政治核心作用、战斗堡垒作用、先锋模范作用）有了机制保障。

党建管控系统明晰了本企业中各级各类党组织的职责权限，畅通了党组织参与决策、发挥作用的渠道，使党组织与董事会、经理层的关系更加具体明确。对于哪些事情党委直接负责、哪些事情党委参与决策、哪些事情党委不再参与，都有了清晰具体的规定。在参与企业经营决策的过程中，这些清晰具体的"契约式规则"，使党组织能做到把方向、管大事、顾全局，在职责任务十分清晰的状态下，紧紧围绕企业改革努力工作。

党建管控系统有力促进企业转型发展

以"开放、融入、转变"的党建指导思想，在新形势下继续彰显党的工作价值；运用现代管理方法和信息技术推进党建创新，在党建中实施精细管理、系统管理、ISO9000质量管理等现代管理思想和方法；围绕发展抓党建，抓好党建促发展，把落实企业发展战略规划作为党建创新的主要内容，在企业改革发展中发挥"三个作用"。

这是开滦集团党建工作的大思路。正是这样一个大思路构建了开滦的党建创新现代管控系统，它将党的工作系统化内容和网络管理系统合二为一。这一系统与企业发展战略紧密结合，为企业转型发展提供了强有力的组织保证、思想支撑，引导百年开滦驶入超常规发展的快车道。

尤其值得一提的是，属于企业"软实力"建设的开滦党建工作，平时不显山露水，当国际金融危机的大浪袭来，却激发出超乎想象的巨大战斗力。

从2008年2月份起，开滦集团开展"关键时刻显风采"主题实践活动，号召广大党员化危为机，岗位立功，并辐射整个集团员工，力求在困难形势下实现"十一五"计划目标。

2010年4月，深入开展创先争优活动以来，开滦集团把党建管控系统作为创先争优活动的长效机制来构建、完善。按照创争目标、创争过程、创争效果进行分类，分别纳入到管控系统的工作职责、途径程序、考核评价三大系统及其九个子系统之中，切实做到了管控系统与创先争优活动同谋划、同实施、同考核。通过管控系统持续的"阳光下运行"，让每一名员工随时都能了解和掌握开滦集团创先争优活动开展的目标、进展情况以及取得的效果，起到了鼓励先进和鞭策后进的作用。

借助党建管控系统这个管理平台，一系列战危机、求发展的主题活动，在开滦上下迅速展开。中润公司党委全面对标国家一级标准，组织党员立项攻关，自主研发的污水深度处理、甲醇弛放气回用技术等四个项目已申报了国家专利。钱家营矿业公司综一队党支部连续7年安全产煤200万吨，在创先争优活动中，又树立了打造300万吨作业线的奋斗目标。矿山公园党支部以精细管理、高质量服务为目标开展创争活动，已经迎接了5万多名国内外嘉宾，产生了巨大的社会效应。离退系统党支部不断创新老年人思想工作，在和谐稳定建设中大有作为，他们的做法得到了李源潮部长的肯定和表扬。唐山矿业公司赵国峰，组建了由机关17名技术党员参加的"特殊采煤队"，为提高原煤产量和完成目标任务做出了贡献。钱家营矿业公司张文市，先后完成掘进机切割头涨套技术改造等10余项攻关课题，创效47万多元。马家沟社区孟宪芹，发扬"宁愿一人脏、换来万家洁"的奉献精神，在平凡的岗位上做出了不平凡的业绩，被誉为当代"时传祥"。被广大员工誉为"矿山公仆"的杨印田，铁面无私抓管理、身先士卒做表率的事迹在矿区广为传颂。铁拓重机公司葛绍龙，刻苦钻研技术，取得了全国铣工技术比武第十一名的好成绩。还涌现了全国"老干部工作先进个人"温二科、两次捐献造血干细胞的"道德模范"郭鹏程、荣登"中国好人榜"的护士长常晓英等等一大批先进典型。这些先进典型无私奉献的精神已经成为开滦人的行为坐标。

正是在2万多名党员先锋的带动下，开滦集团广大员工的思想观念、精神面貌、工作作风发生了深刻变化，有力地促进了企业的转型发展。集团公司2010年原煤产量、营业收入、利润总额同比预计分别增长43.39%、51.95%和9.36%，超额完成了集团"十一五"战略目标任务。在今年全国企业500强排名中开滦名列103位，成为500强中发展最快的企业。

开滦党建的工作特色不仅仅体现在构建并实施党建创新现代管控系统上，还表现在更多的方面、更宽广的领域：以"开放、融入、转变"的党建思路为指导，超前谋划、主动参与；把握大局、引领思路，保证了企业科学发展的正确方向；凝聚人心、组织力量，为实现战略规划目标提供坚强的组织和队伍保证；结合实际，不断探索和完善股份制企业党组织参与重大问题决策的方式和途径；以"四好班子"（政治素质好、经营业绩好、团结协作好、作风形象好）、"领导人员作风建设年"、党风廉政建设为载体，大力提升领导班子整体素质和领导能力；积极创建企业文化、思想政治"四网一会"（即舆情监测网、基础政工网、重点人群网、文化阵地网和职工思想政治工作研究会）、信访稳定、群团组织等的联合阵地，为实现企业发展目标营造和谐氛围……

正是这些独具特色、不断创新的全方位、立体化、系统化、科学化、现代化的党建工作，保障并支撑开滦集团成功踏上了调整转型之路，"六个转向"和"一基五线"战略引领下的煤炭基础扩张、煤基和非煤产业迅猛发展、跨区域产业基地建设，让百年开滦焕发出了勃勃生机与崭新活力。

（本文刊登于2010年12月14日）

企业文化助推百年开滦转型发展

开滦企业文化的继承、创新与实践，为集团公司战略转型提供了有力的文化支撑。开滦历史悠久、底蕴深厚的优秀文化基因和在创新中形成的以战略驱动、开放融入、经济文化一体化为特征的现代企业文化，将引领其实现跨越式转型发展。

近年来，开滦集团以"特别能战斗"精神为核心，大力加强企业文化建设，助推企业实现科学发展、转型发展。

在11月13日开幕的中外企业文化北京峰会上，中国企业文化研究会"新中国企业精神培育有突出贡献的单位和个人"评选结果公布，开滦集团的"特别能战斗"精神获评新中国60年最具影响力十大企业精神，开滦集团获评新中国60年企业精神培育十大摇篮组织，开滦集团党委书记、董事长张文学获评新中国60年企业精神培育十大杰出人物。开滦集团成为唯一获得全部最高荣誉的企业。

在跨越三个世纪的奋斗历程中，开滦人不仅为国家建设和民族振兴奉献了巨大物质财富，同时也塑造了让整个工人阶级引以自豪的特别能战斗精神。近百年来，特别能战斗精神在开滦工人中薪火相传、历久弥新，成为引领和激励开滦肩负民族责任、完成历史使命、战胜艰难险阻、不断发展壮大的动力源泉。开滦的特别能战斗精神，在中国工人运动史上抒写了壮丽篇章；在中国煤炭工业发展史上镌刻下深刻印记；在共和国建设史上塑造了光辉形象。在新的历史时期，开滦人把弘扬特别能战斗精神作为企业文化建设的核心内容，传承敢为人先的精神，提升改革创新的精神，弘扬无私奉献的精神，践行攻坚克难的精神，为特别能战斗精神注入了崭新的内涵。

创新企业文化，助推战略转型

先进的企业文化为开滦集团开放融入、调整转型、科学发展、做大做强提供了强劲动力。面对席卷全球的金融危机，开滦集团确立了"抓机遇、增总量、调结构、降成本、惠民生、防风险"的18字方针，引领广大员工统一思想、坚定信心、攻坚克难，实现了逆势而上、快速发展。2009年，企业营业收入和利润总额同比分别增长了256%和230%。面对资源型企业转型这个世界难题，坚持用思路创新推动产业结构调整和发展方式转变。形成了"六大转向"的发展模式，构建起"一基五线"现代产业发展新格局。煤炭基础产业坚持内挖外扩，新增煤炭资源量达167亿吨，形成了"五大区域"、"七大战略基地"的生产格局；新兴产业发展迅猛，非煤产业收入占集团总收入达到72.8%，彻底改变了"一煤独大"的局面。同时，积极推进自主创新，构建了"产、学、研"一体化的自主创新体系。近年来，企业先后获得172项市级以上科学技术进步奖，专利发明有偿转让53项，有12项获国家知识产权局授权。

在今年全国企业500强排名中，开滦名列103位，两年前移了188位，成为500强中发展最快的企业。到"十二五"末，开滦将建设成为国际一流、国内领先的现代化大型企业集团，挺进世界500强。

开滦集团董事长、党委书记张文学在接受《中国经济时报》记者采访时，对开滦100多年历史的回顾和"触摸"，谈到了百年开滦所积淀并传承下来的优秀文化基因：开放的胸怀，报国的责任，兼容的品质，创新的激情，争先的气魄和特别能战斗的伟大精神。

张文学说，当我们找到历史品格与时代感悟的结合点时，我们就找到了企业新时期的价值取向。

那么，开滦新时期的价值取向是什么呢？张文学告诉记者，面对市场经济时代企业必须通过竞争求得生存与发展的现实，调整转型是百年开滦做大图强的必由之路，开滦新时期企业文化的价值取向就是服务并推动、支撑企业的战略转型。

"围绕这一价值取向，开滦需创新文化，构建推动转型发展的企业文化执行系统。在创新中，企业面临转型过程中的文化冲突、企业扩张中的文化融合和战略发展中的文化支持等问题。"张文学说，"基于对上述问题的认识和把握，我们明确了开滦企业文化创新的方向，那就是：由管理控制型文化向开放融入型文化转变；由基因驱动型文化向战略主导型文化转变；由企业文化建设向企业文化管理、实施经济文化一体化战略转变。由此，也确定了我们的工作重点，那就是：以新的战略为导向，构建推动转型发展的企业文化执行系统。通过创新企业文化，大力破除封闭、僵化、保守、拖沓、短视等一切不利于战略实施的文化滞障，大力弘扬开放、创新、诚信、和谐、共赢、执行、尽责、服务、效率等一切有利于战略实施的优秀文化，让弱势文化变强大，让零散文化变系统，让病态文化变健康，让先进文化变卓越，使企业文化更好地引领战略、服务战略、支撑战略。"

张文学介绍，开滦为此所做的四个方面的工作：构筑共同愿景，发挥目标愿景的感召力；重塑企业价值观，发挥价值理念的导向力；打造开滦金字招牌，强化百年品牌的传播力；整合企业行为文化，提高企业文化的执行力。

如何把理念转化为员工的实际行为，落实到管理和操作上？开滦的做法是：文化的制度化。

据悉，开滦深入整合企业的行为文化，形成了以三个管理平台、一个保障系统为核心的"三加一"开滦企业文化管理模式。三个管理平台：一是"精细管理、双向控制"（RMDC）现场管理平台；二是市场化精细管理平台；三是安全文化管理平台。一个保障系统，即准军事化职业行为训练。开滦"三加一"管理模式的构建和实施，有力地推动了企业文化由理念层面向管理实践层面转换，为企业转型发展奠定了坚实的管理基础。

张文学还对文化创新推动企业战略转型有着自己独到的辩证思考。他认为，战略的成功需要文化与战略高度匹配、一体化运行；战略转型的核心是企业文化转型；企业文化只有以科学发展观为指导，树立开放的大文化观，才能推动企业持续繁荣；优秀的企业文化不仅是先进的理念，更是持之以恒的实践过程；企业文化建设必须坚持主导与主体并举。

开滦企业文化的创新与实践，为集团公司战略转型提供了有力的文化支撑。通过价值理念的宣灌、传播、深植、固化等关键环节，目前，集团上下已形成了用新文化新理念推动新战略的浓厚氛围，广大干部员工的思想观念、思维模式、价值追求、行事作风和推进措施等方面都呈现出了前所未有的新变化。"基业长青、员工幸福""举力尽责，强企富民""保双五、夺双一""说了算、定了干，落实责任抓兑现"等目标愿景和价值追求已深植员工心中，成为推动企业战略转型的强大精神力量。百年开滦成功地踏上了转型发展、持续发展、科学发展、跨越发展的快车道，呈现出勃勃生机和崭新活力。具体表现在：在金融危机背景下，企业各项经济指标大幅度提高；调整转型效果显著，新兴产业发展迅猛；资本运营能力明显增强，企业发展资金大幅增加；资源扩张、人才储备取得积极进展，企业持续发展能力显著增强；和谐企业建设收效显著，百里矿区安定团结。

开滦人细说开滦文化"内核"

开滦企业文化也是《中国经济时报》记者非常关注和感兴趣的一个话题，记者曾分别向开滦集团的几位负责人问及同一个问题，即，开滦之所以能绵延百年，肯定坚持了某些值得坚持的东西，又不断扬弃了许多不合时宜的东西，那么，支撑开滦百年基业长青的精神和文化内核究竟是什么呢？几位负责人从不同的角度谈了自己的认识和体会，多有异曲同工之处。

张文学说，开滦人不仅仅"特别能战斗"，开滦的文化有包容性、有多元性，开滦人很有大局意识。当初建井的时候开滦用的是德国、比利时、英国的技术，中国广东的技术工人，这说明开滦建矿伊始就体现了开放的文化；我们创造了中国煤炭行业的那么多第一，归煤炭部管时，煤炭行业大部分技术标准或者政策出台，首先在开滦搞实验，说明我们有改革创新的精神；抗战时期我们有抗日民族英雄，说明开滦人爱国爱民族；大地震、大透水的时候，我们能承担重要责任，迅速恢复生产，说明我们"特别能战斗"；抗美援朝时期开滦有两个医疗队到朝鲜前线，2008年汶川地震时我们派了5支队伍到抗震前线，是我们自发组织的，这体现了开滦人的大局意识、社会责任意识……这些文化都需要进一步挖掘和提炼。

已经在开滦工作了30年，如今的集团公司总经理殷作如对开滦文化感触颇深。他说，开滦人有种责任意识，勇往直前，敢于担当历史和社会责任，无论在企业困难时期还是在好的时候，大家都能坚持下来，同心同德，义无反顾地与企业共命运。开滦的另一个文化内核是创新。企业要可持续发展，就必须不断创新，包括观念创新、战略创新、管理创新、技术创新等等，保守的做法不行。

开滦集团党委副书记庞学东说，开滦企业文化底蕴非常深厚，以管理见长。我们的企业文化主要是管理文化，解决企业的现实问题，为企业的改革发展服务。一开始搞精细管理，实际上就是解决管理的标准化操作问题，各个岗位都建立工作标准。后来，我们提出了企业文化的三个延伸，即企业文化向经营管理环节延伸、向安全生产延伸、向机关和全系统延伸。安全文化也提出了新课题，叫培育安全文化，塑造本质型安全人。安全文化的主导思想和内涵是三个转变，即由生产第一向安全第一转变，由重结果向重过程控制转变，由重物质投入向重人的素质提高转变。所谓塑造本质型安全人，就是让员工"想安全、会安全、能安全"。

专家评说开滦文化

前不久，中国企业联合会、中国企业家协会在开滦集团举办了全国企业文化现场会，开滦成为河北首家"全国企业文化示范基地"。开滦历史悠久、底蕴深厚的优秀文化传统和在继承与创新中所形成的以战略驱动、开放融入、经济文化一体化为特征的新时期企业文化在全国范围内获得了肯定和传扬。与会企业文化研究专家经过现场观摩和了解，对开滦文化有了深入剖切的认识，做出了高度评价。

中科院管理学院副院长赵红说，作为中国近代工业发展的先驱，开滦历久而弥新，不辱使命，开滦人有种"特别能战斗"的企业精神。面对严酷的自然灾害，开滦人百折不挠，无坚不摧，体现了开滦人顾全大局、勇挑重担的主人翁精神；面对经济改革、企业改制以及激烈的市场竞争，开滦人思辨、自强、同德，用"铸魂、立道、固本、塑形、聚力"的理念塑造现代企业新形象；转型发展是科学发展观在开滦这样的企业的具体体现，是一条新型工业化发展道路。

中企联宣委会常务副秘书长祝慧烨说，开滦文化有一个巨大而悠久的传统。在开滦当前的企业文化建设中，有一套很好的愿景管理和价值观管理体系。企业愿景、核心价值观是企业文化的核心理念体系。一个核心价值观提出来以后，关键是要进行渗透。我们看到在开滦有很多渗透、传播和强化企业核心价值观的途径和方法。开滦的企业文化，延伸转化成了一种战略思维。开滦的战略思维对文化形成了覆盖，战略思维和文化引领已经覆盖到企业的组织、流程、制度安排和业务。相对于其他行业来说，开滦有一个行为规范和行为养成，这是它原来作为生产型企业的根底。文化变革怎样真正助推、支持、引领和匹配企业战略转型、结构调整和产业升级，这是中国企业都应该共同思考的问题。开滦集团给我们贡献了它的经验和成果，值得其他企业借鉴。

中宣部理论局原局长、中国市场经济研究会副会长、中国企业文化研究会副理事长贾春峰表示，开滦集团创新企业文化、推动战略转型的做法及其对现代企业的启示意义。他说：敏锐的战略思维与高度的文化自觉，应当属于现代企业家的素质范畴，是现代企业家必备的两条基本素质。开滦集团的企业家能够运用战略思维和战略眼光对企业发展和前途命运进行战略观察、战略思考；同时，又有可贵的文化自觉，有对文化创新的认知和行动。

贾春峰提出，在企业发展中，战略与文化相辅相成，"合则齐美、离则两伤"。开滦集团的领导者将理论与实践相结合，对战略与文化的相互关系进行了辩证思考，明确提出，"战略与成功需要文化与战略高度匹配、一体化运作。战略与文化是相辅相成的关系。制定、调整和推进战略的本身就是文化创新与重塑的过程。战略，如果没有文化的支撑，就缺少精神与灵魂，企业很难长久发展。文化，如果没有战略的引导，就成了无源之水，缺乏目标和追求，动力很难持久"。这段话指出了企业战略与企业文化之间存在的必然的内在关系。这是开滦集团创新发展实践的理论结晶。

"在战略转型中重塑企业文化是一个领导力与执行力并举、知行相统一的系统工程。开滦的文化重塑得好，好在哪里呢？其中一个根本点，就是体现了马克思主义辩证唯物论的知行统一观。"贾春峰说。

应该说，这些专家所言非虚，开滦以其近年来在企业文化建设领域创出的骄人佳绩、培育的累累硕果，佐证了上述专家的如潮美誉：集团下属的范各庄矿业分公司作为唐山市唯一一家企业，被授予"全国文明单位"称号；在2009年10月18日揭晓的全国博物馆十大精品陈列评选终评会上，开滦博物馆脱颖而出，荣获全国博物馆十大精品陈列最佳综合效益奖，成为河北省首家获此殊荣的企业博物馆；2009年1月10日，开滦集团被中国企业联合会、中国企业家协会授予"2008年度中国优秀诚信企业"称号；2010年3月18日，开滦博物馆被中国科协评定为"全国科普教育基地"；2010年11月13日，开滦荣获三项全国企业文化大奖，开滦集团成为唯一获得全部最高荣誉的企业。此外，开滦集团还获得首届曹妃甸论坛特别奖；开滦能源化工公司荣获中国企业文化研究会授予的"全国企业文化建设先进单位"称号；集团下属的中润公司荣获首届"中国石油和化学工业企业文化建设先进企业"称号……

（本文刊登于2010年12月29日）

"创新型"党建的开滦探索

——开滦集团创新党建工作促进企业转型发展纪实

走进开滦，令记者惊讶的是，在这个具有优良传统的矿山企业中，党组织和党员的公信与威望，是可以如此清晰明确地体会和感受的。这与很多企业形成明显反差，在多年的企业采访中，开滦集团大力推进党建创新，带动企业转型发展带给记者的印象，难得一见。

开滦集团董事长、党委书记张文学在接受本报记者采访时如此表示："作为一家百年企业，党的建设在开滦具有优良的历史传统，这是开滦的财富宝库。"

开滦集团党委常委、党建部部长张志富也对本报记者说："在煤炭行业最困难的时候，开滦党建工作也没有放松过，党组织的地位从没有动摇过，这是开滦的传统和优势。"

开滦的传统，积淀了百年历史的企业文化，在其形成过程中，党的影响力与作用从未有一刻削弱。其原因，正如毛泽东1925年12月在《中国社会各阶级分析》一文中对开滦工人阶级的评价："他们特别能战斗。"

开滦集团党委自主研发了"党建创新现代管控系统"，推进了党建工作的标准化、规范化和科学化。该系统获得国家版权局注册权证书，并被列为"全国煤炭系统党建创新重点推广项目"。

开滦经验：国企党建新品牌

梳理开滦的创新型党建工作的成功经验，记者发现，最突出的一点，或者说已经形成了开滦党建品牌效应的核心之处，是在健全体制和制度的基础上实现规范运作，对内完成了实用性、科学化、程序化的党建管控体系和机制建设，对外通过完善和落实企业党委工作制度办法，实现了党组织参与企业重大问题决策的内容、途径和方式。而且，因为推进党建创新，使得企业广大党员干部在提高能力的基础上增强了合力，提高了自身的素质和能力，充分发挥出党员干部的中流砥柱和模范带头作用，促进了企业健康稳定快速发展。

事实上，作为开滦党建最具特色的品牌创新之一——"开滦党建创新现代管控系统"，已经引起相关领导部门和国内同类企业的重视。据了解，该成果已获得国家版权局注册权证书，并被列为"全国煤炭系统党建创新重点推广项目"。该系统是开滦集团党委坚持以科学管理理念为先导，以制度化为枢纽，以管理创新为支点，自主创新的研究成果，它将党的工作职责、途径程序、考核评价三大系统，纳入网络进行集中管理。通过该系统，每级组织、每名党员的工作情况都能得到及时掌握和指导；各级党组织和党员的日常工作情况都能在局域网得到及时、全面、清晰的反映；各级党组织和党员可以积极参与企业重大问题决策、实施民主管理。

开滦党建创新的另一特色，是以建立学习型党组织、学习型领导班子为核心，坚持政治素质好、经营业绩好、团结协作好、作风形象好的"四好"标准，按照突出加强党性修养，提高学习能力、创新能力、协调能力、干事能力的总体要求，不断加强领导班子建设。

张文学介绍说，在"四好"领导班子建设上，开滦集团党委制定下发《开滦领导人员政治理论学习的安排意见》，每年定期组织各级领导人员加强中国特色社会主义基本理论、科学发展观、现代企业管理知识的集中学习。2008年以来，共组织培训36期、2000多人次。深入开展了"学习实践科学发展观""领导干部作风年""学先进、树形象、提素质、做贡献"等活动，提高了各级领导班子和领导人员的思想认识、业务能力和工作水平。编印了《高管人员制度手册》，健全完善了领导人员深入井下、深入基层带班作业、重大事项汇报、重点项目督导、激励等机制，实现了奖优罚庸，涌现出"矿山公仆"杨印田等一批先进典型。加强后备干部队伍建设、领导班子考察，创新方式、健全机制，将民主推荐和公开选拔有机结合，提高了选人用人的质量和领导班子整体素质。新调整的蔚州公司党政班子通过提质保量、降耗增效，迅速实现了扭亏增盈。

与此同时，在创新和加强宣传思想工作上，开滦坚持"内聚动力、外树形象"的工作定位，突出宣传转型发展新形势、新思路、新目标和新举措。在员工中广泛开展了"面对新形势，迎接新挑战""我与企业共发展"等主题形势任务教育，把全体员工的思想和行动统一到推进企业转型发展、科学发展上来，为提前实现战略目标提供了思想动力。为适应新的宣传形势和任务，开滦党委创建和运行了"四网一会"思想政治工作体系，增强了新时期企业思想政治工作的针对性和实效性。

据张志富介绍，通过全面加强和改进党的建设，企业党组织和广大党员充分发挥了旗帜引领和先锋模范作用，企业转型发展迈出坚实步伐，开滦连续三年实现跨越发展，2008年至2010年，开滦集团营业收入、利润总额分别增长了494％和463％，非煤产业比重达到70％以上。面对"十二五"，开滦党委谋划了新的蓝图，明确提出了挺进世界500强，打造中国的鲁尔，争做全国资源型企业转型发展典范的战略目标。

管控系统：党建工作科学化

党建工作考核的难点，是定性的多定量的少，如何推进、如何量化、如何考核，一直是困扰党建工作者的一个难题。

在这样的背景下，开滦集团党委自主研发了"党建创新现代管控系统"，成功地解决了现代企业制度下党组织和党员在企业转型中"干什么""怎么干""干得好"的问题，推进了党建工作的标准化、规范化和科学化。

具体来看，开滦党建管控系统的核心部分，其关系呈金字塔形，从上到下由管控中枢（集团公司党委）、矿厂级党委（总支）、区科级总支（支部）三个管理层级构成。以三个组织层级为纬线，以党的工作职责、途径程序和考核考评三大系统及组织职责、部门职责、党员职责、会议途径、活动途径、制度流程、考核办法、考核公示、考核结果运用9个子系统为经线，织成了一张立体覆盖、横纵贯通的网络，遍布各级党组织、党员，一举一动尽收网中。无论是普通党员还是非党员，都可以登录开滦内部网，从中获取大量信息，党的工作被置于全党和广大员工的监督之下，不但提高了效率，还实现了公开化。上级党组织布置的每项工作，均可通过相应的查询、浏览、批签功能随时了解所属单位的实施情况，并通过平台及时检查、指导。各级组织之间也可通过"互动平台"对工作意见进行交换与沟通，绝大多数基层单位党组织，包括张家口、内蒙古、新疆等外埠单位的党建工作也纳入到了系统之中。

张志富自豪地对本报记者表示："不用见面、开会，几乎所有的工作，如任务安排、进度、考评等等，都实现了程序化、网络化，在局域网里'一键完成'。"

张文学认为，以管控系统为核心的党建创新，带来了价值理念、工作方式和运行机制这三大核心改变：即由重组织的活动形式，向重组织和个人发挥作用的实际效果转变；由只靠党组织管理党建工作，向融入企业生产经营机制，多部门共同管理党建工作转变；由发号召提要求的工作方式，向实施岗位精细化管理转变。"最大的突破，是解决了'党的工作干什么''怎么干''干得好'的问题。"这是党建管控系统的三大功能，也是开滦党建工作最为核心的三大突破。

党建管控系统弥补了质量管理体系手段上存在的缺陷，使党建工作向科学化的方向大大地迈进了一步。

学习型党组织创建："特别能战斗"精神新动力

在后金融危机时期开滦转型发展的关键阶段，面临着总部地区煤炭资源枯竭、采掘难度加大、发展结构单一和社会包袱沉重等诸多难题。开滦党委认为，"调结构、促转型"是企业科学发展的必由之路。不转型，百年老企只有死路一条。

时值中央"推进学习型党组织建设"的提出，结合企业转型，开滦集团感到了推进学习型党组织建设重大意义。

为突破传统的"读报纸、念文件"的学习观，开滦集团围绕企业转型发展、做大做强的实际提出了"三个强化"。一是强化思想解放。广泛开展的"解放思想、转变观念"大讨论，形成了追求战略领先是企业竞争制胜根本的共识。坚持用思路创新，推动产业结构调整和发展方式转变，形成了"六大转向"发展模式，构建起"一基、七业、一区"现代产业发展新格局。二是强化愿景引领。提出了"基业长青、员工幸福"的发展愿景，引起了广大员工的强烈共鸣和积极响应。三是强化持续改进。开滦提出，学习的过程就是改进提升的过程，坚持用学习成果来指导实践。在技术创新上，构建了"产、学、研"一体化的自主创新体系，企业先后获得172项市级以上科学技术进步奖，专利发明有偿转让53项，有12项获国家知识产权局授权。在安全生产上，打造"本质型安全人"管理模式，推行了准军事化职业行为训练。在党的自身建设上，探索和实践了股份制企业党建工作的途径和方法。在新经济组织中，坚持了党的工作与经济工作"三同步"，取得了明显成效。

在学习方式方法的创新方面，开滦的经验，一是广泛开展系列主题活动。每年组织高管人员进党校，集团主要领导亲自授课，围绕企业战略转型等主题进行辅导。定期输送领导人员到高校和境外企业学习。在党员干部中开展"干部作风建设深化年"等主题实践活动，在全体员工中，开展"读书·思考·进步"心得征集等学习教育活动。各基层单位也结合实际，不断创新。林西矿业公司实施了"两建、三设、四争创"的学习方法；吕家坨矿业公司开展了"支书论剑"、网上党校等特色活动，都收到了较好效果。二是把推进学习型党组织建设与创先争优活动结合起来，系统谋划、共同推进。三是依托开滦党建创新现代管控系统，实现学习型党组织建设工作的规范管理、科学运行。

记者在钱家营矿业公司了解到，在学习型党组织建设活动开展半年中，干中学，学中干，把虚功做实，使学以致用，行之有效，成为该公司员工共识。如今，积极学业务、学技术已经成为该公司全体党员的工作常态。截至目前，该公司党员共提合理化建议174项，进行技术创新、技术改造42项，完成设备修旧复用、小改小革263件，仅开拓二区优秀共产党员、省级特级劳动模范王宝贵就先后完成了《井下通风设施保护装置》等8项技改创新成果，王宝贵本人也获得了"河北省技术能手"称号。

在范各庄矿业公司，记者看到，为解决学习型党组织建设"如何学，学什么"的问题，他们开展了"如何搞好党员学习""你想参加什么形式的学习""你想学习什么内容"等问题的调查和座谈会，向党员征求意见和建议。经过总结、提炼，党员在学习思想上有了很大转变。共产党员王竞华围绕新主井提升机改造攻关项目，把提升操作程序、常见故障处理方法进行归纳整理，编写出近两万字的技术培训小册子，发给小组员工人手一本。新井电工组谭桂林、尹春辉、张建国等多名党员针对新主井副井、暗井电控系统改造后的规范操作问题，制作出"工序化规范操作"光盘，因贴近生产实际，针对性和可操作性强，很快成为员工掌握新知识、新工艺、新技术的良师益友。该矿共产党员穆志强深有感触地说："这种学习方式为党员们学习交流搭建了很好的平台，小组党员集思广益，共同学习探讨专业技术知识，极大提高了我们党员的素质和能力。"

据了解，推进学习型党组织建设，开滦党委加强制度建设，注重构建长效活动机制，对开滦党委中心组学习制度形成了八项具体制度。为了确保实效，开滦党委还制定了"述学、考学、评学"等督导、检查、考核制度。考核结果定期通报，并向有关部门反馈，作为党内评先和考查、使用干部的重要依据。

通过推进学习型党组织建设，开滦大力提升了领导班子和党员、员工的学习力、创造力和执行力，为企业发展注入了生机和活力，有力地促进了结构调整和企业的转型发展。

"新形势、新任务给我们做好党建工作提出了新的更高要求，各级党组织和广大党员必须居安思危、未雨绸缪，进一步增强做好党建工作的危机感、紧迫感和责任感。"展望"十二五"，张文学语重心长地说。

创先争优：构筑坚强战斗堡垒

2007年，党的十七大明确提出在党的基层组织和党员中深入开展创先争优活动。对此，开滦各级党组织扎实推进、狠抓落实，获益良多。

针对制约企业发展的瓶颈问题，开滦党委确定了"以创先争优活动推动企业转型发展"的活动主题，提出了"3155"目标工程。按照胡锦涛总书记提出的"四个着力"要求，进一步明确了"以总书记重要讲话精神为动力，深入开展创先争优活动，着力加快企业转型发展"的工作主题，为推动"十二五"各项工作开好局、起好步奠定了扎实基础。

　　同时，开滦党委为每名党员和积极分子印发了"明白卡"，确保党组织和党员参与率达到两个100％，还组织开展了"领导人员学、树、提、做""精品案例评比""理念征集""综合课题立项攻关""对标先进、承诺践诺""学习型党组织创建""领导干部点评"等活动。开滦集团以行业先进为标杆，制定并赶超了31项目标。

　　创先争优，让共产党员的先锋模范作用得到充分发挥，各级党组织成为了推动企业发展的坚强战斗堡垒，同时，也涌现出一大批可歌可泣、感人至深的共产党员劳动模范。在创先争优活动中，优秀共产党员赵国峰、张文市、杨印田、温二科、孟宪芹、郭鹏程等一批新典型的创先争优、无私奉献精神已经成为开滦人的行为坐标。由王宝贵、王春坡等普通党员命名建立的36个创新工作室，有力地促进了管理创新和科技进步，仅煤化工系统党员攻关组就申报国家专利12项。

　　对创先争优的成效，张文学认为，创先争优，使员工队伍素质有了明显提升，为企业注入了新的生机和活力。各级党组织和广大党员、员工的思想观念、精神面貌、工作作风发生了深刻变化，有力地促进了企业的转型发展。同时，也使企业转型发展取得了突出成效，开滦集团经济实力攀上新台阶，结构调整取得新突破，企业影响力实现新提升，员工生活得到新改善。

创新党建促进开滦飞跃发展

　　对国企党组织建设，国资委在国企改革设想中有明确要求，即"坚持党的领导，发挥国有企业党组织的政治核心作用，是一项重大原则"。

　　在这一改革探索中，开滦的经验无疑是成功的。

　　开滦始建于1878年，素有"中国煤炭工业源头"之称。早在1922年就建立了党组织。1999年底改制为开滦（集团）有限责任公司，现已成为以煤为基础，现代煤化工、现代物流、高端装备制造、文化旅游、节能环保、新一代电子信息多业并举的特大型企业集团。现有资产总额565亿元，员工7.6万名。开滦党委下属1206个党组织，23724名党员。

　　在党的各个历史时期，开滦党组织带领广大员工，以不屈不挠的精神，赢得了"他们特别能战斗""全国学大庆、赶开滦""唱响国企志气歌"

等赞誉。开滦党委多次被河北省委、唐山市委命名为先进基层党组织，2003年被中组部命名为"全国防治非典型肺炎先进基层党组织"。2010年6月30日，集团公司党委书记、董事长张文学参加了中央创先争优活动座谈会，受到了胡锦涛总书记的亲切接见。2010年，开滦"特别能战斗"精神被评为"新中国60年最具影响力的十大企业精神"。2011年"七一"，开滦党委被评为全国先进基层党组织，受到中央表彰。

党建创新和发展，使企业形成了合力，为发展奠定了基础。通过学习型党组织建设、创先争优活动，再配合开滦党建创新现代管控系统的研发和运用，开滦集团得以平稳展开企业转型，实现跨跃式发展。

仅仅用了三年时间，开滦人就把一个从事采煤业长达133年的资源型企业，引入到科学发展的快车道——非煤炭资源类产业占集团总营业收入高达70%以上，3年营业收入增长了5倍，走出了一条区域经济融合，城企良性互动的发展道路，成为中国资源型企业转型的好样本。从2008年至2010年，连续3年实现了经济跨越式发展：营业收入增长了494%，利润总额增长了463%，利税增长了177%，资产总额增长了102%。职工的人均年收入增长了82%。在2011年全国500强企业排名中，开滦跃居第91位，三年上升了200位，成为500强中发展最快的企业，同时跻身"影响世界的中国力量品牌500强"。

张文学说："国有企业经过现代企业制度改造后，党政工作如何实现有机的融合，推进企业改革发展，是我们力求破解的课题。"

毫无疑问，通过创新型党建的改革探索，开滦人提交了完美的答卷。

（本文刊登于2011年10月24日）

文化产业：开滦集团的"黄金矿"

"开滦博物馆资料非常丰富，是我看过的最好的企业博物馆。"一名游客在参观后如是说。

"开滦博物馆的丰厚，给了我意想不到的震撼。有抱负的作家应该来看看，这里真正当得起一部39卷的皇皇巨作。"中国作家协会《作家通讯》主编高伟也发出了这样的感慨。

"地变出黑金，人变出奇迹，思变出真知，时变成历史。"著名评书表演艺术家田连元参观开滦博物馆后，为博物馆题词留念。

文化产业是开滦集团"一基、七业、一区"产业新格局的重要组成部分，是开滦集团转型发展的新亮点，也可以说是开滦新发现的"黄金矿"。与会枯竭的"黑金矿"不同，丰厚的矿业文化资源可以不断享用，同时可以提升城市文化品位，顺应了资源型城市和资源型企业转型发展的大趋势，契合了现在各级党委、政府所倡导的建设科学发展示范区和建设人民群众幸福之都的新理念。

含金量十足，灿烂文化烁烁生辉

10月17日上午，开滦博物馆的工作人员将1881年修建中国第一条铁路——唐胥铁路时所用的地界石桩挖掘了出来。地界石桩上显示为"矿务局地界"字样，石桩距今已有130多年的历史。目前，这块矿务局地界石桩连同1881年两块老枕木一同被收藏在开滦博物馆。除此之外，博物馆中还有10000余件珍贵历史文物，48件国家一级文物、72件二级文物、326件三级文物以及镇馆之宝、中国迄今存世最早的股票"开平老股票"和中国最早采用

"西法"管理企业的上千册"羊皮蒙面大账本"。"个个含金量十足。"开滦博物馆馆长李军自豪地说。

开滦寻找"黄金矿"的第一步，就是利用自己130多年的历史，建造了全国首批28家国家矿山公园之一的"开滦国家矿山公园"。2005年8月由国土资源部批准，并于2007年10月开工建设、占地面积近115万平方米的矿山公园，已经建成的一期工程"中国北方近代工业博览园"包括博物馆、主碑、副碑、三大工业遗迹等景观，已经对公众开放。

早在2009年7月22日，国务院总理温家宝主持召开国务院常务会议，讨论并原则通过《文化产业振兴规划》，鼓励研发具有自主知识产权，扩大文化消费，能够产生重大影响的主题公园。文化创意产业园区建设迎来了重大发展机遇，但同时也带来了一些地区无资源和历史依托而大肆开建的问题。缺乏文化和历史的"根与魂"的建设，生拉硬造，只会造成资源浪费，最终将产生反效果。但对于始建于1878年，堪称中国煤炭工业活化石的开滦煤矿来说，则不存在这种现象。"它确实是中国早期工业化的起点，是中国近代工业文明的摇篮和中华民族从农耕文明走向工业文明的缩影，这点无法否认。"东北亚开发研究院产业经济研究院所长李继凯对记者表示。

开滦国家矿山公园景区建成后社会影响力、美誉度不断提升，已接待社会各界来宾8万余人，其中包括王兆国、刘云山、梁光烈、厉无畏等七位党和国家领导人，100多位省部级领导，先后荣获"全国博物馆十大精品陈列最佳综合效益奖""河北省爱国主义教育基地"，河北省首批"文化产业示范基地""中国十佳矿业旅游景区""中国环境艺术奖（综合类）最佳范例奖"等多项国家级、省级荣誉称号。尤其是自2010年以来，更是获得了"全国红色旅游经典景区""河北省工业旅游示范点""河北省文化发展'五个一'工程奖"等五项含金量较高的国家级、省级荣誉称号。2011年1月，国家旅游局正式下发文件，批准开滦国家矿山公园为"国家AAAA级旅游景区"。

这些荣耀，正是开滦蕴藏着的闪闪发光的宝藏。

"金矿"深挖，从工业旅游延伸出文化产业链

经过100多年的开采，开滦唐山矿区平均开采深度达到854米，最深的矿

井达到1300米。而与此相比，开滦文化产业的挖掘还只是刚刚开始。

"开滦集团《文化产业发展规划》提出，从2011年至2015年，要实现的目标之一就是在开滦国家矿山公园一、二期成功运营的基础上，内联外扩，整合融合，实现文化旅游产业链的日益健全。"开滦集团董事长、党委书记张文学介绍说。

唐山市委对外宣传办公室负责人对记者表示，开滦本身代表了中国近代工业文化，开发"开滦国家矿山公园"项目是将唐山市在不同历史时期特有的"煤文化、安全文化、地震文化"有机融合，而煤文化和安全文化的典型代表就是开滦，开滦国家矿山公园项目蕴涵着巨大的文化旅游潜力。

"开滦的文化产业从工业旅游做起是开滦结合了自己企业的特点作出的选择。"开滦集团总经理助理王建政说，"让我们一下子就开始做新闻，做出版，目前还不大现实，从企业实际出发，就必须从工业旅游做起，之后再把商业地产、电影、广告会展等逐步加进来，扩大成为以工业旅游为核心的金融范本。"

王建政表示，开滦一直在谋划老唐山风情小镇等建成项目的市场运营和后期管理，不断提高地产附加值。据他介绍，老唐山风情小镇的建设包括酒店、商铺和房地产等，风情小镇建成之后可以考虑将商铺租赁给售卖风味小吃和特色纪念品的商户，巧妙地将商业元素嵌入文化元素之中，打造一个新型的休闲娱乐场所，满足不同人群不同层次、不同取向的需求，最终形成盈利模式。同时开滦还对产业链进行了再次延伸，与房地产联合开发、进一步实现了与商业元素的对接。

记者了解到，此前开滦集团已经组建了"开滦房地产公司"专门解决危旧房改造问题。2010年，开滦投资3.3亿多元用于棚户区改造，新建住宅9600多套，建筑面积达55万多平方米。2011年，开滦克服资金紧张等困难，采取自筹资金与市场化运作相结合的方式，安排棚户区改造投资8.4亿多元，规划总建筑面积73万多平方米，住房13000多套，相当于前几年棚户区改造项目的总和。此外，"开滦房地产公司"还与北京一家公司共同出资组建了唐山开滦茂华公司投入到了商业地产的开发。4月2日，由开滦茂华房地产开发有限公司倾力打造的开滦集团首个地产项目——"南湖壹号"纯法式风情宫廷别墅项目启动。这一举措标志着开滦集团文化旅游产业在房地产开发领域进入了商业运作阶段。

除此之外，开滦影视方面的发展也在如火如荼地进行。不仅在筹划建设影视基地，还投资拍摄了一些赞美劳动人民勤劳勇敢精神的电视剧和电影。

"'十二五'期间开滦要拍一部电影，拍一部电视剧，总投资达1.5亿元。"张文学对本报记者说。开滦创作出了中宣部"五个一"工程奖的歌曲《矿工老歌》，登上央视春晚的舞蹈《俏夕阳》，反映开滦人奋斗史的大型歌舞《百年追梦》登上了人民大会堂和国家大剧院的舞台。此前开滦集团作为主要投资方拍摄的24集电视连续剧《大龙脉》也在中央电视台第八套播出。同时还有观众喜爱的纪录片《开滦奇迹》等。今年7月25日至27日，电影《脊梁》剧组辗转中润公司、开滦国家矿山公园等地取景拍摄。在开滦集团赵各庄矿业公司取景的电视剧《节振国传奇》将于11月份完成拍摄，并在中央一套播出。目前开滦正在筹划的一部以曹妃为原型的电影。据王建政透露，导演已敲定为执导过《最浪漫的事》的杨亚洲。围绕开滦以及唐山的历史文化，集团还将投资拍摄电视剧《开滦风云》和电视纪录片《乡音》等影视作品。

随着文化旅游链条沿着纵向、横向延伸，新资源的开发潜力无穷。"开滦集团的文化创意产业助推企业转型，走出了一条新路，望做大做强，做出效益。"河北省委常委、常务副省长赵勇这样寄语开滦。河北省旅游局局长王新勇、省国资委主任周杰在考察中也对开滦集团发展工业旅游、建设国家矿山公园的做法给予高度评价。

克服难题，保质保量开采宝藏

煤炭是个"特危"行业，随着开采深度的加大，水、火、瓦斯、顶板等自然灾害威胁程度越来越严重，同样，现阶段，随着开滦文化旅游产业的挖掘也可能会有一些难题出现。

湖南师范大学旅游研究所所长徐飞雄教授认为，工业旅游很可能产生"叫好"不"叫座"的情况。在徐飞雄看来，企业对工业旅游认识不够，缺乏对工业旅游系统运作和整体品牌打造的意识，这制约了工业旅游的发展；工业旅游产品缺乏创新，游客走马观花后走人。这样既不能挖掘工业文化内涵，也无法撬动游客消费；还有很重要的一点是旅行社对工业旅游缺乏兴趣。

"开滦的文化旅游产业不仅要搞出特色，打造品牌，搞成一流，而且要融入商业元素，形成产业链条，引入市场机制。"张文学表示，开滦在发展文化产业时早就意识到规划的重要性，并对此有所实践。

在《新时期开滦集团转型发展战略研究(2010~2020)》中可以看到，开滦集团将整合"环首都"河北境内文化旅游资源，以"开滦国家矿山公园"为中心，辐射周边，将唐山南湖生态公园和正在建设的水泥博物馆、陶瓷博物馆、机车博物馆、地震博物馆等工业旅游景区组合在一起，形成一条系统完整、内涵丰富的唐山市工业文化旅游链，在此基础上，整合蔚县、承德及唐山沿海旅游资源，联合旅游公司，打造文化、休闲旅游品牌。

据开滦集团负责文化旅游开发的相关人士介绍，在开滦矿山公园的基础上，接下来开滦的旅游开发考虑打造三条线。其中一条是"山海游"，利用唐山区位优势，以开滦的矿山公园为龙头，组织游客从唐山到北戴河再到山海关看天下第一关，还可以将线路延伸到兴城、葫芦岛。第二条线是从矿山公园出发到清东陵，然后再从清东陵到兴隆。第三条线从唐山出发到张家口的蔚州，从蔚州再到山西的衡山悬空寺。

工业旅游产品的开发也在开滦人的考虑之内。开滦博物馆井下探秘游就是一个收费项目，同时在探秘游的出口处将会设计一个展室，出售一些与博物馆有关的工艺品，譬如说中国第一台蒸汽机车龙号机车模型。"博物馆免费或低价供人参观，但精美的工艺品游客却要花钱购买。这是我们已经确定的一个盈利点。"李军对记者说。他认为，把文化的内涵或者文化的元素植入到产品中去，提高产品的文化含量与附加值，还可以带动制造业的升级与发展。

（本文刊登于2011年11月7日）

矿山公园，吹响开滦"文化集结号"

"开滦国家矿山公园有十分科学的产业规划和丰厚的文化积淀，完全有可能在未来像德国鲁尔区一样将工业旅游作为一张新名片，成为国内矿山公园的排头兵。"东北亚开发研究院产业经济研究所所长李继凯如是说。

北大文化产业研究院副院长陈少峰向《中国经济时报》记者表示，开滦若要成功还必须如德国旅游局负责人AxelBiermann所言，"曾经鲁尔以炼钢闻名，但现在炼钢厂已成为我们的文化物质遗产，我们让它们成为文化的聚集地、歌剧院和各种各样的展区。"

2011年10月18日落幕的党的十七届六中全会站在经济社会发展全局的高度，对推动文化产业成为国民经济支柱性产业这一重大战略任务作出了全面部署，对于已经将文化产业看做是转型的一个支点的开滦集团来说，意味着未来将有更多的机会传播开滦133年历史积淀起来的丰富文化。

发扬传统文化，传播社会主义核心价值体系

在参观开滦博物馆过程中，记者领略到了开滦历史发展过程中所蕴含的优秀文化。

1940年8月，延安《中国工人》杂志向根据地抗日军民介绍了节振国从刀劈日本宪兵开始的英勇的抗日业绩。新中国建立后，节振国的英雄事迹被编成小说和现代京剧、拍摄成电影在全国放映。他那崇高的民族气节和英勇无畏的精神，一直激励着后人。

1976年7月28日，矿工李玉林到北京向党中央毛主席报告唐山大地震的灾情，展现了紧急关头的民族责任感。

1979年，开滦范各庄矿一个名叫刘少云的井下工人充分发扬了舍己救人的精神，在发生险情时喊道："我是共产党员，你们先撤！"

"除了爱国主义与民族责任，开滦的文化还有包容性和多元性，开滦人很有大局意识。"开滦集团董事长、党委书记张文学说，"当初建井的时候开滦用的是德国、比利时、英国的技术，中国广东的技术工人，这说明开滦建矿伊始就体现了开放的文化；开滦创造了中国煤炭行业很多的第一，归煤炭部管时，煤炭行业大部分技术标准或者政策出台，首先在开滦搞实验，说明我们有改革创新的精神；2008年汶川地震时我们派了5支队伍到抗震前线，是我们自发组织的，这体现了开滦人的大局意识、社会责任意识……这些文化都需要进一步挖掘和提炼，激励我们奋发向上、再创辉煌。"

国务院发展研究中心社会部副部长贡森根据十七届六中全会的精神对记者阐述了这样的看法，他认为社会主义核心价值体系需要先守住的四个道德底线中，第一个要守住的便是中国人勤劳、能吃苦的精神。开滦人在"特别能战斗"精神的指导下多年来取得的建设成就，也深刻地诠释了中华民族劳动者勤劳的美德，这是可以在全社会进行宣传的文化内容，开滦可以通过博物馆等文化事业的发展，将这些精神发扬下去。

对此，河北省委宣传部互联网信息调研处负责人表示，开滦博物馆建成之后确实更多地发挥了社会教育功能，使企业博物馆在弘扬中华优秀文化传统，振奋民族精神，激发爱国热情，推动中华民族伟大复兴中发挥应有的作用。

据不完全统计，开滦博物馆自2008年预展以来，已接待各级领导、来宾8万余人，极大地宣扬了爱国主义精神和民族自豪感。可以说，现在的开滦博物馆，已经成为唐山的一张精美名片，成为了广大市民及中小学生接受爱国主义教育的重要课堂。

典型稀有、丰富浓郁的矿业文化资源，为爱国主义教育赋予了丰厚的教育内涵；园馆合一、馆内馆外相互交融的历史文化背景和工业遗址群落场景，为爱国主义教育提供了亲历亲见的独特空间；"一主五分"的园馆布局，为爱国主义教育设置了不同的主题定位；理性追忆与感性参与互动的布展设计，为爱国主义教育搭建起生动有效、受众多元的沟通平台。"开滦的爱国主义教育做得非常好。"河北省委宣传部宣传处副调研员张靖华向《中国经济时报》记者这样表示。

开滦的矿山风情，体现着中西文化交汇、南北文化交汇、传统文化传承更新的鲜明特点。

重视社会效益，普及煤矿文化与工业文明

"参观开滦博物馆，知道了胡佛总统曾在此工作，凤凰置业前身耀华玻璃也跟它有关，还有唐山大地震后特别能战斗的精神……受益匪浅，煤矿文化内涵丰富。"参观开滦博物馆后，一名游客这样感叹。

博物馆中从远古、古代、近代到现当代的展览贯穿一条煤文化主线。从石炭二叠纪"森林与海洋的曼舞"，到女娲燃煤炼石补天，从工业革命的蒸汽机车，到唐廷枢、金达等洋务先驱们开最早的路矿之源，溯本追源，树立和解读影响着唐山这座历史名城的文化基因。不仅如此，开滦首开中国机器采矿业和铁路运输业之先河，引进了西方先进的工业文明和生产技术，是中国早期工业化的起点、中国近代工业文明的摇篮和中华民族从农耕文明走向工业文明的缩影。

据开滦博物馆馆长李军介绍，游客除了可以游览博物馆，未来还可以参观已经建成的其他馆区感受工业发展的历史和煤矿文化。在井下探秘游中接收煤矿安全教育。他表示，开滦已经在考虑策划"中国洋务运动纪念馆（研究中心）"，如果这个馆建设成功，就把工业旅游和中国早期工业化文博研究集于一体，吸引国内外研究学者们和游客光顾。

虽然现在博物馆已经投入了2.2亿元，日常要保持运营需要的人工成本很高，但张文学表示，矿山公园创造了巨大的社会效益，在提升企业软实力、提高职工士气和增强职工荣誉感方面的价值不可低估，是开滦的无形资产。"每年我们要接待各地的青年和组织来开滦学习，让大批的青年认识煤矿，了解煤矿生产，非常有意义。"张文学说，"开滦博物馆已经成为介绍矿业历史、矿业文化的重要窗口。"除了博物馆，影视方面1.5亿元的投资，对开滦来说也是一笔不小的支出，但比起将开滦精神传达出去的意义，张文学觉得非常值得，他表示对文化产业的投入不会改变。

"必须坚持把社会效益放在首位、社会效益和经济效益相统一，推动文化产业跨越式发展，为推动科学发展提供重要支撑。"这是十七届六中全会

公报对文化产业发展的另一个要求。中国传媒大学教授罗贵权对此表示，文化产业发展中，只有把社会效益放在首位，才能促进社会主义经济基础的巩固和发展。"社会效益和经济效益相统一"既是发展文化产业的客观要求，也是发展文化产业的基本方针。而如何处理社会效益和经济效益统一是新时期开滦的重要命题。

把握形势，文化事业与文化产业齐发展

5月25日，以唐山南湖、开滦国家矿山公园为代表的唐山市中心区新名片，已正式纳入唐山旅游地接市场，编进城市观光精品线路，将成为吸引更多外地游客的城市新亮点。

"开滦130多年的历史积淀，如果不能有效利用，会成为阻碍企业转型的沉没成本，甚至是包袱。发挥这些优势，就是将沉没成本变为资源优势，变资源优势为竞争优势。"张文学对《中国经济时报》记者说。这也是开滦勇于开拓文化产业的初衷。而如今随着国家对文化产业的重视越来越多，开滦也在考虑进一步加强对文化产业的投入和支持。

李继凯向《中国经济时报》记者表示，开滦此前的发展多是以文化事业为重，譬如免费供参观的博物馆，他认为在未来开滦可以维持文化事业的发展，拓展更多的领域，同时，文化产业的规划也可以逐步实现。

曾遭遇困境的德国鲁尔工业区自20世纪60年代以来在政府的支持下进行了转型，其中最大的亮点就是对几千平方公里的废弃工业区进行再利用。通过修复厂房和设备，种植植物，治理空气，引入艺术家和商业等方式吸引游客，供人们体验和追忆过往，从而创造新的赢利点。

对此，开滦集团党委副书记李全兴在接受本报记者采访时说，开滦将以开滦国家矿山公园一期工程开滦博物馆为开端，进行二期、三期捆绑开发，包括唐山市风情小镇、商业旅游、井下工业旅游开发等，把周边房地产、文化旅游、酒店、餐饮资源进行整合，实现娱乐、旅游、购物、会展、居住于一体。他表示，作为企业转型发展的替代产业，开滦文化和房地产以矿山公园为载体，将重点建设"三点一线"。"就是将坐落于唐山矿老区A区的中国近代工业博览园和坐落在南湖生态城区域的'老唐山风情小镇'与坐落在

唐山矿新区B区的现代矿山工业示范园区三个点，用代表中国第一条铁路、第一台蒸汽机车、中国铁路源头历史文化的龙脉铁路线衔接，并带动周边城市面貌改观。"

除此之外，通过建设国家矿山公园将煤文化、地震文化、安全文化三种代表唐山不同历史发展时期的文化资源挖掘展现出来，以"近代大煤矿"为项目核心，工业旅游、文化旅游互为依托，实现社会效益、环境效益、经济效益的协调统一和可持续发展。"在开滦国家矿山公园项目成为唐山市中心旅游区的龙头景点后，又可带动以陶瓷、水泥、钢铁、机车制造为主要内容的系列工业遗产旅游。"开滦集团副总经理付贵祥对记者这样表示。

对开滦的文化产业发展，开滦集团董事长、党委书记张文学信心十足："十七届六中全会的召开，为我们的文化产业发展指明了方向，我们要以此为契机，对企业优质的文化资源进行深度挖掘，以开滦国家矿山公园为龙头，建设中国文化产业园区，打造世界一流的矿业文化基地。最终实现社会效益与企业效益的双丰收。"

（本文刊登于2011年11月9日）

开滦：精打细算节能环保账

煤矸石年产出量800万吨，全部利用，制砖年创效益3024万元；年发电量16亿千瓦/时，年供热量290万吉焦，产值9.2亿元。

矿井水产业，初步形成了采煤—抽放矿井水—净化—工业、民用水，年矿井水排出量9671万吨，利用率70.2%，年产值2亿多元。

矿井瓦斯产业，初步形成了采煤—抽放瓦斯—燃烧利用或发电链，年瓦斯抽放量2800万立方米，利用率80%，年产值800万元。

作为河北省第一批节能减排"双三十"企业，开滦已经为唐山市绿化美化建设生态园林城市做出了很大贡献，节能减排项目在经济上也日见成效。近日，记者在采访开滦集团过程中，再次看到了开滦集团下属各个单位精打细算算出的"节能环保账"。

东欢坨矿业公司的"冷与热"

八九月的天气依旧炎热，但走进开滦集团东欢坨矿业公司的办公楼，虽然看不到空调，却有一阵凉意迎面而来。这是水源热泵的功劳，东欢坨矿业公司党委书记张守诚对记者表示："我们东欢坨矿业公司的矿井水综合利用水源热泵项目是全国煤炭行业内规模最大、节能效益最显著的。"

"一年能省将近120万元呢！"开滦东欢坨矿业公司负责水源热泵项目建设的工程科党支部书记毕亚刚对记者说。据毕亚刚介绍，矿井水综合利用项目建成后，从经济上来讲最合算的是夏天，把所有空调都取消了，不仅用水源热泵来制冷，还可利用其置换的热能加热洗浴用水。

以往，东欢坨矿业公司每天洗浴锅炉用煤量为10吨左右。现在用水源热泵置换出来的热能供工人洗浴，省煤不说，连洗浴用水高峰时的压力都缓解了。负责全厂水暖供应的水暖科科长王三利是这个项目实施以来感受最深的一个人。他向记者讲述了水源热泵的便利：操作简单、安全。以前人工烧炉有时候会出现温差，但水源热泵能始终维持一个温度，热水供应稳定，整个系统只要一个人操作就能实现。再者不烧锅炉，周边环境比以前好了。

"我们的矿井水涌出量大，用这种大规模的水源泵是典型的因地制宜。"该矿工程科员工尹双利说。

"洗澡方便多了，大家都不再挤着一个时间段去，热水足够用。"在东欢坨矿业公司的花坛里，两名刚洗完澡正要回宿舍的女职工对记者说。两人的脸上都红扑扑的，笑意盈盈。

"花园煤矿"钱家营

"负600泵房更换8台高效节能电机：功率1600kw，运转台数1~2台，按1台计算，运转天数365天，节能效率12%。"这是钱家营矿业公司节能减排办公室负责人提供给记者的数据。"简单点说，更换新型电机后，一台设备一年可节约735.84吨标煤。"

钱家营矿业公司所在的区域有不少小煤厂或焦化厂，记者坐车经历一路颠簸，所到之处黑烟弥漫、尘土漫天，但一进入钱家营矿业公司，看到的却是另一种情况：浅蓝色的井架，干净的厂区，绿化带与盛开的花朵到处可见，看起来不像煤矿倒更像一个花园。

据钱家营矿业公司党建部的负责人介绍，2007年该公司营成立了以经理、书记为组长，以经营、机电副经理为副组长的节能减排工作领导小组；建立了由公司领导、经管部节能减排办公室、基层单位组成的节能减排三级网络管理体系。经营经理主抓，办公室设在经营管理部，分别设置节能减排专职管理人员，同时各基层单位设兼职节能减排管理人员。根据人员变动情况随时调整节能减排工作领导小组成员，保证了节能减排工作层层负责、责任落实分明，确保了节能减排工作正常开展。

矿井上下更换节能灯2000盏、更换高效节能电机、改造西锅炉房锅炉给煤装置4台……这是2011年钱家营矿业公司在陆续进行的项目。不同于东欢坨矿业公司利用水多的优势主打"水源热泵牌"，钱家营走的是整体推进路线。抓各个细节，一点一滴地改变。

"刚开始一些员工是有意见啊，觉得你这瞎折腾没有用。我们就做宣传画，在电子屏幕上播放宣传信息，耐心地跟大家解释集团的决定和节能减排的意义。时间久了，大家也感受到了，这样确实好，也更支持我们的工作了。"节能减排办公室的负责人对记者说，"今后我们要改造的项目还有很多，争取把煤矿变成花园。"

钱家营矿业公司通过落实各项节能减排规章制度，严格执行节能减排奖惩运行机制，加大环保设施现场监督、检查管理及考核力度，使节能减排工作按机制考核到区科、车间、班组和个人，对区科、车间、班组、个人年终评先采取节能减排"一票否决"，确保了节能减排工作与每位员工的经济利益挂钩，从而使节能减排管理工作得到细化、量化，调动了员工节能减排积极性，增强了员工的节能减排意识。

中润公司的"赔钱买卖"

在目前全国焦化行业60%都亏损的情况下，保持不亏损还略有盈余的中润煤化工有限公司，自有其发展模式和规划，但公司的污水深度处理系统算起来却是一项"赔钱"的买卖。

中润公司研发的化工污水深度处理项目，可以使符合国家排放标准的化工废水，达到工业标准，进入公司中水回用系统，实现园区内污水闭路循环利用，每年可减少外购新鲜水约252万吨。

"虽然减少了新鲜水的补充，但设备花了几千万，后期也需要人员维护，目前来看成本大于收益，可以说是赔钱在做。"中润党委书记刘培国说。记者了解到，污水深度处理项目是把已经符合国家排放标准的化工废水再进一步处理。中润为什么要多此一举？"更多的是我们对社会效益的考虑。"刘培国这样回答。

据中润公司党委副书记赵卫民介绍，中润公司的污水深度处理系统，采用的是世界领先的双膜法技术。

记者在现场看到，原本深褐色的污水经历了层层处理已经变得十分清澈。赵卫民表示，这么做主要是考虑环境污染的问题，为了更好地实现绿色产业的概念。"已经有很多企业组织人到我们这里学习和培训，我们也很乐意将这个系统推广出去。"赵卫民表示。

除此之外，作为独立焦化厂，中润采用的干熄焦项目已申报CDM项目并取得国家发改委的核准，减排的二氧化碳指标外售，每年获利2500万元。同时，利用回收的红焦显热产生蒸汽和发电，可满足园区70%的用电和40%的用汽。干熄焦项目不仅能够减少环境污染，还可提高焦炭质量。作为国内首家采用干法熄焦的独立煤化工企业，已有许多企业到中润来学习经验。"这也是我们的一个财富。"赵卫民说。

对于节能减排能，国家环境保护部副部长吴晓青曾称，中国环保产业在未来较长时间内仍将保持年均15%~20%的增长速度，中国将成为世界最大的环保产业市场之一。同时，节能技术、新能源开发技术、无害或低害工业新技术、有害废物处理技术、资源综合利用技术、资源替代技术等，已受到了工业界和科技界前所未有的重视。国家也将重点支持高效节能、先进环保、资源循环利用三大重点，实施节能环保装备提升工程为代表的重大产业创新发展工程，以重大节能工程、重大资源循环利用工程为代表的应用示范工程。

"把节能减排作为产业来发展，就不能只看投入，更要谋划产出，谋求效益。"在开滦集团董事长张文学眼中，节能减排产业化发展，带给开滦的效益既有销售产品所获得的增量效益，也有节省投入所带来的减量效益；既有节省资源、减少污染的社会效益、环境效益，更有关系企业自身发展的长远效益。

（本文刊登于2011年11月11日）

开滦站在时代精神的前列

　　开滦是中国大陆第一个用西法开采的煤矿，洋务运动代表人物李鸿章力主开掘的唐山矿一号井，历经百年风雨，至今仍在使用；开滦拥有中国最深的矿井，平均地下800多米的开采深度，是中国煤矿采深平均400米的2倍；然而，最能体现开滦内涵和精神气质的，是她与时代的脉搏一起跳动，始终站在变革浪潮的前沿，犹如传说中的凤凰，不断地在火葬的柴堆上焚烧自己，每每于劫灰余烬中，诞生新鲜活泼的生命。

　　西风东渐之初，清政府中的开明派认识到，中国社会面临"三千年未有之变局"。要对抗列强的船坚炮利，必须富国强兵；要富国强兵，必须兴产殖业；要兴产殖业，必须能源先行。李鸿章指派得力干将唐廷枢，于1876年开始勘察、筹备，1878年挂牌设局、开钻打井，1881年正式出煤。"井深大而坚牢，出煤之多，速而省工"，有"中国第一佳矿"之称。北方的天津机器局，南方的轮船招商局、江南制造局等，都赖此为动力；以此为权舆，这里还发行了中国早期股票，修建了中国最早的准轨铁路，制造了中国最早的蒸汽机车，驶出了中国企业最早的海运船队。在中国由农耕文明转向工业文明的过程中，开滦承担了"嚆矢"（响箭）和发动机的角色，既开时代之先声，又为时代进步提供源源不断的动力。

　　戊戌变法被扼杀之后，颟顸昏聩的统治者堵上了革新变法之门，"忽剌剌似大厦将倾"的命运就无法避免了，官督商办的企业独木难支，中国必须寻找新的方向、新的道路。在革命的峥嵘岁月里，开滦又承担了温床和战斗机的角色。"工人的生活，尚不如骡马的生活；工人的生命，尚不如骡马的生命"，李大钊撰写的《唐山煤厂工人的生活》，发表在陈独秀主编的《每周评论》上，是关于中国工人生活的第一篇纪实报告。十月革命后归国的旅俄华工，正是在开滦传播马列主义的理论和见闻。中国共产党成立后，由邓中夏等领导的1922年"开滦五矿同盟大罢工"，掀起了中国工人运动的第一次高潮。毛泽东在三年后撰写的《中国社会各阶级的分析》，称赞开滦人"特别能战斗"。开滦在中国革命的历史画卷中，留下了浓墨重彩的一笔。

在社会主义建设时期，开滦作为新中国最大的煤炭基地，承担着繁重而艰巨的生产任务。由开滦煤矿发起的"全面生产技术改革"，为中国煤炭工业树立了经典示范；1958年，中国第一座水力化矿井在这里投产后，刘少奇委员长和周恩来总理亲临视察。高峰时期，开滦的原煤产量占全国统配煤产量的十分之一。1974年春节前夕，国家计委给开滦发来紧急电报："因为缺煤，上海南京路的灯光不能全开，首都人民年三十吃不上饺子！"开滦人连班加点，每天增发一列煤炭，才解了燃眉之急。周恩来总理曾两次表扬开滦为国家"出了力、救了急、立了功"。不仅如此，1953至1975年间从开滦调出7500多人的专业人员，支持全国17个省市的兄弟煤矿，唐山乡音几乎在每个巷道回响。邓小平复出主持工作，顶住压力推广开滦经验……在曾经风雨如晦的年代，开滦就像地层深处的顶梁和支架，为支撑处于崩溃边缘的国民经济，做出了艰苦卓绝的努力。

仿佛是上苍冥冥安排的轮回，一个世纪之后，1978年，中国重新开始了"睁眼看世界"的历程。从农村开始、由民营经济发轫的改革开放，用一代人的时间，彻底改变了中国在世界经济舞台上的命运。然而，像开滦这样历史悠久的资源型企业，在百舸争流市场竞争中，一度显出疲态：资源储量濒临枯竭，按目前的开采速度，20年之后将无煤可采；成本高昂，与新发现的浅层甚至地表煤田相比，开滦煤层太深，且地质条件复杂，吨煤成本数倍于新兴大型煤炭企业；社会负担沉重，由于传统国企欠账太多，世世代代辛勤劳作，为国家贡献优质能源之后，发现自己留下的，只是成片的采煤沉陷区和老旧破败的生活设施……时代给开滦提出了新的课题。

这个课题，是世界工业史上不断出现的转型困境：一个时代的成功，在另一个时代成为沉重的负担。开滦人面对挑战，又一次展示了坚韧刚毅的精神气质。2008年5月，张文学成为开滦的新一代掌门人之后，带领开滦人对局势进行了分析判断，对问题进行了深入探讨，对战略进行了重新调整。

"光荣属于过去，现在决定未来"，"跟不上时代的步伐，就会被边缘化，甚至被市场淘汰……"这些掷地有声的讲话，在开滦人内心激发强烈共鸣，仿佛汽笛撕破长空，让这艘百年巨轮开足马力，驶向创新的航程。

本部资源有限，他们内挖潜力的同时，眼睛向外，到山西、内蒙古、新疆、加拿大开拓，可控煤炭资源量由2007年的14亿吨，增加到目前的232亿吨；单纯依赖资源，"挖祖宗煤，吃子孙饭"是没出息的。他们通过煤化工、循环经济，延长产业链、提升价值链，现在一块煤能生产32种化工产品，到"十二五"末，可生产70种左右，价值更以几何级数增长；发展一定要突破常规，目光如豆、只盯眼皮子底下是不行的，要开辟新的增长点：物流、高端装备制造做大做强，金融、健康等空间巨大的现代服务业，也进入了开滦人的视野……

开滦已经初步扭转前几年的颓势，经济增长四年跨上四个台阶，并于2012年历史性地进入世界500强。但是开滦人对此淡淡视之。经济只是一个指标，他们谋的是资源与环境、社会与自然、眼前与未来这篇"天人合一"的大棋局。如何在借鉴德国鲁尔、美国匹兹堡等发达国家转型经验的基础上，为中国资源型企业甚至资源型城市，探索出一条新的转型之路，这是开滦人念兹在兹的心结。他们把百年工业遗迹，变身国家矿山公园，让凝固的历史化作精神血液世代流淌；他们把荒芜苍凉的采沉区，变成了风光旖旎的南湖公园，让人们劳作之余自由地栖息；资源循环利用的现代矿山工业示范园，已经完成了规划设计，基础设施已在施工……让我们共同期待，中国创造下半场的大幕开启的时候，开滦会再次谱写新的华章。

（本文刊登于2012年12月5日）

井下矿工何以能够吃上热乎饭 *

　　煤漆黑冰冷，燃烧后送给人间的是温暖光明。但要让它从几百米、上千米深的地下见得天日，却是一个艰难困苦的过程。煤矿工人冒着塌方、冒顶、瓦斯、透水等风险，精神紧张、体力繁重，但受井下条件限制，班中饮食极为不便，渴了喝口凉水、饿了啃几口干粮，竟是从古到今挖煤者的"标准配置"。常年在千米井下艰苦的环境中生产，在岗位吃不上热饭、喝不上热水，肠胃病在矿工群体中比较多见。

　　这样的情形，在开滦集团得到了改变。

　　《中国经济时报》记者日前深入开滦范各庄矿业公司井下，进行了实地探访。乘罐笼进入地下400多米的巷道后，发现井下并不是想象中的漆黑一片，恰恰相反，井口大巷灯火通明，犹如一个小型的地铁站。从井底车场换乘"小火车"继续前行，头顶的矿灯关闭之后，车内可谓伸手不见五指，但透过车门的缝隙，可以看到，直到我们的目的地，巷道内始终有电力照明。在1327工作面的员工休息区，灯光明亮，桌椅整洁，让人几乎忘记是在井下。工友从一人来高的不锈钢蒸饭箱中拿出了刚刚蒸好的玉米和红薯，大声招呼大家，话匣子也打开了。

　　"这个蒸箱，你猜猜多少钱？"早年也下过井的开滦集团宣传部副部长王立新深有感触："这套系统就是井下专用的防爆蒸箱，四万多块钱呀，比地面的普通蒸饭箱高出几倍！就是这个设备，改变了井下煤矿工人的生活质量，这在以前想也不敢想呀。"

　　范各庄矿业公司工会主席冯征国告诉记者："煤矿工人井下工作时间

---

　　* 注：本文是"开滦集团民生工程"系列报道第1篇。

长，以前下井，一般都是带些饼或馒头之类的'干粮'当做班中餐，饿了就啃两口。老婆贤惠的，给做点有营养的带上，否则就连冷饭也只能凑合着吃。得胃病，对我们来说太普遍了。"

为了解决百年以来井下工人喝凉水、吃冷饭这个"老大难"问题，张文学董事长到开滦以后，不惜重金引进了防爆蒸箱。从2008年开始，开滦集团在所有生产矿井井下各主要生产岗位陆续推广应用蒸饭箱和热水机，矿工在井下吃上了热饭、喝上了热水。

井深巷远是百年开滦的特点，"你知道矿工过去叫什么吗？"陪同采访的李晓辉问记者，"老板子！这是开滦人对井下一线工人的称呼。"工人下井后，从井口到工作地点，往往还有几公里远。过去由于没有专用车辆，只能乘坐拉煤的矿车，又脏又不舒服，还危险。工人们往往拿上一块木板垫着坐上，久而久之，一看谁胳膊下夹着块木板，就知道是要下井的煤矿工人。现在下井有了专门的人车，舒适多了，还能节省不少体力。

记者乘坐罐笼从井下升到地面以后，厚厚的工作服已经湿透了。集团工会主席王中昌告诉记者，这又是矿工的一大难言之隐："以前最怵这个，工作服要自己保管，自己清洗！上井后精疲力尽，谁还顾得上洗工作服呢？一身汗臭的衣服，往往是第二天接着穿，两个星期也不见得能洗一次，你能想象有多难受吧？"现在集团全面推行了"工作服公管"制度，由工作人员统一清洗烘干，矿工第二天下井的时候，能够穿上干爽、干净的工作服，再也不用为穿着又潮又脏的工作服下井犯愁。

升井后洗个热水澡，本是件舒服的事，但俗语有"饱不剃头，饿不洗澡"的说法，恰恰矿工体力消耗大，空腹入浴会给身体带来不适，甚至晕倒。但在开滦，矿工上井后先领一份免费的营养餐，有鸡蛋、火腿肠、牛奶等，吃完后再洗个热水澡，蒸蒸桑拿，有效避免了空腹入浴的危害，职工们体会到了真正的惬意。

职工食堂宽敞明亮，干净卫生，饭菜花样繁多，包子大饼、水饺，各种炒菜，营养搭配合理。菜谱根据矿工精力、体力支出大的特点，科学搭配，每天变换；如果你还想变花样，改口味，那也行，师傅给你做。

职工宿舍干净整洁，全部安装了空调；运动设施设备齐全，业余生活丰富多彩。"现在的矿工，生产生活条件，与我们那个时候相比，强太多了，可以说一个天上一个地下。"上个世纪70年代下井多年的董泽民面对记者，发自肺腑地感叹。

开滦集团副总经理张雨良告诉《中国经济时报》记者，"两热一管"(让井下一线职工喝上热水、吃上热饭，上井后，每人一份营养餐；对工作服实行公管，保证矿工下井可穿上干爽的工作服)、"两堂一舍"(食堂、澡堂、宿舍)系统改善成为为员工办实事的重要内容。仅2012年一年，"两热一管"的投入和运转费用就达2600多万元。

实行"两热一管"后，矿工的胃暖了，心热了，企业凝聚力进一步增强了。开滦集团董事长张文学说："这样的投入，以后还要继续，为职工办实事，值！"

(本文刊登于2013年1月16日)

棚户区改造：一场静悄悄的革命 *

对于80岁的蒋素花来说，2010年10月1日是一个特殊的日子。

在她的心中，这天和1949年10月1日分量一样重。老伴1943年就进入开滦下井，1949年的解放，让他们从"苦力"成为"主人"。

在百废待兴的年代里，"重生产、轻生活"是任务，也是使命。1968年盖的小平房，虽然在唐山大地震没有垮塌，但也受到严重损毁，四个角用水泥加固一下，就是一家人的住处了。没有自来水，没有暖气，夏天热得要命，冬天又冻得够呛，上厕所要走半里路。由于地势低洼，雨季一来就更遭殃，赶上雨大时，雨水能漫上炕头……

日子真正发生改变，正是2010年10月1日这天：蒋素花一家从住了几十年的低矮破旧的棚户房乔迁到宽敞明亮的新楼房。由于老两口工龄长，能够住上65平方米的新房子，不仅没有交钱，企业还补贴了一笔钱。老太太说，这是做梦也没想到的事。

感叹命运转变的还远不止蒋素花一人。开滦集团大规模的棚户区改造工程，已累计竣工129.3万平方米。

在位于范各庄区域的苑南花园小区，《中国经济时报》记者见到了正在散步一位李师傅。他家原住北工房，条件和蒋素花所住的东工房差不多。现在，他也住进了65平方米的新房。而棚户房换成新楼房总共也只花了五六万块钱。

住他对门的是老谢。他从1987年开始，住北工房，之后不断搬家，辗转租住了四年，和李师傅一样，第一批搬进了新居。他腿脚不好，分了一个二楼。见到记者，他笑得合不拢嘴："楼层是抓阄抓的，正合心意。"

棚户区曾是开滦集团董事长张文学的一块心病。2008年7月，他刚刚上

---

   *　注：本文是"开滦集团民生工程"系列报道第2篇。

任不久，就深入企业的边边角角视察。当看到还有不少井下挖煤的员工，一家老小挤在低矮破旧的工房里度日，在感叹工人品格伟大、任劳任怨的同时，也感到了自己肩上担子的沉甸甸分量。

煤矿职工住房难是一个共性问题。开滦作为一个有130多年开采历史的老矿区，由于资源匮乏、开采条件困难、企业办社会负担沉重，员工住房改善欠账比较多，与先进企业相比差距较大。经过摸底调查，集团需要改造的棚户区共137片，涉及34946户。

开滦集团副总经理张雨良告诉《中国经济时报》记者，2008年至2012年，开滦已累计投入27.8亿元用于棚户区改造，搬入新居的员工户均住房面积由2007年的50平方米提高到了2011年的74平方米。

开滦集团更大规模的工程正在进行中。赵各庄在建的化工小区，开滦集团房地产管理部主任邓智毅告诉记者，这将是棚户区改造中最大的一个工程，4200户，30万平方米，目前已经投入7个亿。搞地质出身的邓智毅指着工地上高高隆起的水泥块说："这些水泥块500吨重，是用来做压力测试的。这里原来是一个采石场，地质构造复杂，我们地基处理、打桩上花的钱，比造房子的钱高。但为了保证质量，我们咬着牙，贴钱也干。"

建好还要分好。开滦集团结合国家棚户区改造的有关政策和棚户区职工家庭实际，确定了三项基本分房政策：一是产权置换；二是货币补偿；三是租售并举。对于这三个政策，棚户区居民可以自由选择。

选择产权置换的，新房面积大于应置换面积的，职工只需按建筑成本价交纳多出面积的差价。选择货币补偿的则可以按照政策规定交回房产后领取补偿款。而第三条"租售并举"则显得更具人性化，想购买住房产权但没有一次支付能力的职工，可以先购买部分产权，余下产权可选择"交纳租金"。

在2012年12月28日召开的开滦集团工作会上，张文学董事长表示，煤炭行业形势严峻、企业经济效益受到影响，但开滦的棚户区改造力度不减，一定按时完工。

主管这项工作的邓智毅信心满满邀请记者："明年这个时候，你们再来吧，看到的肯定更不一样！"

（本文刊登于2013年1月24日）

让求学不再成为负担[*]

甄佚是开滦员工子女，四年前的金秋九月，她还未从考上大学的喜悦中平静下来，就感受到了生活残酷的另一面：母亲早逝，家庭就靠父亲的退休金支撑着，家里没有储蓄，自己上大学的学费是亲朋好友凑齐的。然而，明年、后年呢？即便四年能借下来，什么时候又能还得起？她渴望求学，通过知识改变命运，也不想成为别人的负担，她渐渐萌生了辍学的想法，想早日打工，补贴家用。

她听说，开滦新来了董事长，就给张文学写了一封信，诉说了自己的纠结。事情的连锁反应，完全出乎了她的想象。

张文学董事长亲自到了她的家里，送去了一万元现金。张文学告诉甄佚的父亲，希望小甄安心读书，以后的学费企业将考虑予以适当补助。

2010年，张文学获得了唐山市政府授予的"新唐山建设卓越功勋奖"。他决定，把个人获得的20万元奖金设立为"董事长特困职工救助基金"，全部用于救助特困职工。

高等教育对人的成长是重要的，考上大学也是中学生梦寐以求的喜事。但现实是，一个大学生，一年的学费至少1万多元，加上吃、穿、用等，对普通家庭也是不小的负担。

张文学让工会的生活保障部通过排查，建立了困难职工数据库。对子女求学确有困难的特困职工，开滦集团救助6000元，一般困难家庭，救助4000元。这种救助是持续的，但要与学习成绩挂钩，企业和学校联系，全面掌握学生的状况：分数不同，补助标准不同；表现不好的，要减少甚至

---

* 注：本文是"开滦集团民生工程"系列报道第 3 篇。

取消补助。

到2012年，"董事长特困职工救助基金"共为26名考上大学的困难职工子女发放助学金13.6万元。开滦集团还专门成立了"惠及民生领导小组"，在企业"十二五"规划等文件中，对资金来源、使用等列出详尽规定。开滦集团将"金秋助学"活动作为企业改革发展成果惠及员工群众、建设和谐企业的重要举措，不断创新方式、方法，扩大助学覆盖面，构建长效救助机制。

用开滦集团副总经理张雨良的话说，"经济、经营形势难免有波动，但助学的力度不减。每年我都要在职代会上承诺，做到什么程度，还通过社会责任报告，接受社会监督。"

2008年以来，开滦集团不断创新救助机制，坚持"一次性"和"长效性"相结合，已救助困难员工子女208人，发放助学金45.59万元，实现了不让困难员工子女上不起学、不让困难员工子女中途辍学的目标，为困难员工子女搭建了成长、成才的阶梯。

上学得到救助，负担减轻了，但国家整体就业形势严峻，一部分员工的子女毕业即失业，又成了难题。子女就业与员工情绪、员工利益息息相关，只有解决困难员工子女的就业问题，才可能进一步促进员工家庭的幸福，以及企业与员工的和谐。

为妥善解决员工子女就业问题，开滦集团多次召开班子会议研究，努力做到好事办好。2009年，开滦集团出台了《关于解决企业员工子女高校毕业生就业问题的意见》，根据企业人力资源规划，每年确定所需员工子女大学毕业生的专业、工种及数量。不符合企业专业要求的员工子女大学毕业生，由企业统一联系高等院校参加第二学历培训，培训合格的按所培训专业安排工作。2009年到2012年，解决员工子女就业1242人，其中，分渠道安置困难员工子女450人。

开滦集团业务总监、人力资源部部长张志友告诉记者，张文学董事长刚来不久，就遇到了席卷全球的金融危机。企业经营受到波及，但不裁员、不减薪、不下岗。不仅如此，还腾出5700个岗位，储备20%的人才，其中2700名是职工子女。对于困难家庭的子女，符合条件的直接录入；专业不对口的，由企业和相关院校签订代培协议，毕业后再上岗。刚刚过去的2012年，开滦又为员工子女提供了355个就业岗位。

开滦集团总经理裴华在2012年12月28日进行年终总结时指出，行业遇到了近十年来经济发展最为困难的形势。煤炭市场行情急剧下滑、煤价持续下跌，企业盈利空间大幅收窄，集团公司经济受到很大冲击。但企业落实金秋助学、困难员工子女就业等实事工程的计划并没有改变。

再过几个月，甄佚就要毕业了。她在电话里告诉《中国经济时报》记者，她也想回开滦工作。她说："我的家庭是和这个企业联系在一起的，我的命运也因此改变。我想成为伟大企业的一员，让自己的才学发挥出来，为社会创造价值。"

（本文刊登于2013年1月25日）

让弱势群体得到慰藉[*]

那些天国的花朵，散落在卑微的草丛中。

26岁的杨蕾站在记者面前，平静地诉说个人和家庭的境遇，脸上洋溢着自信的神采，眸子里闪烁着淡定从容的光华，丝毫看不出是一个饱受苦难洗礼的人。

她的祖母，被埋在唐山地震的废墟中，苦撑了13天之后才被救出。那时，她还没有出生。

从她记事起，家庭就被病魔困扰。母亲先是患了白内障，后又患了乳腺癌。手术后命保住了，但失去了工作能力，2002年从街道卫生院下岗，每月靠900多元的退休金生活。

父亲1976年开始在唐山矿井下工作，高血压、痛风、前期尿毒症、脑梗塞……杨蕾说："父亲今年好些了。去年这个时候，脚脖子肿得老粗，一摁一个窝。父母现在每月光药费就2000多元。要不是企业救助，我们家就算有九重天，也早塌了。"

杨蕾所说的企业救助，是指开滦集团的医疗保险制度。父亲住院的时候，基本医疗保险报销80%；剩余由企业的补充医疗保险再报销一部分；最后，开滦集团工会组织的大病互助基金，再帮助一部分，每月补贴200元。

要不是企业的这三重防护网络，父母的医疗费用，对杨蕾家来说，将不堪重负。

开滦集团工会主席王中昌告诉《中国经济时报》记者，"过去职工就怕有病，怕有大病。我们做过调查，很多困难职工都是因病致贫、因病返贫

* 注：本文是"开滦集团民生工程"系列报道第4篇。

的，甚至还会倾家荡产。住一次院，输一次液，一个月工资就没了。"

困难员工帮扶是开滦集团的民生工程之一。关注弱势群体和特殊群体，对困难员工及家庭进行集中救助和走访慰问，解决他们的实际困难。仅2012年"两节"期间就出动8120人次，面对面、心贴心、实打实地救助和慰问各类困难员工家庭9135户，发放慰问金和慰问品总金额304.6万元，解决实际问题822个，做好事726件。在做好困难员工日常帮扶、节期慰问的同时，开滦集团还创新救助方式，拓宽救助渠道，积极建立困难员工帮扶长效救助机制，组织开展了"万人帮一人，一人助万人"员工互助活动。2012年，集团共救助各类困难员工70845人次，发放救助金1106.9万元，困难员工受救助率达到了100%。

由于发展历史长，开滦退休职工数量很大，现有82200多人，超过了在职员工总数。针对离退休老干部人员多、热点多、居住分散的实际情况，构建了以老党员为核心、2100多人参加的工作网络，开展离退休群体的信息收集、舆情监测，创新离退休人员思想工作。此举也受到时任中共中央政治局委员、中央书记处书记、中央组织部部长李源潮的表扬。

另外，还开展了"老教老、老帮老、老包老"活动，2008年以来，对离退休人员谈心家访13000多人次，参加民间调解867人次，帮扶救助4833人次，解决实际困难1300余个；创办了开滦老年大学，成立了关心下一代协会和老年科技协会，投入1059万元改建、新建了8个离退休职工活动站，实现老有所养、老有所为、老有所乐。

杨蕾个人和家庭都是企业救助的受益者，最让她感到温暖的，是就业问题。杨蕾毕业于河北能源职业技术学院，专业是广告设计。毕业后曾到私营企业打工，收入低不说，还没有"三险一金"。辞了职，零零碎碎找过几份工作，都不理想。父母都有病，自己又失业，这成了家人最大的心病。

还是企业伸出援手。2011年12月，作为困难员工家庭子女，杨蕾参加了开滦集团统一组织的就业培训。记者见到她的时候，杨蕾刚刚从开滦技校为期一年的煤炭浮选技能培训班结业，正在等待集团的统一分配。老师说，她一个月能拿到两三千元！杨蕾的妈妈拉着记者的手，眼泪扑嗒扑嗒往下掉："就像在梦里一样！"

开滦集团业务总监、人力资源部部长张志友告诉《中国经济时报》记者，现在，企业对困难职工的帮扶，已经从"输血"逐步转向"造血"。困难家庭的子女，符合条件的直接招入；初中以上，先培训，再就业。杨蕾就属于这种情况。在薪酬分配上，也向低收入群体倾斜。年老、病残，多是简单工种，没有计件、无法定量，但企业也想办法让这部分人分享发展的成果。这几年，最低工资标准每年都有15%~20%的提升。张志友说："我们专门设计了工资系统软件，通过数据设定和软件控制，实现不同层次人员收入增长同步联动，确保低收入群体的利益不受侵害。"

张文学董事长在2012年工作会上，谈及民生问题时，强调要对低收入群体照顾。他说："这是天大的事情。"

（本文刊登于2013年1月28日）

重金打造员工健康保障体系[*]

张老伯刚刚参加完例行体检，大夫详细给他讲解了报告中的各项指标。他高兴地告诉记者："这多踏实呀，饮食稍加注意就行了。"

70岁的老张是开滦集团离退休职工的一员，享受每两年一次的健康检查，完全免费。像他这样的人，开滦集团共有8万人。仅此一项支出，企业就要掏出2000万元。但开滦集团考虑到这部分人给企业贡献了青春，为他们的健康提供保障，是企业的责任，在涉及幸福指数和生命尊严的问题上，不能算经济账。

对在职职工，开滦集团至少每两年组织进行一次健康体检。把保障职工生命安全作为最切实的民生，把安全当做最大的和谐、家属最大的幸福，这是企业秉持多年，绝不后退的底线。职工是企业最重要的本钱，企业也为每位职工都建立了健康档案。体检之后，对高血压、心脏病、糖尿病等常见病症，还举办药物治疗和饮食保健的专门讲座，锻炼和心态调整的专业知识；成立了开滦职业病医院，专门用于尘肺患者的康复性治疗。

根据体检结果，对身体状况不再适应原岗位工作的职工，企业会及时进行岗位调整，使其担任适合的工作。

对一些有高血压等症状，但没有严重到必须调岗程度的员工，企业还制定了一套"重点监控"系统，督促其及时服药，上岗前还要专人检查血压是否正常。

对于不幸患病的职工，企业及时组织救治。从2010年起，开滦集团为全体职工建立了企业内部补充医疗保险，职工在享受社会基本医疗保险的

---

* 注：本文是"开滦集团民生工程"系列报道第5篇。

基础上，可以得到企业给予的"二次报销"；从2011年开始，开滦集团参加了唐山市开展的职工重大疾病医疗互助活动，制定了普通职工缴纳40元（企业担负20元、工会担负10元、员工个人担负10元）、特困职工缴纳20元（全部由企业担负）的政策；2012年4月，还组织开展了职工重大疾病医疗互助工作，共有74522名职工参加，最高可补助职工3万元、家属1万元，减轻了个人的经济负担和心理压力。自2010年7月启动补充医疗保险以来，企业筹集资金4148万元，对20831名在职和退休人员进行医疗补助，发放补助资金1681万元。

针对职工心理健康，企业也建立了一套体系，让职工体面劳动、快乐生活：设立了心理咨询师、心理辅导员、心理疏导员，形成了多元立体的组织网络；编辑《员工健康自我管理知识手册》，定期聘请专家为员工做心理健康知识讲座，激发员工追求"体面劳动，快乐生活"的积极性；设立心理健康服务热线，对员工心理健康情况进行测试、疏导；建立职工倾诉室，引导员工进行宣泄，缓解心理压力，对心理存在问题的职工进行有针对性的治疗；利用班组心理疏导员、区科心理辅导员及井下急救站和地面保健站，收集捕捉员工危机方面的信息，对其进行心理疏导和行为干预。

"安全第一、生产第二"，这是开滦集团的安全生产理念。保障员工生命安全是最切实、最大的民生和福利。企业为此构建了重大事故防控体系、塑造本质型安全人的安全文化管理系统，强力推行准军事化职业行为训练，推行订单化生产管控模式，彻底杜绝员工疲劳作业。2011年，企业原煤百万吨死亡率为0.042，达到世界先进水平。切实把保障员工生命安全作为了最大的民生和福利。

在2012年12月28日召开的开滦集团工作会上，开滦集团总经理裴华表示，虽然煤炭行业遇到了十年来最严峻的局面，煤炭市场价格连续下调给企业经营带来了压力，但对职工生命安全保障的投入，2013年度只会增加，不会减少。

（本文刊登于2013年1月29日）

开滦集团的民生考量和社会担当

西方有一种理论，认为企业不应该承担超越股东和会员利益的社会责任。比如，1976年获得诺贝尔经济学奖的米尔顿·弗里德曼在其名著《资本主义与自由》就指出："企业仅具有而且只有一种社会责任——在法律和规章制度许可的范围之内，利用它的资源从事旨在于增加它的利润的活动。"

中国正处于计划经济向市场经济转型的过程中，政府、社会、市场的边界正在重新划分，企业如何在打造竞争力和承担社会责任之间寻求平衡，把一切力量都最大限度、最高效率地转为正能量，探索的结果，也许不仅会对企业的终极目标和社会责任进行重新定义，而且为中国道路注入一缕清新的内涵。从这个角度看，开滦集团近年来的尝试，值得关注。

开滦把职工的生命和健康，放在至高无上的地位。开滦是一个百年老矿，2012年非煤产业收入比重虽然达到85%，但产业链条还主要与煤相关。"安全第一，生产第二"，在开滦上下被视为"天条"。安全设备的投入和更新不遗余力；深化准军事化职业行为训练；建立安全风险预控体系……开滦构建本质安全型企业的努力，成效明显：原煤生产百万吨死亡率0.042，在世界范围内达到先进水平。开滦安全技术培训中心，被国家安监总局、国家煤矿安全监察局命名为全国煤矿安全培训示范基地。为了保障操作者的健康，开滦每年为职工免费体检，举办常见病的预防和保健专题讲座；针对每位员工的健康状况，建立治疗和调理方案，跟踪、督促服药；对身体状况不适合重要岗位的员工，及时调整到胜任岗位。

人既是目的又是手段；以人为本应宗旨、路径和方法相统一。

开滦把员工的生活和幸福，当作重要的民生工程来抓。由于煤矿生产的特殊条件和历史因素，职工大多生活在远离城市的地带，甚至还有不少人居住在1976年唐山地震后建的简易工房里。开滦集团把棚户区的改造当成一场战役来打，总建筑面积达214万余平方米的开滦矿区棚改将在2013年全部完工，3万多个家庭届时全部搬进新居。对于职工子女的求学，企业管理层也给予高度重视，董事长、党委书记张文学用唐山市政府奖给他个人的"卓越功勋奖"设立了"董事长特困职工救助基金"，补贴特困家庭。企业还开展了"金秋助学"活动，将"一次性"和"长效性"结合起来，探索从机制上保证不让一个子弟因为经济原因上不起学；在就业问题上，企业更是从国家大局考虑，即便在金融危机最严峻的时候，企业不仅不裁员、不减岗、不降薪，而且还腾出5700个工作岗位，从社会招聘包括农民工在内的人才，增加企业的人才储备；专门制定了解决困难员工子女就业的政策，不让一个困难家庭的子女毕业即失业。开滦使人真正感觉到了大家庭的温暖。

开滦把对社区和社会的担当，当作义不容辞的责任。因煤成市的现实，造成了企业办社会的负担，但由于客观原因，又做不到完全交给地方政府。开滦没有一推了之：自管的165个居民小区每年后勤费用需15亿元。这些投入会影响财务报表的"美化程度"，但企业认为这是自己的责任，不仅不视为负担，而且作为社会管理创新的基地，努力营造美丽、和谐的氛围。开滦集团有4个社区被评为国家级安全社区，有两个通过世界卫生组织验收并被命名为"国际安全社区"。开滦还在河北省坝上地区义务扶贫16年，打井、修路、上脱贫项目，使近20个自然村的1万多人受益；当国家、社会遭受自然灾害的时候，更是活跃着开滦人"特别能战斗"的身影，汶川地震发生后，派出5支救灾队伍，救治伤病员5562名，并捐款建立"梦知小学"；青海玉树地震后，开滦组织的救灾突击队和救护医疗队第一时间奔赴灾区……

如果仅以资本利润率衡量，开滦集团在世界500强中并不高；但如果考虑到对员工生命价值、幸福指数的珍重，对社区、社会责任的深沉情怀和勇毅担当，则开滦的所作所为，恐怕单纯追求股东利益最大化的公司难以望其项背。开滦的探索并未终结，自身面临资源枯竭的压力，在国际市场中还要和竞争对手进行残酷的单项比拼，前面还有很多斯芬克斯谜团需要解答。但百年开滦的历史底蕴使它们深信：路是人走出来的，未来取决于今天的作为。

（本文刊登于2013年1月30日）